教育部人文社会科学规划基金项目
"发展传播视角下的贫困地区信息扶贫策略研究"
（项目批准号：13YJA860008）

发展传播理论与方法

郭　琴　著

中国出版集团

世界图书出版公司

广州·上海·西安·北京

图书在版编目（CIP）数据

发展传播理论与方法 / 郭琴著. ──广州 ：世界图书
出版广东有限公司，2016.3（2025.1重印）
ISBN 978-7-5192-0957-5

Ⅰ. ①发⋯ Ⅱ. ①郭⋯ Ⅲ. ①传播学–研究 Ⅳ.
①G206

中国版本图书馆 CIP 数据核字(2016)第 064531 号

发展传播理论与方法

策划编辑	杨力军
责任编辑	张梦婕
封面设计	高艳秋
投稿邮箱	stxscb@163.com
出版发行	世界图书出版广东有限公司
地　址	广州市新港西路大江冲25号
电　话	020-84459702
印　刷	悦读天下（山东）印务有限公司
规　格	787mm×1092mm　1/16
印　张	17.25
字　数	340 千
版　次	2016年3月第1版　2025年1月第3次印刷
ISBN	978-7-5192-0957-5/G·2053
定　价	88.00 元

序

重新出发

姜飞

（中国社科院新闻与传播研究所传播学研究室主任，教授，
国际传播/跨文化传播博士生导师）

能源、资本和信息，作为曾经、依然支撑世界体系的关键要素，在世界范围内各自战略性地发展出足以说服后人的理论和思想体系。马克思的《资本论》向世人清晰地再现了世界的资本属性后，货币与能源构成世界的一般性需求。二者的组合，型塑了世界的物理属性；而信息（information）这个一般性人类需求具有"类空气"的物质属性，则因为与包括主体、时间、空间以及意识等不同影响系数的排列组合，型塑了世界的精神属性。

但是，很久以来，"信息"及其传递规律是被"宣传/传播学"所绑架。信息被"记者"这样的特定主体群所捕猎，在"新闻"的厨房按流程产制，按照政客或者寡头订餐出价，与"落后/发达、野蛮/文明"这类的意识标签媾和（暂不论厨师的刀工），在"媒体"渠道进行传播，发挥出主体说服、意识建构乃至舆论宰制的功用之后，"传播学"也就在20世纪早期堂而皇之地诞生和理论化，并在两次世界大战中发挥不逊枪炮的作用。

确切地说，传播学是两次世界大战的丰盛遗产。中国最早发明火药，但最早将其军事化的不是中国人；同理，中国领先世界产生报纸但没有诞生传播学似也无需羞愧。根据本书中郭琴教授的研究，第二次世界大战动用了人类最先进的技术，包括信息传播技术。例如二战期间英美两国军队中设立的心理作战部（Psychological Warfare Division）就是专门策划以无线电广播和印刷媒体为武器的攻击德军心理防线的部门。

再强调一句似乎也不过分，传播学是战争遗产，报纸和电视就是毛瑟

枪,或者本身就是信息战;进而,"国际传播学"功用几乎可以与著名军事家克劳塞维茨的《战争论》媲美。战时宣传战的成功经验启示人们,媒介及其传播过程的战术功用可以在战后,尤其是军人/武器不直接接触的"冷战"中继续延伸,发挥战略功用,由此而衍生出学术化的术语"国际传播"——作为战时宣传的延伸。

将这样的传播视角继续下去我们看到,跨越国家和地区边界,收编、整肃本地既有的一般性信息需求和发布流程,策略性地将传播主体所在国和地区的意识流动植入国际传播过程,实现目标国和地区主体意识重构和发展宰制,并以所谓"发展传播学"的相关理论视角沉凝下来,为国际传播实践提供学理合法性支撑,在"冷战""凉战"以及一切不发生军人/武器直接接触的利益争夺中发挥出超越武器的作用——事实上,一直到苏联解体的1991年,基于发展传播学理论视角的国际传播实践与理论一直活跃。

但是,历史不是线性的,世界也非单极。在上述基于"战争/控制"视角下的国际传播实践和理论旁边,作为人类一般性需求之一的信息需求和供给还有另外一幅图景,可以让我们更好地理解前述图景的历史,也让我们更好地理解全面图景的未来。

在人类的历史长河中,记者以及现代传媒体系诞生之前,"信息"作为人类的一般需求,自有其供给体系和消长规律。彼时,能够进入书籍、公文等传播体系进行传播的,已经通过社会精英的思考和筛选,将地域性的信息(information)整合和再生产为"知识"(knowledge)或者可以称为"知识性信息"。这是一个高度管控的信息流动体系,理论意义上来说,是可以通过"焚书坑儒"实现思想控制的时代。

问题的凝结点在于,现代传媒体系是以专业化的人群和设备,突破信息传播的地域性阈限,将信息的价值予以重构、释放。现代传媒体系革命性地降低了传播物质成本,打破了信息流动的边界的同时,带来了崭新的图景:信息的处置主体由以前的传统知识分子群体转为"记者"这一新"知识分子群体"——释放了信息"潘多拉的盒子",启动了信息低价值运行模式,以信息的大规模提供混淆甚至取代了知识的生产;知识分子也被信息体系所裹挟,愈加难以把持知识生产逻辑,以至于提供诸多碎片性的"信息性知识"(infor-knowledge)。

于是，信息的提供和知识的生产进入了一个茫无头绪的"布朗运动"状态：被封为"第四等级/无冕之王"的记者充斥世界角落不过是专业化的信息劳工；被视为社会良知底线的传统知识分子被信息洪流裹挟着沦为媒体附庸——最可悲可叹的是，他们都同时面对本领域的海洋——信息和知识的海洋，在"肌无力"的叹息中交出了各自的生产权力。

这是一个时代性的、信息和知识生产全面交权的过程和结果——这是国家/政府/寡头全面接管世界的过程和结果；让人惊讶的是，这样的交权过程就像是"无痛人流"，即使伴有一些角落"赋权"的同期声——请问，弱势群体"赋权"的鼓呼，与权力群体赋予记者"无冕之王"的称号过程何异？

我们是否太过悲观？

那就尝试乐观一下。把思想的视野从上述"特写"中做一个蒙太奇拉伸，重新演绎，再现一个更大的图景，看"后现代传媒体系"（传统媒体传播体系之后）下，信息的流动是否有可能挣脱传播和国际传播的绑架，进入某种自由、自然状态？或者，退一万步讲，信息传播是否在流动性释放的前提下，从国际传播的"战争/控制"绝对性状态，为"分享/理解"的跨文化传播闪出某种空间。

请读者回到第二自然段的逻辑。即便是现代传播体系诞生，信息除了被"记者"这个特殊的职业群体所采集和提供之外，还有非记者等非专业人士所提供和分享；尤其是在新媒体背景下，互联网和物联网提供了任何个体都可以通过手机等个人终端分享信息的可能。似乎可以这样看：这样的信息产制流程与"国家/利益集团"等权力机构所掌握的媒体机构距离有多远，在某种程度上决定了"发展/发达"之类意识标签受影响的深浅度；进而信息的主体性功能（如果有的话）会审慎处理"控制"与"分享"的聚合度，通过信息提供的多元化消解信息与"控制倾向"的粘度，推动信息传播趋向满足国际一般受众的一般性信息需求目标。

在这个理想化新图景激励和支撑下，信息跨越国家和地区边界的流动行为，或可朝向无差别的一般跨文化传播的跨越文化边界更上层楼，实现基于"分享/理解"导向的跨文化传播——进而在跨文化传播的理论视角下，将国际传播/发展传播理论以及"发展新闻学"（development journalism）

收编麾下,朝向公平、平衡的世界传媒秩序和国际传播格局的建构迈出一步、一步、又一步。

可惜的是,这样一个理想还不过是一个草图。"发展传播学"当年诞生的几个条件并没有发生本质性的改变:

其一,传播技术手段在世界上那些还没有实现工业化地区渗入的不平衡状态依然继续。这个前提条件依然存在,比如非洲地区没有实现工业化的国家还比较多,但我们谈论新媒体战略的时候,他们信息获取手段中,传统媒体的提供尚且不足。

其二,国际传播的讲述主体群中增加了包括中国、印度等发展中国家的身影;既往的"发展/发达""前现代/现代化"等意识标签和故事模型成了发黄的老照片,新主体既无法跻身其中,新的故事模型也尚未诞生。

其三,各国政府开始以趋向系统化的方式运用各种传播工具在世界范围内开展国际传播,而愈加凸显那些发展中国家在这个领域的落后和不足。这样的趋势在当今愈演愈烈,尤其是 2001 年"911"事件发生后,美国把传播与国家安全直接挂钩,开始在全球范围内以"战略传播"(strategy communication)的名义重拾宣传思路实施新的国际传播战略,引发来自俄罗斯以"今日俄罗斯"(R.T)发出俄罗斯的声音、中东地区"半岛电视台"代表阿拉伯世界的声音以及中国在全球范围内外派记者和建设记者站点进行积极的国际传播等强烈反应。

技术提供的信息流动性增加,但是充分流动性期待与跨文化传播理想之间的张力呈现加大趋势。世界历史五十年河东,五十年河西。开启新的五十年征程前,愈加需要对全面地图的现实性把握。本书的思想史价值即在于此。

郭琴教授在本书中再现了发展传播学诞生的历史和文化语境。回头看"二战"结束后美国围绕"媒介/传播"所做的大量文章,依稀可以透视当下包括中国在内的发展中国家在这个领域的起步和挣扎。通过古迪昆斯特(William B.Gudykunst)等美国学者学科的理论化努力,"跨文化传播"整合了比较文学、比较文化、哲学等领域的思想成果,成为"国际传播"学理合法化的理论依据,向上接通了人文和社会科学的理论殿堂;而"发展传播"——传播促进社会发展的理念,被包装成为"国际传播学"学理合法化的现实依据,向下打通了下游发展国家接纳来自美国等发达国家传媒理念和传播技术的通道,为来自西方的跨国传媒集团在全球的拓展做了先驱,并将传播学的实践、理论遗产纳入全球教育系统,一直延续到现在。

"发展传播学"的历史遗产和当下新媒体、国际形势的双重逼迫下,包括中国、印度、巴西、南非、俄罗斯等发展中国家亟需检视在传播学领域里的思想和理论工具,为其在国际舞台上的出现和拓展寻找新的学理合法性支撑。

只是历史如今不同的是,当年是传统媒体——特指报纸、电视、广播等媒体支撑下的美国传播战略成就了美国梦;如今,中国的传播政策面对的是以互联网和物联网条件下的新媒体,它是否能够成就中国梦,如何匹配这个成就过程? 还是继续延续美国梦?

传统媒体和传播视野下,美国首创建构的发展传播学,在新媒体条件下,暂时不考虑其政治背景的前提下,是否适用于当今世界?有哪些演化和变迁以适用当今世界? 如果纳入政治背景等综合因素,是否适用于中国?

在21世纪初的十年,中国亦步亦趋地踏入了国际传播的河流;在历经诸多的激流和险滩——这个过程还在继续——后发现,传播的世界并没有给中国预留多余的河道,更没有什么可以按部就班的规律可以遵循。更严峻的是,如赫拉克利特所言,踏进的已经不是同一条河流。

怎么办? 中国如何创造性地借鉴和使用发展传播学的理论和视野,在新媒体条件下,在中国推进跨文化传播的抱负下,不仅建构适用中国国际传播能力建设的、中国版本的国际传播理论,而且贡献有益于世界和平的跨文化传播理论?

在这样的思想、理论,历史和现实的系列拷问下,郭琴教授的著作为我们打开了一个问题域,让我们看到了这个问题域所"探照"到的思考路径:中国的传播学者包括跨文化传播研究学者,需要重新出发——探索大众传播学、传播学、发展传播、国际传播、跨文化传播、全球传播这些学术、学科、理论概念背后的社会、经济、文化、政治、军事背景,重现其思想史意义,在新媒体条件下,再现和重构其思想史链条和价值发现轨道,启发当今中国国际传播的思想找寻、理论建构和重新出发,意义非凡。

我们欣喜地看到,郭琴教授已经为这样一个"重新出发"做了充足的准备。本书最大的价值在于从理论的整体性和理论向实践的可迁移性视角，为我们提供了一个有关发展传播学的专业理论体系。其学科的扎实性全面再现了郭琴教授几十年如一日在本领域的深耕细作。我不知如何作序，感教授邀请，受之有愧，却之不恭，只好凭着自己的认识和理解，推拉搔移到这个领域的思想史河流，尝试发现和点亮本书的学理厚重性价值，做一个粗浅的导读预热。本书不仅是传播学专业理解发展传播学、国际/跨文化传播学的必读书目，也是传播学之外相关领域更好地理解信息传播规律和"二战"迄今世界传媒/传播秩序的重要参考，更是批判性地反思传播的历史，在信息传播新技术(ICTs)和国际新形势下，朝向建构理想的世界传媒格局和国际传播新秩序"重新出发"的重要起点。

目 录

第一章 导　言

人类史研究表明人类早在进化的初始阶段就已经具有传播能力（Pathak, 2008）。虽然, 原始人所使用的传播工具与现代人所使用的相去甚远, 但原始社会中传播对人类的重要性并不亚于现代。例如: 通过传递和交流信息, 原始人学会并分享辨认可以食用、不可以食用的动植物的信息和知识; 他们能够向伙伴们通报敌人或者其他威胁来临的消息。传播作为一种社会活动, 从一开始就与人类的生存和社会的发展息息相关。难怪美国著名社会学家杜威会发出这句被广为引用的感叹: 世间万物唯传播最美妙!（Carey, 1989）

虽然传播与人类社会发展的密切关联由来已久, 但是专门研究以社会发展为目的的传播则是传播学领域中相对迟才形成的一个研究方向。发展传播学界通常把丹涅尔·拉纳（Daniel Lerner）1958 年出版的名作《走向死亡的传统社会》当作发展传播学理论诞生的标志。发展传播学诞生以来的半个多世纪人类社会发生了政治、经济、技术和文化全方位的巨大变化, 环境语境的变化促进了发展传播学学科语境和理论的发展。从 20 世纪五六十年代盛行的以经济发展为中心的现代化理论, 到 70 年代开始的对现代化理论的挑战和批判, 乃至 80 年代后开始占上风的解放和参与理论, 其间发展传播学理论经历了迂回曲折的发展。通过各理论学派的探索以及学派之间的辩论, 通过不同国家和地区发展传播的实践, 学界对发展、传播、发展传播等学科核心概念形成了越来越深刻全面的认识。发展传播也逐渐扩大了其理论和实践的影响力, 得到更多和更广的社会人群的重视。温故而知新, 了解一门学科的产生渊源和发展轨迹, 有助于形成对这门学科全面和深刻的知识, 更是掌握学科知识精髓的必由之路。

本章从学科发展和学派分支纵横两条线索勾画发展传播学的学科概貌,

为后面各章对发展传播的理论、策略和方法的讨论铺垫必要的背景知识。

第一节　发展传播学诞生的历史背景

　　发展传播学是国际传播学的一个主要研究方向,它诞生于 20 世纪 50 年代。那是一个国际力量和世界秩序重新大洗牌的多事之秋。伤痕累累的世界人民刚从第二次世界大战的血泊中挣扎着站起来,看到的却是在这场人类大灾难中孕育出来的美国和苏联两头巨兽屹立在地球的东西方剑拔弩张剑拔,一场没有硝烟的战争已经开始在全球蔓延。美苏两雄争霸的战争采用 20 世纪出现的最新技术——信息技术——以意识形态领域为主要战场,创造了一个全新的战争概念:冷战。麦克努汉(Marshall McLuhan)在其经典著作《理解媒体:人类的延伸》(*Understanding Media: The Extensions of Man*)中对冷战双方以信息技术为武器,在意识形态领域的战争做了分析。他认为冷战之所以是一场以信息技术为武器的战争,是因为人类史上所有的战争都是采用了当时最先进的技术(McLuhan,1964)(p339)。

　　美国称霸世界的雄心早在 1783 年独立战争胜利时就埋下了种子并且开始积累能量。一方面,独立战争的胜利使美国脱离了英国的殖民统治成为美洲第一个独立的国家,也成为世界上各殖民地国家争取独立自由的榜样。独立后的美国人对自己"自由世界"的自豪感和优越感以及热衷于把"自由世界"带给全球的使命感顿然而生, 时至今日仍有增无减。另一方面,独立后美国在北美洲这片资源丰富的土地上通过推行工业化革命和向西部扩张国土,为后来的经济发展打下了良好的基础。而在两次世界大战中美国走的都是精打细算的三步棋:战争之初宣布中立;战争期间为参战国供应物资;战争后期才加入战争。因此两次战争后,美国不仅保存了一定的实力,还发了点战争横财。而其他多数国家,无论是战胜国还是战败国,经过两次世界大战以后都已经几乎耗尽国力。原先称霸欧洲乃至全世界的英、法、德等国经过两次战争的消耗都已经元气大伤。从战后的废墟中,美国看到称霸全球的希望正在向他招手,而唯一存在的障碍就是苏联。

　　第二次世界大战以后,苏联实际上也已经疲惫不堪。但是苏联当时的国家规模及其在东欧的政治影响力确实让美国感到很大的威胁。苏联倡导的共产主义理念与美国的资本主义理念截然不同，是美苏势不两立的另外一个主要原因。美苏两国的政治经济观念的矛盾早在战前就已经暴露，只是因为战争中面对共同的敌人令双方都暂时搁置观念上的差异。随着轴心国阵营的溃败，在这场战争中的结盟对美国和苏联来说已经失去任何意义。相反，作为经过 20 世纪的两场世界大战之后仍然还保存一定实力和影响的两个国家，美国和苏联都把对方当作新的对手。当然，美苏之间的矛盾具有复杂的历史背景。由于篇幅所限，这里不详细展开讨论。有兴趣的读者可以进一步阅读有关史料加以了解。概括起来说，美苏冷战爆发的原因包括：第二次世界大战后美苏两国相对其他国家政治和经济力量悬殊；两国奉行对立的政治经济理念；美苏都具有称霸世界的野心。

关于以美国和苏联各为首领的"自由世界"和"共产国际"之间的冷战具体起始和终止年份并没有一个一致的说法。通常认为它从二战结束就开始，持续到 1991 年苏联解体。之所以称为冷战是沿用了外交学关于战争分类的概念。在外交学中，战争可以分为热战和暖战。热战是调动了军队真刀真枪的战争；暖战是指敌对双方已经排兵布阵，战火一触即发。但是双方的谈判还在进行之中，因此，虽然剑已出鞘，热战在即，仍然存在和平的希望。冷战特指二战后美苏二雄争霸世界的博弈。这场战争主要是在意识形态上的交战，并辅以经济战。冷战中也会包括热战，但如果出现热战，并不是敌对双方直接交手，而是通过其附庸国进行热战。例如：1955 年爆发的越南南北战争和 1979 年的阿富汗战争，都是美苏冷战中双方借附庸国之手进行的热战。热战是残酷血腥的战争，战争的后果触目惊心。冷战虽然不一定有流血牺牲，但影响可以比热战更加深远。因为热战中的枪炮摧毁的是建筑，消灭的是肉体，而冷战中的经济和意识形态交战的结果是摧毁一个（或者一群）国家的经济结构和基础，消灭的是精神和意志，甚至是一个民族的文化。美苏冷战结果导致苏联解体就是一个很好的例子。

美苏冷战是一场包括军事、经济和政治宣传的全方位的战争。军事方面的争斗包括美苏军备和太空技术竞赛以及美国方面通过一系列的军事联盟契约试图在苏联及其同盟国周边形成一个核武包围圈和苏联方面针锋相对的反包围；经济方面包括美国对苏联及其同盟国的经济制裁和苏联阵营的反经济制裁。但这些军事和经济上的争斗并不是冷战的目的，它们只是服务于意识形态领域的生死博弈的手段。冷战的核心战役是双方采用当时最先进的信息传播技术在思想意识形态方面展开的"图标战"（War of the Icons）（McLuhan，1964）。其战略目标是争夺游离于资本主义和共产主义阵营之间的中立国家。1947年，美国通过签订马歇尔计划（又称欧洲复兴计划），用经济援助的"胡萝卜"稳住了西欧各国，有效地阻止苏联势力对西欧的渗透。因此美国在20世纪40年代末叶开始将阵地转向亚非国家。亚非地区的意识形态之战对于美国来说不仅仅是口水之战，而且是具有战略意义的战斗。在这个地区赢得这场战争，既是美国完成对苏联的包围圈的需要，也是对其针对苏联阵营心理攻坚战的有力支持。因此，美国对在亚非洲打赢这场意识形态战役的迫切心情是不言而喻的。

美国在国际政治和关系中面临的挑战在传播学界引起了关于传播在国际政治斗争中功能的再认识。社会学界和传播学界有识之士开始关注跨越国界的传播研究。事实上，早在两次世界大战中（尤其是第二次世界大战期间）大众传媒在国界内外的宣传鼓动作用就已经被参战的双方认识并运用于战争之中。例如二战期间英美两国军队中设立的心理作战部（Psychological Warfare Division）就是专门策划以无线电广播和印刷媒体为武器的攻击德军心理防线的部门。20世纪50年代初开始，美国学界呼吁开展国际传播研究（International Communication Research）的声音渐高，催生了国际传播学这门新生学科。1952年，美国公众舆论研究协会出版的《公众舆论季刊》出了一个专刊庆祝国际传播学的诞生。美国之音的研究部主任洛文图（Leo Lowenthal）在这份专刊中郑重宣布国际传播学学科（Discipline of international communication）诞生了。洛文图在专刊的序言指出，国际传播学这门新生学科是应时代情势之所需诞生的。他把国际传播学诞生的主要原因概括为两个方面。其一是传播技术手段在世界上那些还没有实现工业化的地区的渗入；其二是各国政府开始以趋向系统化的方式运用各种传播工具在世界范围内开展宣传活动（Jayawccra and Amunugama，1987）。拉茨菲尔德（Paul F. Lazarfeld）和拉斯威尔（Harold Lasswell）也在同一份专刊发文分析和论述国际传播学学科诞生的必要性和重要性（Lazarsfeld，1952，Jayawccra and Amunugama，1987）。拉茨菲尔德认为第二次世界大战后的社会环境赋予国际传播学研究发展机会和历史使命，断言国际传播学研究将成为社会科学研究的一门重要学科。拉斯威尔指出国际传播学研究对于形成一个由除了苏联阵营之外其他世界各国组成的政治体(body politic)的重要性。显然，战时的宣传与和平时代的宣传需要不同的策略。战争年代在强烈的民族主义精神以及大敌当前、生死关头的紧迫感等情感因素影响下，无形中会增强宣传的效果。和平时代这些强烈的情感因素的作用明显减弱，甚至不复存在。美国经过多年的努力，已经在其周围逐渐形成了一个国际政治体。维持和巩固一个国际政治体的关键在于在政治体内达成一个共同的关注架构 (Attention Structure)。在当时的具体语境下，美国所期望的关注架构就是在自由世界阵营里形成反对共产主义的共识。当年的美国社会学和传播学界在这一点上形成了一致的见解。国际传播学就是在这个战略时刻肩负着美国社会学和传播学界的众望呱呱落地的。

发展传播学是国际传播学领域中最早开展起来的一个研究方向。事实上，发展传播学研究起点的标志性著作《走向死亡的传统社会》也是国际传播学研究的起点标志。有些学者认为，1952 年在美国公众舆论协会的主持下隆重登台的国际传播学，实际上等到六年之后才真正以一门社会科学的专业面目出现。而象征着国际传播学真正成为一个学科领域的标志也是拉娜《走向死亡的传统社会》(*Jayawccra and Amunugama, 1987*)的出版。

第二节 发展传播学萌芽阶段的研究

发展传播学的发源地是美国。发展这个概念引起美国传播学界的广泛重视并成为传播学研究的一个关键词是第二次世界大战结束以后才开始的。梳理发展传播学的渊源和发展过程可以从两条线索着手。

第一条线索是二战后美国国策的战略重点转移，经济发展成为人们的关注中心。美国总统杜鲁门在 1949 年的就职演说是二战后美国从战争转向经济发展和从对法西斯主义轴心国的热战转向对共产主义阵营冷战战略重点转移的宣言。杜鲁门说，随着二战的结束，美国已经把所有的精力和物力转到恢复世界和平、稳定和自由的建设性奋斗之中(Truman, 1949)。他把美国将致力的建设性奋斗概括为四个主要方面：⑴支持联合国在国际上的领导；⑵继续恢复世界经济的努力；⑶与反自由的势力斗争；⑷利用科技帮助未发达地区发展。有些学者因此把杜鲁门的就职演说叫作"四点演说"(Four Point Speech)。这四个要点与美国学界在 50 年代初提出的国际传播学和发展传播学的核心理念完全相吻合。国际传播学的登场反映了在新的国际秩序语境下建构国际政治体内部共识，争取中间游离力量，打击敌对国际阵营的需要。而传播学研究向发展传播学方向的发展，反映了冷战时期传播功能和角色的变化。这就是传播从战时的心理战武器的角色向和平时期国家建设和发展工具的角色的转化。

这里需要强调的是，冷战是美苏代表的两种思想意识形态的博弈和美苏两雄争霸的国际政治权力斗争。冷战期间所谓经济发展在两个阵营中都是服务于政治斗争的一个工具。因此，国际传播学和发展传播学的研究在萌芽时期就已经携带政治的基因。象征国际传播学诞生和发展传播研究起点的《走向死亡的传统社会》并不是一部纯粹的学术著作，其原旨是为美国的对外政治宣传决策提供建立在实地考察基础上的参考依据。

《走向死亡的传统社会》的作者拉纳，二战期间服务于美军心理作战部。二战结束后，拉纳以美军从诺曼底战役到欧洲战场全面胜利期间的心理战为题开展研究，在纽约大学获取了博士学位并在传播学界获得一定声望。在出版《走向死亡的传统社会》之前，拉纳就已经对国际传播在冷战中的重要性有所论述。1949 年，在论述关于美国二战期间对德军的心理战的研究结论时，拉纳指出冷战开始以来美国投入不少金钱以期带来更多生活中"美好的东西"。但是，如果这些"美好的东西"比不过苏联所提供的"更美好的世界"的话，美国就应该调整战略，改变原先仅仅依赖外交、经济、军事力量的做法，把社会学和传播学界的力量纳入决策智囊队伍中(Lerner and Crossman, 1949)。同一年，美国国务院国际广播办公室委托哥伦比亚大学应用社会学研究所开展为美国官方国际广播在国外吸引听众的实地研究。研究对象包括土耳其、黎巴嫩、以色列、叙利亚、埃及、伊拉克、伊朗、约旦等中东国家以及欧洲的希腊、德国。项目的实地调研于 1950 至 1951 年在各国展开，采访了 2000 名中东国家当地居民。调查问题集中在了解当地居民使用媒体,特别是使用无线电广播的态度和行为,以及他们对外国广播的了解程度和态度。后来有学者从一份泄露的保密文件中发现,这个项目的调查问题大部分都在美国政府对外宣传的主要机构"美国之音"之前拟定的一份调查问题清单上。显然,该研究的目的不是通过了解受众的态度和需要,使美国的国际传播更加符合当地的实际情况,而是一个媒体受众分层研究。其目的与美国二战期间的心理战战前研究相同,就是通过受众分层,找出薄弱受众层作为心理战的进攻目标。拉纳是这个项目的研究人员之一,主要负责在土耳其的研究(Jayawccra and Amunugama, 1987)。《走向死亡的传统社会》是关于这个项目的研究报告之一。作为美军心理作战部的前雇员,拉纳对受众分层的研究当然是驾轻就熟。他在书中把中东国家的受众分为传统类(Traditional)、过渡类(Transitional)、现代类(Modern)三个层次进行分析。传统类指那些还没有接触到现代化趋势的人群;现代类指那些已经融入现代化之中的人群;而过渡类指那些正在从"过去"走向"将来"的旅途中的人群,也就是还没有形成固定态度的人群。他认为过渡类人群是美国改变中东的关键。他写道:过渡类人群正在"从他们曾经的过去走向他们将要成就的未来的征途中。而他们的征途正是中东传统社会走向死亡的末路"(Lerner, 1958)(p75)。选择处于传统类和现代类之间的过渡类人群作为主攻目标与美国二战期间选择"无政派"(unpoliticals)德军人员作为心理战主攻目标的策略同出一辙。而传统类人群相当于二战时期的"纳粹派"(Nazis),现代类相当于"反纳粹派"(anti-Nazi)。因此,从某种意义上来说,发展传播学研究在美国迈开的第一步实质上是美国二战期间心理战研究在冷战时期的延续。

梳理发展传播学渊源和发展的第二条线索是联合国以及联合国教科文组织从20世纪40年代末创建伊始就注重推动各国,尤其是不发达地区和国家,利用传播媒体促进社会和经济发展的努力。肩负着促进世界各国协作、维护世界和平重任的联合国在二战结束后1945年10月正式成立,联合国教科文组织是联合国成立后设立的第一批附属机构之一。这表明联合国对教育、科技、文化在建设和平和繁荣的世界过程中作用的重视程度。40年代末到50年代初进行的有关研究表明,偏高的文盲率是当时各国教育面临的一个挑战。1957年教科文组织发表的世界文盲问题调查报告

(World Illiteracy at Mid-Century, p190)指出：尽管世界许多国家从 19 世纪中期就开始努力普及教育，使文盲人口比例有所下降，但文盲现象仍然相当严重。到了 20 世纪中叶，超过五分之二的成人是文盲。因此，教科文组织把普及基础教育、扫除文盲作为当时首要任务。从 40 年代末开始，教科文组织就组织各国学者开展促进大众教育和扫盲教育的研究，并且从 1953 年开始把有关世界各国的研究结果收录成集，出版了《世界基础教育专题报告丛书》(Monograph on Fundamental Education)。这套丛书到 1957 年为止一共收录了 11 篇研究报告，多数是当时在一些国家开展公众教育和扫盲教育活动的研究报告。其中收录了一篇题为《卫生村庄：华西的视觉辅助教育实验》(The Healthy Village: an experiment in visual education in West China)的报告，是关于教科文组织配合中国的大众教育运动在中国西部地区进行的利用视觉媒体(幻灯和电影)辅助公共卫生教育的研究报告。

在开展这些公众教育研究的过程中，教科文组织十分关注视听媒体辅助教育，促进社会发展和维护世界和平的作用。20 世纪 40 年代末 50 年代初，经过两次世界大战的摧残，贫穷、疾病、文盲是许多国家面临的最大挑战。而在经济不发达的国家，文盲问题更加严重。一份由教科文组织出版的报告如此描述当时的情况：数以百万计的贫穷地区的人们不识字，他们占接近世界人口的三分之二。如果按照常规的办法，落后地区的文盲问题根本就没有改善的可能。而无法实现对文盲人口的启蒙，得不到社会中最贫困的人们的协作，则社会和经济是不可能迅速和全面发展的(Thapar, 1958)。更令人担忧的是不发达国家的贫穷和文盲问题如果得不到及时有效的解决，就会扩大与发达国家之间的差距，因而扩大发达与不发达国家之间的隔阂乃至矛盾。因此，贫穷和文盲问题不仅关系到一个国家的发展，也会成为世界和平的隐患。教科文组织一面通过调查研究揭示文盲问题的严重性，另一方面极力主张只有利用包括视听辅助手段在内的最先进和有效的技术和方法，才有可能应对文盲问题的挑战。教科文组织的呼吁很快得到联合国代表大会的支持。1958 年联合国代表大会号召各国在经济和社会建设过程中发展印刷、广播、电影、电视等设施，并要求联合国教科文组织进行信息传播技术在国家经济和社会发展中应用的专题研究。从时间上看，中国 50 年代电化教育的高潮除了与国内的"大跃进"形势有关系之外，与联合国这个运用视听传媒促进经济和社会发展的号召应该也有一定的联系。

现有文献表明，联合国教科文组织倡导的发展传播研究开始于 20 世纪 50 年代初运用视听传播技术进行成人教育的实践和研究。1954 年，联合国教科文组织在意大利墨西纳举行了第一次"视觉手段在成人教育中的应用"研讨会(Thapar, 1958)。与会者主要是来自世界各地具有视听教育实践经验的学者。研讨会的目的是总结现有视听辅助教育的经验，为未来更有效地应用视听技术进行成人教育和扫盲教育提供参考。其内容包括视听辅助教育的理论和实践；视听教材的制作和使用；视听媒体辅助手段在成人教育中的应用；视听教材和仪器供应以及视听教育人员和技术人员培训。1958 年应印度政府的要求，在印度新德里举行了第二次视觉辅助成人教育研讨会，专门针对南亚和东南亚的实际情况进行研讨(Thapar, 1958)。1958 年联合国代表大会关于发展视听传媒、促进经济和社会发展的号召成为联合国教科文组织一直以来致力的发展和应用各种大众传媒促进经济和社会进步的实践和研究的一股新动力。响应联合国代表大会的要求，教科文组织发起新一轮的试验活动研究，催生了发展传播学的经典著作《大众传媒与国家发展——信息在发展中国家的作用》(*Mass Media and National Development – The Role of Information in the Developing Countries*)。

20 世纪 60 年代初，联合国教科文组织召开了一系列由来自世界各地的学界专家，传播与发展相关专业机构和各国政府代表等方面的人员参加的研讨会，筹划在世界各国进一步开展大众传媒和国家发展的应用的实践和研究。其中最主要三个研讨会是 1960 年在泰国曼谷举行的亚洲研讨会；1961 年在智利圣地亚哥举行的拉丁美洲研讨会；1962 年在位于法国巴黎的联合国教科文组织总部举行的非洲研讨会。亚洲、非洲、拉丁美洲是惨遭欧洲列强殖民主义铁蹄蹂躏的重灾区。二战以后许多国家虽然已经从殖民统治中独立出来，但是殖民主义给这些国家造成的危害并非短期内可以根除的。到了 20 世纪 50 年代，世界上经济最落后的国家仍然集中在亚非拉地区。这三个研讨会通过分析当时相对落后的亚洲、非洲、拉丁美洲的具体情况，总结当地在传播与发展中已经取得的经验和挑战，探索未来发展策略。研讨会提交了关于亚、非、拉三个洲的传媒与发展情况的三份详细调查报告，并由教科文组织转呈联合国代表大会。调查报告指出，世界上有70%人口因缺乏信息传播设施而被剥夺了享受信息的权力。调查报告引起了联合国代表大会的关注。1962年，联合国代表大会就调查报告做出了一个决议，指出：信息媒体在教育、经济、社会发展中具有重要的作用。先进的传播技术为加速教育进程提供了非同寻常的机会（Schramm, 1964）(vii)。因此，联合国代表大会号召各国政府在经济发展计划中对国家信息传媒设施的发展予以重视，把信息传播媒体的发展与本国的"联合国发展十年"①项目相结合。联合国代表大会还要求联合国教科文组织对各国在这方面的努力提供支持。

1962年，在联合国教科文组织的全体会议上，决定委托一位学界专家在亚非拉传媒与发展研讨会的成果基础上开展进一步研究，并出版一部论述大众传播媒体在促进经济和社会发展中的作用的著作，帮助各国大众传媒与发展的运动获取更大的效果。时任美国斯坦福大学传播研究所所长施拉姆（Wilbur Schramm）教授接受了联合国教科文组织的委托，于1964年完成并出版了对发展传播学理论和实践具有重大影响的经典著作《大众传媒与国家发展——信息在发展中国家的作用》。施拉姆从传播学专家的角度，理论联系实际地分析大众传播媒体在国家经济和社会发展中的作用。一方面通过对传播和发展的基本概念理论进行学术性阐析，建立讨论传媒与发展之间复杂关系的理论架构；另一方面把理论应用到对亚非拉等地区国家传播与发展实例的分析讨论之中，因此对发展传播的实践具有实际的指导作用。与拉纳的《走向死亡的传统社会》相比，《大众传媒与国家发展——信息在发展中国家的作用》更具备一部专业著作的特点。前者的重点是以美国在发展中国家（传统社会）政治宣传为目的的受众研究，后者关注传播与发展中国家经济和社会发展的相互联系和作用。所以可以说，施拉姆的《大众传媒与国家发展——信息在发展中国家的作用》才是真正的第一部发展传播学论著。

---

① 1960年联合国代表大会宣布20世纪60年代是"发展的十年"(the Decade of Development)，号召各成员国加倍努力支持发展中国家的经济和社会发展。因此，60年代被称为第一个"联合国发展十年"(United Nations Development Decade)。

第三节 国际传播学学科语境中的发展传播学

发展传播学是国际传播学领域的一个研究方向。国际传播学是一门从传播学角度研究国际政治和国家之间的关系的学科。国际传播学与传播学一样,属于社会科学研究范畴,但它们是不同的学科。20 世纪 50 年代初,国际传播学研究开始萌芽时拉茨菲尔德分析了国际传播学相对于一般传播学的三点优势(Lazarsfeld,1952)(p482)。其一,国际传播学从国际的层面研究传播学,弥补了一般传播学研究忽视社会语境和个体差别的缺陷。例如,一般传播学研究中往往把受众当作一个整体对象对待,忽略了媒体受众中个体之间的社会、政治、文化等差别。而国际传播学从诞生伊始就重视国家与国家之间的社会、政治和文化语境差别,关注受众中存在的个体差异,进行受众分层研究。其二,国际传播学的国际性为社会科学研究带来一系列新的发展机会。国际传播学使社会科学研究者得以在不同文化语境中研究同一社会现象,也使社会科学研究者得以对某些国家所特有的社会现象进行研究。其三,国际传播学跨越国界的研究为传播学研究带来新的研究视点和方法,并为这些新研究方法提供了更广泛的实验天地。例如,传统的传播学研究多数局限于系统化访谈和问卷调查,而社群研究更多地采用实地观察和参与式观察等方法。国际传播学研究从一开始就兼用这些不同的研究方法,并且思考和讨论这些研究技巧及其所获取的数据之间的关系。正是这些优势使国际传播学成为 20 世纪社会科学领域一个重要新兴学科。

国际传播学关注的核心问题是国家如何运用信息传播技术和手段在国际舞台与战场上取胜。围绕这个问题,适应不同社会和历史语境的需要,国际传播学的发展历程中出现过的主要研究方向包括:宣传和心理战、发展传播学、传媒和传媒政策比较、国际信息传播秩序、传播政治经济学、国际公共关系等。

一、国际信息传播秩序

宣传和心理战研究是国际传播学萌芽时期的主要研究取向。这个取向在第二次世界大战和随后的冷战的语境中产生和发展。二战期间,大众传媒被当作一个战斗的武器,无线电广播征服空间距离的特性使其成为战时国际心理战的一个重要手段。美国政府的国际宣传工具"美国之音"就是应二战战时宣传的需要建成的。交战双方利用大众传播媒体(无线电广播、报刊、海报等)在国内鼓动国民支持战争的热情和舆论;在敌对方则通过洗脑宣传,散布假信息等手法瓦解对方军心和迷惑敌人。二战之后,传媒不仅延续了二战期间的心理作战功能成为冷战的一门武器,大众传播领域更变成冷战的一个主要战场。从美国这方面的阵营看,二战中战斗在针对法西斯主义的心理战前沿的"美国之音"转战于对抗国际共产主义的战场上。20世纪50年代开始面世的电视也很快加入战斗行列,配合冷战的录像和电视节目让美国政府的政治宣传渗入学校、家庭。

马克思主义的经济发展观告诉我们,一个国家的经济发展和这个国家的上层建筑紧密相关。从不同的政治经济学理念出发,信息传播之服务于国家经济发展可以取不同途径。早期的发展传播学研究局限于美国学界的政治、经济学观念以及关于发展的经验、认知,普遍推崇现代化模式的发展观,并且多数在冷战目标语境下讨论发展传播。把西方社会特别是美国社会作为现代化发展的楷模,致力于在不发达国家推行这些模式,用经济上的成就增强意识形态的宣传效应。因此,发展几乎就是现代化的同义词,而发展传播学就是"现代化发展传播学"。这种以现代化为目标的发展传播学研究侧重于比较不发达社会与西方社会的差别,探索把西方的思想和生活方式传播到不发达社会的有效方法。例如拉纳在《走向死亡的传统社会》中论述"现代化社会"的特征以及"传统社会"走向"现代化社会"的过程时,总是以当代西方社会作为现代化的标志,以西方社会发展的经历作为现代发展过程的楷模。他认为传统社会中能够取得有效变革和发展的人,是具有认同和接受身边新生事物能力的人。这种能力正是当代西方人的特征。当遇到一个创新想法时,传统社会的人往往会质疑说"从来没人这么做过",于是就把这个想法给否决了。而当代西方人(contemporary Westerner)则可能会问"这个想法可行吗?"然后就着手尝试(Lerner,1958)(p49)。施拉姆的《大众传媒与国家发展》也沿用这样传统与现代相对立的观点,认为传统文化价值观对变革往往持敌对态度,并且缺少改善经济状况的动机。

因此,传统社群守旧观念和习俗是传统社会向现代化发展的障碍。国家要进步和发展,首先必须改变这些观念和习俗(Schramm,1964)(p31)。

从 20 世纪 70 年代开始,发展传播学的研究成果和实践经验证明了现代化发展传播理论的缺陷,学界对这种以西方价值观念和生活方式为发展指南的发展观提出了质疑和挑战。其中最具影响力的包括依附理论(Dependency Theory)和世界体系理论(World System Theory)。依附理论和世界体系理论认为现有的世界体系是一个不公平的、向发达国家利益倾斜的体系。在这个体系中由于地理和历史的原因造成的国家和地区之间发达程度的差别,造成了不公平的发展资源和利益分配,即是发展的资源和人类社会发展带来的利益从不发达国家和地区流向发达国家。因此,西方发达国家走过的现代化路径,对不发达国家和地区来说是无法复制的。20 世纪 70 年代以后, 研究真正适合不发达国家和地区的发展和传播成为发展传播学研究的一个重点,发展传播学研究向更加多元化、更具包容性的方向发展。有关发展传播学研究的发展和主要理论在本书第二章还会进一步展开讨论。

各国传媒体制和政策的比较研究从 20 世纪 40 年代末伴随着宣传与心理战研究进入国际传播学领域。数十年来,即使是冷战结束后宣传与心理战研究逐渐淡出主要舞台,传媒体制和政策比较研究一直处于国际传播学研究的关注中心。与发展传播学研究相似,传媒体制和政策比较的早期研究主要由美国学者主导,早期的理论主要建立在冷战语境中,反映了对西方思想意识和传媒体制模式的偏爱,对非西方思想和模式一概否定。例如施拉姆提出的"新闻四体制理论"(Four Theories of the Press)实际上并不是对四种不同的新闻体制进行全面的和客观的比较,而是片面宣扬属于英美的(社会和市场调控)两种体制的优越性,鞭挞另外两种体制(国家和集权模式)的落后性。这种带着强烈冷战思维的研究倾向在学界逐渐失势。从 20 世纪 70 年代末开始,随着国际传播学领域中普遍展开的对国际权力关系现状的反思,以及依附理论和世界体系理论等发展理论的提出,学界中对以西方思维和价值观为基准的研究传统的批评声浪越来越高。传媒体制和政策比较研究出现了脱离原先的臆断主导思路,跳出简单"传统"与"现代"划线的模式,从复杂的国际社会因素去分析比较国家之间的差别。例如,在国家传媒体制的比较研究中,不是断言传统体制比现代(西方)体制落后,而是去分析和解释为什么落后,包括分析由国家本身内部因素造成的原因和国际环境和历史因素造成的各种原因。

　　与 20 世纪 70 年代传媒体制和政策研究出现的新观点相似,国际信息传播秩序研究关注政治和经济权力差距对国际信息传播秩序的影响。探索国际信息传播新秩序的研究起源于 20 世纪 70 年代国际社会和学界对以西方发达国家的传媒信息占绝对主导地位的信息流动严重失衡的现象展开的辩论。其中抗议强者独霸天下的声音主要来自经济和传播技术相对不发达的"第三世界"。他们指责西方发达国家在思想意识形态和传播领域中侵犯他国的主权。而辩论的另一方则以捍卫新闻和信息流通自由的姿态,指责抗议者们干预信息传播的自由。对国际信息传播秩序研究具有重大影响的包括不结盟运动国家的"1976 年科伦坡峰会宣言"(Declaration of the Colombo Summit 1976)和 1980 年联合国教科文组织发表的"许多声音,一个世界"(Many Voices,One World, 又称 "麦克布赖德报告"MacBride Report)的报告。

　　不结盟运动国家科伦坡峰会宣言的名句:"信息和大众传播领域中的新国际秩序和新国际经济秩序一样至关重要"(A new international order in the fields of information and mass communication is as vital as a new international economic order)(Thussu,2010)(p471),被普遍认为是国际社会致力于构建信息传播领域的新国际秩序的号角。在不结盟运动国家的推动下,1980 年 10 月,联合国教科文组织全体代表大会通过了关于"新世界信息传播秩序"(NWICO,New World Information Communication Order)的决议。教科文组织关于 NWICO 的决议提出了一系列关于这个新的世界信息传播秩序的设想。其中包括把新秩序建立在消除现有秩序中存在的不平衡和不平等现象的基础上, 以及在遵循联合国制定的国际法的前提下,这个新秩序需要根据各个国家和地区的政治、文化、社会和经济情况采取多元化的解决信息传播问题的办法(Thussu,2010)(p472)。

　　"许多声音,一个世界"是在爱尔兰政治家、诺贝尔和平奖(1974)和列宁和平奖(1975—1976)获得者肖恩·麦克布赖德(Sean MacBride)主持下的"传播问题研究国际委员会"16 人研究小组向联合国教科文组织提交的关于当代社会信息传播问题的研究报告。报告指出当代社会信息传播存在严重不平衡的问题。其中包括不发达国家和地区与发达国家和地区之间的传媒设施建设的差距以及因此而导致的信息手段的可达性的差别和信息流动的不平衡。在报告的序言里,麦克布赖德指出信息传播的意义重大深远。虽然国际社会中关于传播问题的辩论双方持截然不同的观点,但是大家可以达成共识的是现有的信息传播秩序遇到了巨大的挑战,世界需要一个新的信息传播秩序去解决存在的问题。因为现代国际社会面对的信息传播问题与社会、政治、经济、文化和历史的因素交织在一起,并非一日之功就可以化解。因此,新世界信息传播秩序不是一个解决问题的方案,而是一个寻求解决问题的方法的持续过程。他认为,虽然这个过程中具体的细节会有变化,但是新世界信息传播秩序的目标是不变的。这些目标包括实现信息传播中更多的公平、平等和互惠性,减少信息传播中的依赖性和由上而下的信息扩散,更多的独立自主和文化认同,为全人类谋求更大的利益(MacBride, 1980)(pXViii)。新世界信息传播秩序运动显然是对以美国为代表的西方发达国家在世界各国扩张势力和施展影响的反制,因此不仅在学界里受到一些西方学者的非议,一些西方国家的政府也采取行动抵制这个运动。例如,1984 年美国政府以对联合国教科文组织的管理等方面存在异议为由中断对教科文组织的资助,并退出教科文组织。英国随其之后,于1985 年也宣布退出联合国教科文组织(McPhail, 2009, UNESCO)。

二、传播政治经济学

传播政治经济学研究方向主要开始于 20 世纪 90 年代。20 世纪末是全球化信息技术突飞猛进的年代。新信息传播技术给信息产业带来了新的机会和挑战,对信息产业的生产、市场和运作产生了空前的影响。国际传播政治经济学研究关注新信息技术时代语境下信息产业与社会、政治和经济之间的相互关系。国际传播政治经济学的核心研究问题包括两个方面。

第一个方面是宏观上对全球化信息技术时代语境下信息机构和产业及其运作策略和行为的研究,包括在全球化语境下音乐、电影、电视和电讯等产业及这些产业的运作策略和行为的研究。产业结构和运作机制趋向跨国化是全球化语境下的信息产业的突出特点。许多学者认为产业跨国化的结果是削弱了信息产业与国家之间的紧密联系,因此信息产业更具有自主权和主动权。

第二个方面是针对各个国家的信息产业和相关政策在全球化语境下的改革的研究,研究注重点是全球化语境下的本土化过程。考察全球化过程中各国家在本国具体的社会、政治和经济语境下的信息产业和政策的发展和变化。发达国家的发展经验证明,信息传播技术对国家的发展起关键性的作用。在全球化信息网络时代,信息技术对国家发展的重要作用更加突出。例如,先进国家开发出来的先进的知识和信息的储存和传播方式逐渐地从传统的图书馆和印刷媒体转向网上数据库的形式。这个巨大的全球知识网络为国家发展提供必要的智能源泉。知识和技术是特定社会的产品,它们不可避免地带上特定社会的烙印。先进国家开发的知识不一定完全符合发展国家的具体情况。因此,在科学技术知识全球化的情势下,发展中国家面临的两难问题是,在采用有利于国家发展的智能源泉的同时可能使国家陷进其他有损国家利益的陷阱。一个国家的信息传播政策必须对这个两难问题提交出一份满意的答卷。解决这个两难问题的基本原则是一个国家的自主发展必须建立在这个国家的价值、观念的基础上,并且服务于国家发展的重点需要。

三、国际公共关系

国际公共关系研究涉及国际公众的公共关系,它关注一个国家、政府、机构或者个人与其他国家的公众之间的互惠关系的建立和维护。实际上,在全球网络化的当代世界,任何一个国家、政府、机构或者个人所面对的公众都可能跨越国界。从这个意义上说,现代的公共关系都包含了国际公共关系的成分。英国和美国在国际公共关系的实践和研究中都领先于其他国家。目前世界各国的国际公共关系实践和研究都或多或少地受到英美模式的影响。在国际公共关系领域具有一定影响力的国际公共关系协会(International Public Relation Association)1955 年在伦敦成立。建立于 1934 年的英国文化委员会(British Council)实际上是受英国政府资助的英国国际公共关系机构。美国政府的国际公共关系机构美国新闻署 (the United

States Information Agency)创建于1953年,是一个直接向美国总统报告的机构。国际公共关系研究在国际传播学界引起重视的主要原因是20世纪以来信息技术的发展,增强了公众舆论的影响力。早在20世纪30年代,英国外交家哈罗·尼克森(Harold Nicolson)就指出:无线电广播技术改变了外交的途径,把以前无法想象的通过向公众诉求而达到外交目的方法变成了可能(Seib,2012)(p105)。

21世纪以来,信息传播新技术的迅速发展不仅刷新了人与人之间和国家与国家之间的信息传播关系,也改变了人与人之间和国家与国家之间相互影响的关系,为国际传播学研究提出了一系列新的课题。首先,全球互联网和社交媒体技术的发展和民间应用的普及,更加提升了公众的参与和话语权。走大众路线,以公众为诉求目标,通过引导公众舆论争取民心去达到外交目的"公共外交"开始成为国际传播学的一个热门课题。另外一个与现代信息传播技术密切联系的新课题是有关软实力和巧实力的研究。软实力和巧实力是美国学者奈尔(Joseph Nye)首先提出来的描述人、机构或者国家具有的影响力。奈尔认为世界上存在三种不同的影响力。第一种是压服的影响力(军事实力);第二种是诱惑力(经济实力);第三种是说服和吸引的影响力。第一和第二种影响力是硬实力,吸引和说服的影响力是软实力。软实力是通过对议题的有效表达对人进行说服、和建立正面吸引力等方法对他人产生影响的能力。而巧实力是综合运用软实力和硬实力去达到自己的目标的能力(Nye,2011)。

国际传播学的发展与国际政治和经济语境以及信息技术的发展水平相呼应,各个研究方向反映了学界对国际传播学多个维度的探索。这些不同的研究视角又聚焦在国际传播学的核心研究问题上。这就是关于国际舞台上的所有表演者(国家、机构、个人)运用信息技术在政治和经济利益上的博弈。所以,国际传播学的各个研究方向是相互联系甚至有些是相互重叠的。发展传播学理论是20世纪50年代发展起来的一个研究方向,但是其早期的探索主要是建立在宣传与心理战研究的基础上。在理论上,早期的发展传播学研究跟宣传与心理战研究一样,以现代化理论作为主要的理论基础。进入70年代以后,社会学和政治经济学的理论成果开始向国际传播学研究领域迁移,学界出现了对现代化理论的批判和对西方意识形态主导的国际信息传播秩序的反思。这些学科思潮同样也反映在发展传播学的研究中,推动了发展传播学理论的不断发展。

第四节 发展传播学理论的主要学派

发展传播学自从 20 世纪 50 年代成为国际传播学领域的一个研究方向以来,一直为学界,各级政府以及各类非政府组织所重视。发展传播学20 世纪 50 年代在美国诞生时,其原始出发点是服务于冷战宣传的需要,以展现资本主义阵营的意识形态和政治体制以及西方文化的优越性为目标。随着学科研究和实践的积累,人类社会和科技的进步,国际和各国政治和经济语境的变迁,发展传播学理论也在不断地发展之中。发展传播学研究以发展为目标的传播过程以及传播过程中的各种关系。关于发展这个概念的定义和解读决定了相应的传播和发展传播的理论和实践的取向。因此,对发展传播学理论分类最常见的方法就是按照发展观归类。从发展观的角度分类,发展传播学的各种理论思潮可以概括为现代化理论、批判理论和解放理论等三个主要学派。

现代化理论学派在发展传播学理论发展初期占主导地位。发展传播学现代化理论发源于美国传播学界,延续了国际传播学宣传与心理战研究方向的冷战思维模式,视以美国为代表的西方政治、经济和文化为发展中国家的楷模。拉纳的《走向死亡的传统社会》被普遍认为是发展传播学现代化理论的奠基石。施拉姆的《大众传媒与国家发展》是发展传播现代化理论的另一部代表作。现代理论发展观推崇资本主义经济发展模式,认为西方的经济发展模式可以在其他任何国家成功复制,强调引进现代化技术对国家发展的关键性作用。发展传播现代理论对学科理论和实践的最大的贡献是改变了国际传播为超级大国政治宣传服务的角色,开启了传播服务于发展中国家经济发展的实践和研究的先河,把发展传播学引上学术发展的轨道。现代化理论中对经济发展和现代化技术对经济发展的重要性的肯定对贫穷落后的国家和地区的发展具有一定的指导意义,带动了发达国家对不发达国家的经济援助项目。现代化理论受到最多抨击的缺陷包括：片面强调经济发展乃至忽视教育发展、人文发展等其他方面发展的重要性；忽视发展中国家的具体实情，夸大现代化技术的作用；无视社会、政治、文化和历史等重要因素在国家发展过程中的作用；盲目鼓吹西方发展经验的普适性等。

发展传播批判理论于 20 世纪 60 年代末开始兴起，首先发源于拉丁美洲发展传播学界。发展传播批判理论挑战和批判现代化理论在世界范围内扩张西方政治、经济和文化的企图。发展传播批判理论的主要内容包括世界体系理论、依附理论以及新世界信息传播秩序等。批判理论强调发展的国际依附性，揭示现有世界秩序中存在的压榨和束缚弱小国家发展的弊端，呼吁拓宽发展重点关注国民经济产出的视角，把建设一个利益分配公平的、有助于弱小国家发展的世界秩序纳入发展的视野。批判理论学派认为现代化理论实质上是经济和文化帝国主义，是殖民帝国主义在新时代语境下的翻版。批判理论对发展传播学的贡献是在发展传播学的理论和实践中导入了非西方的视角和思维，改变了原先西方模式在发展传播学中占绝对主导地位的格局。因此发展传播批判理论也称为发展传播替代理论（Alternative Theories）。多元化的研究视角和思维方法拓宽了发展传播学理论研究和应用实践的发展道路，使发展传播学开始进入其为之服务的对象——发展中国家。发展传播批判理论学派的主要缺陷在于他们虽然提出了许多新的思考问题和研究视角，但是多数只停留在理论上的研讨，缺乏可以付诸实践的具体解决问题的方法。

发展传播解放理论于 20 世纪 70 年代开始引起学界的重视。巴西教育家保罗·法雷尔（Paolo Freire）是发展传播解放理论的主要领军人物。法雷尔的成名之作《被压迫者的教育学》（*Pedagogy of the Oppressed*）是发展传播学界公认的解放理论经典著作。发展传播学解放理论的另一个主要理论依据是 19 世纪末开始出现的倡导社会公义、扶贫脱困的解放神学（Liberation Theology）。发展传播解放理论把发展定义为使人在精神上和物质上得到解放。基于"所有的人都有独立自主的愿望和能力"的假设，解放理论认为发展的目的是帮助人们从各种阻碍其释放独立自主的能力的束缚中解放出来。例如通过教育可以使人获得知识和能力，脱离无知的束缚，从而得到更好的发展机会。与在其之前出现的现代化理论和批判理论相比较,发展传播解放理论具有两个突出的特点。第一,解放理论把发展的目标聚焦于解放个人以及由个人组成的社群。解放理论的发展目标是实现两个层次的解放:第一个层次是对个人的解放,第二个层次是在对人的解放的基础上实现对整个社会的解放。而现代化理论和批判理论主要从国家的层面讨论发展这个概念。第二,解放理论认为对人的解放是帮助人们摆脱精神上和物质上的枷锁。其中,对人的精神上的解放既是发展的前提条件,也是发展的最终目标,而现代化理论和批判理论则把经济发展作为发展的最终目标。解放理论(包括解放神学理论)与一般的神学理论的主要区别在于它不像一般神学理论那样忽视物质因素的重要性。发展传播解放理论承认物质和非物质因素之间的相互关系,以及物质因素对人的精神解放过程的影响。解放理论学派并没有在现代化理论和批判理论之间做出抉择。他们认为,每一个人都有权利和能力根据自己的意愿和需要做出选择。这种出自个人自由意志的选择可能是符合现代化价值观的,也可能是有悖于现代化价值观的。对解放理论持质疑态度的学者认为,解放理论并没有解答现实社会存在的诸多权力差异和不对等关系问题。在不对等的权力关系下的所谓解放往往是强者强加给弱者的改变,而不是弱势群体自己的选择。因此,解放理论实际上是换汤不换药,其本质上还是没有脱离现代化理论的思维。

发展传播学理论的三个主要学派反映了三种不同的发展观,在实践中体现为不同的传播策略和方法。但是必须说明,这个划分并不是绝对的。首先,三个学派的理念存在相交的区域。现代化理论与批判理论都把改善社会经济条件当作发展的主要目标。批判理论和解放理论都批判现代化理论对既得利益者的偏袒,强调发展应该为弱势群体带来实质性的利益。解放理论和现代化理论相似的地方在于他们都忽略了现实社会的不对等关系对弱势群体的束缚的顽固性,认为只要人们努力,就可以得到应有的回报,享受发展的果实。此外,20 世纪末以来受后现代理论思潮的影响,出现了许多关于发展传播的新观念。其中包括参与行动研究 (Participatory Action Research)、赋权理论(Empowerment Theory)、草根传播、可持续发展理论等。这些观念还没有形成独立的学派,也不完全属于前面讨论的三个主要学派之一,但或多或少与三个主要学派之中的一个或者多个概念有相近之处。例如,参与行动研究,草根传播等理念与解放理论中重视个人和社群参与,强调发展必须通过主体本身的行动获取的观点是相一致的。可持续发展理论认可现代化理论改善社会经济条件的发展目标,兼容了批判理论的世界体系和依附理论的观点,同时也融入了解放理论对个人和社群参与的关注。赋权理论的观点与发展传播解放理论有许多相似之处,所以常常被当作发展传播解放理论的同义词。可见,把发展传播学理论进行分类只是为了方便于对学科知识的分析、比较和整理,有利于进一步探索理论和实践的发展,而分类本身并不具备不兼容性和完全性。

【参考文献】

[1] CAREY, J. W. *Communication as Culture*, New York, Routledge. 1989.

[2] JAYAWCCRA, N. & AMUNUGAMA, S. *Rethinking Development Communication*, Singapore, AMIC. 1987.

[3] LAZARSFELD, P. F. The Prognosis for International Commu nication Research. *Public Opinion Quarterly*, 16, 10. 1952.

[4] LERNER, D. *The Passing of Traditional Society: Modernizing the Middle East*, New York, Free Press. 1958.

[5] LERNER, D. & CROSSMAN, R. H. S. *Sykewar: Psychological Warfare Against Germany, D–Day to VE–Day*, New York, George W. Steward. 1949.

[6] MACBRIDE, S. Many Voices, One World: Towards a New More Just More Efficient World Information Communication Order. Paris: Unesco. 1980.

[7] MCLUHAN, M. *Understanding Media: The Extensions of Man*, London, Routledge & Kegan Paul Ltd. 1964.

[8] MCPHAIL, T. L. E. *Development Communication – Reframing the Role of the Media*, West Sussex, Blackwell Publishing. 2009.

[9] NYE, J. S. *The Future of Power*, New York, PublicAfairs. 2011.

[10] PATHAK, G. *forms of Journalism: An internal and external history*, Delhi, Akriti Prakashan. 2008.

[11] SCHRAMM, W. *Mass Media and National Development*, California, Stanford University Press. 1964.

[12] SEIB, P. *Real-time Diplomacy: Politics and power in the social medica era,* New York, Palgrave. 2012.

[13] THAPAR, R. *Visual Aids in Fundamental Education and Community Development,* New Delhi, UNESCO. 1958.

[14] THUSSU, D. K. 2010. *International Communication – A Reader,* London, Routledge. UNESCO. Unesco. 2015.

[16] Truman, Harry A. *Inaugural Address.* 1949. http://www.trumanlibrary.org/whistlestop/50yr_archive/inagural20jan1949.htm

第二章
发展传播学的基本概念和理论

发展传播学研究以发展为目标的传播策略和过程。发展传播作为国际传播学的一个研究方向从 20 世纪 50 年代诞生以来，通过各国发展传播研究者和专业人员的研究和探索，建立和发展了一系列的基本概念和理论，为服务和支持国家和社会发展的传播提供理论依据和实践指南。半个多世纪以来，围绕着关于"发展"这个关键词的定义和解读，发展传播学界提出了各种不同的传播理念和策略，形成了现代化理论、批判理论和解放理论三大理论体系。本章沿用发展传播学理论的发展轨迹，从"发展"这个基本概念开始，讨论发展传播学的基本概念和理论。主要内容包括：发展、传播和发展传播等概念；发展传播现代化理论、批判理论和解放理论等三大理论。

第一节 发展传播学的基本概念

"发展"与"传播"是发展传播学理论的两个中心关键词。从不同的视角出发，可以得到关于这两个关键词的不同的定义。发展观直接影响到对于传播的定义，从而影响到关于发展传播概念的理解和定义以及发展传播实践的指导思想和策略。因此，对发展和传播的两个概念的定义是讨论发展传播理论和实践至关重要的第一步。没有一个关于发展和传播的明确定义，就无法对发展传播做出有意义的解读。

一、发展

如何定义发展这个概念是发展传播学理论的一个中心问题。发展的定义问题也是发展传播研究中最具争议性的问题，有关这个问题的解答对发展传播的理论和实践取向具有决定性的意义。发展(development)这个概念 16 世纪在欧洲首先出现,指应对人类社会演变过程中出现的挑战的举措和激励社会进步的催化剂。发展的概念与挑战和进步密切联系在一起,源自欧洲的发展概念,首先在过去 400 多年间欧洲社会演变进程中一系列具有重大影响的运动和革命的语境中得到解读。这些变革包括 15 到 18 世纪之间使欧洲社会从中世纪迈向现代社会的文艺复兴运动;16 世纪开始的挑战以罗马天主教会为代表的传统基督教教义,在现代欧洲社会,文化、政治和经济留下了深刻烙印的新基督教改革运动和新教伦理 (Protestant Work Ethic);从 19 世纪开始的使欧洲各国率先走上工业化道路并赚到经济发展第一桶金的科学革命及其现代科技成果;17 世纪开始在欧洲各国接连出现的挑战和推翻贵族统治,建立宪制国家和体制的革命等。虽然这些变革的起因和目标不尽相同, 但是它们得到比较一致认可的是其变革的结果促进了人类社会的进步。带来人类社会进步的变革就是发展这个概念的中心含义。目前在传播学界被普遍接受的关于发展的表述是:发展指对人类社会生活条件的改善。然而究竟社会生活条件改善的内容包括哪些方面,以及如何达到这种改善等问题却一直在争辩之中。发展传播学界中关于发展内容的诠释及实现途径概括起来有两个主要的观点。第一个是 20 世纪五六十年代提出的重视经济和物质条件的现代化(modernisation)理论;第二个是 70 年代开始兴起的强调人文和精神条件的赋权(empowerment)理论。

20 世纪 50 年代, 由美国发展传播学界首先提出的现代化发展观,传承了欧洲社会 16 世纪以来现代化进程语境下赋予发展这个概念的含义,把发展看成国家经济发展和社会现代化的同义词。发展传播学理论奠基阶段的代表作,拉纳的《走向死亡的传统社会》和施拉姆的《大众传媒与国家发展》, 都明确地把发展定义为使贫困的传统社会走向富裕的现代社会的过程。而这个被当作发展的终极目标的现代化社会就是以西方社会为楷模的社会。现代化理论的西式化论调很快就遭到来自非西方国家,尤其是拉丁美洲的学者的质疑。面对来自其他国家和地区的学者对现代化发展观无视发展中国家的历史和现状,试图在全球推行西方社会现代化模式的西方我族中心主义的质疑和抵制,拉纳在《走向死亡的传统社会》中做了辩解。拉纳坦承其现代化发展理论的西方模式化,但是他认为在世界其他地区和国家推行西方模式的现代化并不是以西方为中心的我族中心主义,而是因为西方模式的现代化本身就具有在全球范围内普遍适用的优越性。拉纳更进一步断言，西方社会的今日乃中东人民所向往之未来(Lerner,1958)(p47)。发展传播理论的另一个创始人施拉姆的观点与拉纳完全一致。施拉姆认为实现国家经济发展的总目标的必要条件是社会现代化。施拉姆把社会的现代化描述为包括对人、风俗习惯、价值观、社会行为、人际关系等方面在内的社会改造(Schramm,1964)(p11)。1969年罗杰斯发表《农民中的现代化》，概括了当时现代化发展理论的倡导者们公认的传统社会的人们具有的妨碍他们发展的十大社会心理特征（Melkote,2001)(p6)：谨慎多疑，缺乏人与人之间的相互信任；停滞不前，缺乏创新；接受宿命，缺乏改变命运的信心；安于现状，缺乏上进心；眼光短浅，缺乏谋求长远利益的胸怀；缺乏时间观念；以家庭为中心；依靠政府；地方主义；缺乏移情能力。

　　这十大特征也被称为农民亚文化。现代化发展理论认为，传统社会的制度，文化价值观以及人的思想观念与西方的现代化格格不入。要实现现代化发展，首先必须对传统社会的社会、文化和人的思想进行全面的改造。因为现代化发展观把西方社会当作在世界范围内普遍适用的标准模式，认为发展的目标就是走西方发达国家走过的现代化路径，按照以美国为代表的西方社会的模式进行社会改革，所以一些学者把现代化理论称为西方化理论(Westernisation)或者美国化理论(Americanisation)。美国另一位著名现代化理论学者罗杰斯(Everett Rogers)把现代化发展观的主要观点概括为四个要素(Melkote,2001)(p72)。

　　工业化挂帅：通过工业化和与之相伴随的都市化带来的经济增长是发展的关键所在。现代化发展理论认为发展的成就可以经济增长的数字来定量衡量，而工业革命对欧洲社会经济发展的贡献表明了工业化对国家发展的重要作用。

　　科学技术至上：在科学方法上，必须采用西方的经验主义科学方法，而技术上采用资本密集型技术。现代化发展理论认为科学是客观的和实证的，只有经得起科学检验的方法，才是可行的方法。同时，资本密集型的技术是提高经济效益的必由之路，因此，科学的方法和资本密集型技术为经济增长提供数量和质量的保障。

　　专家指导下的中央整体化：高速的发展有赖于在经济学家和金融家掌控之下的、按照经济发展规律制定的国家中央整体计划。

落后内因论:不发达国家的贫穷落后主要由这些国家内部本身存在的问题所造成,包括教育程度,也包括宗教信仰、风俗习惯和文化。

20 世纪 70 年代开始,现代化发展观遭到了越来越多的质疑和挑战。首先对现代化发展观提出挑战的是来自拉丁美洲的一些社会学家,包括罗米洛·贝尔川(Romero Beltran)、戴尔兹·波登纳维(Diaz Bordenave)和雷耶斯·玛塔(Reyes Matta)等人(Jayawccra and Amunugama,1987)。现代化发展观的困境是由多重因素交织而成的,其中包括现代化理论在实践中的失败和理论上的缺陷。在实践中,50 年代和 60 年代,以美国为主的西方发达国家践行现代化发展观,在亚洲、非洲和拉丁美洲开展的现代化经济援助项目效果并未能达到其预期的促进当地经济发展的目标。在经过了一个多世纪的"现代化"努力之后,人们期待的经济腾飞并没有在这些发展中国家出现。虽然大量的投入带来了一些变化,却不是发展中国家所需要和向往的。这些变化多数是给发展中国家中的少数既得利益者带来收益的变化,其中包括接受援助的国家中掌权者的贪污和腐败,以及靠近权力中心的权贵们的近水楼台先得月。实践的结果证明,忽视当地实际情况,生搬硬套西方国家的现代化模式,不仅未能解决贫穷国家的发展问题,反而更加扩大了这些国家中的贫富差距,加剧社会矛盾,激化政治不稳定性。社会和政治矛盾的激化甚至使中东一些刚从殖民宗主国的铁蹄下解放出来的国家又陷入了长年的内战泥潭。实践证明,西方的现代化发展经验在政治、经济和文化条件完全不同的亚洲、非洲和拉丁美洲国家并不灵验。片面强调科技的作用,忽视人文因素和本土知识的价值最终是令发展事倍功半。此外,第二次世界大战以后 50 年代至 70 年代,美国和其他西方发达国家出现了一系列的经济危机,使人们看到资本主义制度并不是完美的制度。

20 世纪 70 年代,关于发展的研究得出了不同于现代化发展理论把发展中国家的发展问题归咎到社会和心理因素上、全面否定非西方社会和文化价值体系的观点的结论。例如 70 年代,在非洲的相关研究发现束缚一个国家发展的瓶颈来自错综复杂诸多方面的因素,其中至少有六个属于非心理因素(Melkote,2001)(p61)。它们包括:

缺乏采用创新所必备的知识和技能;发展的规划过程没有足够的来自当地人们的参与;缺乏采用创新的必要的财力和物力的投入;产品的市场营销不力;缺乏传输信息和物资的设施;农村里缺乏农闲季节的就业机会。

这些新的研究发现使人们开始抛开现代化理论发展观,寻求从发展中国家的实际情况出发的,真正能够给发展中国家带来利益的发展道路。

对现代化发展理论的另一个强大冲击来自发展理论本身的发展。20世纪50年代产生的建立在马克思和列宁的政治经济学理论基础上的依附理论和世界体系理论逐渐扩大了影响,到70年代开始在学界占主流地位。依附理论和世界体系理论对现代化发展观的落后内因论给予了有力反驳,提出把世界各国的经济发展看成一个不可分割的整体,而发达和落后是社会经济发展中相互联系的两个方面的观念。早在20世纪初,列宁就预言帝国主义是资本主义的巅峰阶段。这个阶段的特征是企业规模扩大,资本输出,垄断升级,以及资本主义国家之间在世界范围内激烈争夺资源(Melkote,2001)。依附理论认为发展与落后,发达国家与不发达国家是相互依赖而存在的。发展与落后并不是社会进步的两个阶段,而是人类社会发展的每一个阶段都同时具有的矛盾的两个方面。现代人类社会中,发达国家已经占有发展的先机,他们利用原有的优势,通过掠夺不发达的贫穷国家的自然资源,利用不发达国家的廉价劳力,向不发达国家市场倾销过剩生产等方式剥削不发达国家。因此,发达国家的发展是以不发达国家的落后为代价的。世界体系理论在依附理论的基础上,超越国家的局限,从全球的角度分析人类社会发展,把经济发展看成一个世界经济体系。美国学者伊曼纽尔·瓦勒斯汀(Immanuel Wallerstein)是世界体系理论的创始人,他认为世界经济体系本质上是资本主义的经济体系。也就是说,资本积累是支配这个经济体系运转的最终目标。二战以后,世界经济体系的经济由少数的几个核心国家主导,众多弱小国家处于世界经济体系的边缘。在核心强国和边缘弱国之间是一些具有一定经济实力或者丰富资源的富裕国。持续的资本积累是核心国家维持其优越的核心地位的条件,因此也是核心国家操纵世界经济运作的目标。正如列宁所预言,在核心国家掌控下的以资本积累为目标的世界经济体系里,发达国家在世界范围内大肆掠夺资源,世界经济发展的收益从边缘弱国源源流向核心强国。其结果是强国更强、弱国更弱。在世界经济体系内部,各个国家也形成结构和性质类似的经济体系。既得利益集团位于国家经济体系的中心,操纵国家经济的运行。弱势群体位于国家经济体系的边缘,处于被动和被剥削的地位。在这样的经济体系中最大的受害者就是处于经济体系边缘的弱势群体,最大的受惠者是处于各国经济体系核心的权贵们。为了维护自身的既得利益,各国的权贵们在维护不公平的世界经济体系中扮演重要的角色。瓦勒斯汀认为,核心国和边缘国之间的关系并不是某一方对另一方的单纯依赖关系,而是双方之间相互依赖和相互制约的关系。失去边缘国家的资源和市场,核心国家的发展必然受挫。而用自然资源和劳动力换取的先进科技和产品则是维持边缘国家社会生存以及一定生活水平之所需。因此,分析一个国家的发展不能采用孤立的观点,而应该综合分析内部和外部的各种因素的影响。

依附理论和世界经济体系理论对现代化发展观造成了巨大的冲击,撼动了现代化发展观在发展传播研究和实践中维持了将近 20 年的主导地位,但依附理论和世界经济体系理论并没有提出一个本质上区别于现代化理论的发展观。依附理论和世界经济体系理论阐明现代人类社会发展中各国之间的相互联系和相互依赖性,以及资本主义经济体系中弱肉强食的劣根;认为发展不仅要着眼于促进经济增长的问题,同时也要关注经济增长所带来的收益的公平分配问题。虽然依附理论和世界体系理论把发展眼光从经济增长转移到经济收益分配的问题上,但是,依附理论和世界体系理论始终未能跳出经济的视角去考察发展。依附理论和世界体系理论仍然是局限于现代化理论,并且以经济发展为主导的发展观。依附理论和世界经济体系理论存在的另外一个局限性是它们指出了现代化理论的问题,却没有提出一个能够解决问题的办法。例如,如何解决世界经济体系中发展利益分配的天平向强者严重倾斜的问题,使弱国富强起来的道路在哪里等。

赋权发展观之所以成为一个独立于现代化发展观的理论体系,在于它跨越了传统的经济发展的视角,转而从人文精神发展的视角去审视人类社会的发展。赋权发展观认为发展的目标是赋予人们更大的权力。对"权力"二字的解读是理解赋权发展观的关键所在。在发展传播的语境下,"权力"是一个具有多重含义的概念,包括掌控事物的权力、自主改造和创造的能力、集体或在集体活动过程中迸发出来的集体力量以及激励他人发展的精神力量。在这四种类型的权力中,以掌控事物的权力为核心。掌控事物的权力也包括参与决策过程的权力,也就是选择和决定发展方向与过程的权力,而创造能力、集体力量以及激励他人的力量可以增强掌控权力及其实施。赋权是使个人、团体以及社群获得并且行使掌控与他们切身利益相关的事物的权利和能力的过程。换句话说,赋权发展观认为发展就是使人们得到并且行使决定自己命运的权力的过程。以赋权为主导的发展观,否定经济主导发展的取向,但是不排除经济发展作为发展的组成部分。赋权发展观在20世纪70年代首先由拉丁美洲的发展传播学者提出,其后很快得到各国学界的广泛赞同。巴西教育学家保罗·法雷尔(Paulo Freire)是赋权发展观的先驱者之一,1970年出版的《被压迫者的教育学》是最早在发展传播和教育传播的语境下阐述赋权发展观的一部赋权理论经典著作,对发展传播的理论发展和实践应用都起了重大的影响。

二、传播

发展传播的起步阶段正好是大众传播媒体长足发展的时期。无线电广播、电视以及卫星电视的发展引起了各个领域的研究人员对大众传播媒体对社会和社会中的每一个人产生的影响的极大兴趣和重视。因此,20世纪50年代以来涌现了各种传播模式和理论试图去解释和预测各种语境下的传播过程、传播效果和影响传播效果的因素等。美国传播学著名学者麦奎尔把形形色色的传播理论归纳为四大理论学派:传送(Transmission)理论学派、表达(Expressive)理论学派、宣扬(Publicity)理论学派和接受(Reception)理论学派。

传送理论学派是最早出现的传播理论学派。20世纪50年代以前的传播理论基本上都属于传送理论学派。拉斯韦尔(Lasswell)、拉兹菲尔德(Lazarsfeld)、霍夫兰德(Hovland)和施拉姆(Schramm)等著名传播学者是传送学派的领军人物。传送理论学派借助行为科学、社会科学和系统科学等理论,建立了传播学的理论基础和研究方法。传送学派的传播理论把传播看成一个传者通过传送信息,改变受众的态度和行为的过程。拉斯韦尔的著名5-W模式"Who says what to whom, through what channel and with what effect"反映了传送理论学派关于传播研究的五个主要方面:传播者(Who)、传播信息(says What)、受众(To Whom)、传播媒体(Through What Channel)、传播效果(With What effect)。传送理论学派的传播模式倾向于把传播看成一个线性的信息传送过程。传者通过某种渠道把信息传送给受者,从而引起某种反应。早期的传送传播理论建立在对两次世界大战期间媒体的宣传效果的研究基础上，认为大众传播媒体具有直接和即时的效果。这种理论被称为"魔弹理论"或者"皮下注射理论"。随着传播学研究的展开，传送理论学派很快就淘汰了魔弹理论，并且不断拓宽研究视野。1944 年，拉兹菲尔德发表了题为《选举结束了》(The Election Is Over)的论文，用他在 1940 年美国总统大选期间进行的有关媒体对选民态度的影响的研究结果颠覆了魔弹理论。拉兹菲尔德在论文中提出了"意见领袖"(Opinion Leader)的概念。他认为在大众传播过程中，除了传媒和受众之外，还有一个重要的角色：意见领袖。意见领袖与普通受众的区别在于意见领袖接触大众传媒比普通受众多。在选举过程中，传播媒体的宣传并不是直接抵达普通的大众，而是首先抵达关心政治和接触媒体的意见领袖，再通过意见领袖影响普通大众。1948 年商侬(Claude Shannon)提出的传播模式是传送学派的传播理论的又一个里程碑。这个模式揭示传播过程的五个组成要素(信息源、编码器、传播通道、解码器和信息目的地)之间的关系，并且提出传播过程噪音干扰的概念。20 世纪 50 至 60 年代，霍夫兰德、施拉姆、卡拉伯(Klapper)等人运用社会科学的观点考察传播过程，揭示社会、文化和受众个人等因素对传播效果的影响。1949 年，霍夫兰德在《大众传播实验》书中指出社会因素(例如教育程度)对人的态度的影响比大众传媒的影响明显得多。1960 年，卡拉伯提出了"受众自卫环"(Rings of Defense of Receiver) 理论，阐述传播过程中受众选择的三个环节(Melkote,2001)(p111)。卡拉伯认为在传播过程中受众通过选择性接触、选择性理解和选择性记忆三个选择性环节筛选传播媒体中的信息，从而坚守自己固有的态度。1964 年施拉姆在《大众传媒与国家发展》书中也阐述了同样的观点。他指出在大众传播过程中，人们总是有选择地接触媒体，例如选择阅读和收听与自己观点相一致的新闻，而拒绝那些与自己观点不同的内容。因为受众在传播过程中对信息的选择性，大众传媒只能够"间接地帮助"改变受众已经坚定的态度(Schramm,1964)(p132)。时至今日，虽然出现了许多其他不同的传播学派，但是传送理论学派的影响仍然广泛存在。现代的传送理论学派仍然坚持把传播过程看成一个通过信息传播改变人的态度和行为的过程的基本观点，但是其研究视角已经从早期的传者中心向受众中心转移，从集中关注传播过程中的五个 W 发展到把社会、文化、政治和经济等多种因素纳入研究范围。

表达理论学派反映了 20 世纪 70 年代开始形成的一个传播学研究新视角。表达理论学派受 70 年代社会学和文化研究学界新思潮的影响，关注社会和社会发展过程的多元化性，以及社会多元性在传播领域中的反映。美国传播学者凯瑞(James Carey)是表达学派的领军人物。1975 年，凯瑞在美国《传播学》杂志上发表题为《从文化视角看传播学》(A Cultural Approach to Communication) 的论文中指出，20 世纪 20 年代以来主导了传播学界数十载的传送学派的传播理论已经进入其发展瓶颈期。传送理论学派从行为和功能的角度对传播的阐述，徘徊于对过去取得的成就的复述和对不可置疑的事实的证明，使传播学成为华而不实的空谈理论(Carey, 1989)。凯瑞呼吁并且身体力行提出了传播学研究的别开生面的研究视角，使传播学研究走出发展的困境。表达理论学派从文化的视角考察传播现象，认为传播是一个传者和受者通过交换信息达成共识的过程。传播过程通过交换和分享信息含义，实现了文化的传承、改造和创造，因此，传播与文化是密不可分的。传播的目的不是使传者的信息在空间上的蔓延，而是维持社会的在时间上的延续，因此表达理论学派的传播理论重视研究不同文化社群之间相互沟通、相互理解的方法和理论。表达理论学派的传播理论与传送理论学派的传播理论的最大差别在其摒弃了信息传送、媒体功能、传送效果等传统的传播学关键词，转而使用"分享""参与""联络""伙伴""达成共识"等词汇去描述传播过程和传播目的。传播不是传者通过传送信息达到说服受者的工具，而是通过某种文化、信念和价值观的表达，取得共识，达到和谐。这种强调传者和受者共同分享与参与的传播理论有助于调动社会积极性和促进社会团结与和谐。表达理论学派重视文化差别，强调与受众之间的心灵相通的理念在现代广告理论和公共关系理论也有广泛的应用。

宣扬理论学派的传播理论也是 20 世纪 70 年代开始发展起来的。宣扬理论学派认为，传播的目的既不是为了传送某一特定的信息，也不是为了借表达某种文化、信念和价值观，以达到团结公众，和谐社会，传播只不过就是为了博取受众的注意而已。在这种理念指导下，传播过程中传者关注的是一个直接的目标和一个间接的目标。直接的目标是获取源于受众的收益。因为受众的关注与消费相联系，所以吸引受众的注意可以带来消费从而为传者带来收益。传者关注的间接目标是把受众的注意出售给商家,换取经济收益。无论是直接还是间接目标,它们的核心所在都是经济效益。宣扬理论学派视角下的传播是一个以经济收益为终极目标,受众的注意为商品的买卖过程。在这个过程中,受众既不是信息的接收者,也不是分享信息的参与者。受众的角色纯粹是"观"众。传者关心的是博取观众眼球,扩大知名度,至于给受众看了什么和受众看到什么并不重要。吸引受众的数量至关重要,而注意的质量完全可以忽略。因为实际操作中,受众的数量是可以量度的,而注意的质量通常难以得知。从宣扬的角度出发,传播的内容是次要的,传播的形式和包装能够吸引更多人围观才是主要的。因此,在设计传播信息的过程中,并不是用形式去包装内容,而是内容服从形式包装的需要。宣扬理论学派的传播理论反映了以吸引公众眼球为目的的商业广告和政治宣传(例如西方社会中的选举宣传)的实质和需要,因此,在商业性和政治性传播领域中得到广泛的应用。

接收理论学派的传播理论是 20 世纪 80 年代开始形成的一个传播学研究视角。接收传播理论建立在批判理论、符号学理论和话语分析等理论和研究方法基础上,关注传播过程中受众赋予传播信息含义的主动性。接收传播理论认为,媒体传播的信息往往具有多重意义,并且有赖于在具体的语境和文化背景下受众做出的解读。传播过程中,受众并不是按照传者所"传送"或者"表达"的意思理解信息,而是从各自的角度去接收和理解信息。接收传播理论探讨传播过程中受众从传播媒体传播的信息中接收到的含义的本质属性以及这些含义是如何形成的。美国社会学和文化研究学者霍尔 (Stuart Hall) 是接收学派的先驱之一。他的编码 / 解码 (Encoding/Decoding) 模式是最具影响力的一个接收传播理论(McQuail,2003)。霍尔用编码和解码的概念阐述传播过程中信息从传者传出到受者接收的过程信息含义的转换和变化。首先在传播的起始端传者按照媒体及媒体的资助者的意愿,并且按照包括语言在内的各种文化规则,把预期的含义编织在传播信息中。霍尔把这个传播者制作传播信息的过程叫作编码过程(Encoding)。受众接收到的是经过传者制作的传播信息(Message),而不是信息的含义(Meaning)。传播信息在受众这一端被解读出来的含义并不一定与传者所预期的含义相吻合。受众从传播信息中解读信息的含义的过程叫作解码过程(Decoding)。受众的解码结果,也就是从传播信息中解读的含义,是因人而异的。决定解码结果的因素包括个人、社会和文化等因素。每一个受众都从自己的角度,在自己所处的语境下,运用自己现有经验和知识去解读媒体信息的含义。最终起作用决定传播效果的并不是传者制作和传送出来的信息,而是受众解码结果接收到的含义。所以,同样的传播信息对不同的受众所能产生的作用可能完全不同。从表面上看,接收传播理论中关于受众解读媒体信息含义的观点与传送传播理论的受众选择性理解的观点有相似之处,但是两者实际上存在本质性的差别。接收传播理论的前提是媒体信息和信息的含义是两个不同的概念。媒体传给受众的是媒体信息,信息的含义是由受众创造产生的。受众解读媒体信息的主动性体现在对信息含义的创造,媒体信息是传者想要表达的意思。信息的含义是受众从媒体信息中解读出来的信息,是最终起作用的信息,而传送传播理论并没有区分媒体信息和信息含义之间的差别。因此,传送传播理论中受众选择性理解主要体现在对信息内容的真伪的判断上,并没有创造信息。

在研讨传播理论的过程中对各种传播理论学派分门别类的目的不是为了对他们比较论高低,而是为了有助于详细分析传播的方方面面,从而更全面地认识和理解传播的复杂性。就像盲人摸象一样,每一个学派的理论都反映了传播的某些方面或者某种传播类型的特征。从理论的角度来说,应该把各学派的理论看成是传播学理论体系相辅相成的理论分支,而不是互相排斥的宗派。从传播时间的角度出发,在实际策划和运作过程中,应该根据具体情况和目的,综合运用各种理论,以求达到最佳传播效果。经典的传送传播理论主要建立在对历史相对较长的社会现象语境下的传播的研究基础上。这些社会现象包括教育、宗教和政府操作。因此,传送传播理论适用于以教育、资讯或者宣传为目的的传播活动。表达传播理论强调传播与文化的相互联系,把传播看成一个传者和受众共同参与,通过多姿多彩的符号进行的文化分享和创造的过程。所以表达传播理论适用于艺术、戏剧和娱乐等以表达为主的象征性和表演性的文化传播活动。宣扬传播理论以收视率和覆盖率为中心,强调传播中公众注意和感知的重要性。因此,宣扬传播理论尤其适用于以扩大知名度为目标的广告和宣传活动。接收传播理论颠覆了其他三个学派默认的信息含义由传者塑造、传送和表达的前提,揭示了传播过程中受众决定传播信息含义的主动性。接收传播理论提出了一个崭新的考察传播现象的视角，提醒我们运用动态和多元化的思维和方法，全方位地思考、研究和设计传播过程。这些不同的传播理论对发展传播都具有指导性意义，并对发展传播的理论和实践发展产生了影响。

三、发展传播

虽然发展传播学界关于发展传播本质的解读存在差异很大的各种观点，但是在发展传播的表述上则没有存在太大的争议。多数学者认同发展传播是通过传媒或者教育等途径进行的，以改善社会为目标的系统化的或者战略性的过程(McPhail,2009)。换句话说，发展传播是以发展为目标，系统地整合运用各种传播媒体和方法的战略性传播过程。

战略性传播指以长期目标导向的专业性传播。除了发展传播之外，商业传播领域的公共关系，市场营销等都属于战略性传播。战略性传播与一般意义的传播的主要差别在其目标的长期性和规划的系统性。战略性传播的着眼点不在传播所带来的即时效应，而是超越这些效应的更长远的目标。战略性传播的目标与传者(或者传者所代表的机构)的使命和目标相一致，在传播方面支持传者(或者传播所代表的机构)实现其使命和目标。

发展传播理论与实践跟发展观的取向直接相关，是发展观在传播语境下的反映。迄今为止出现的各种发展传播理论可以归纳为发展传播现代化理论，发展传播批判理论(也称发展传播替代理论)和发展传播解放理论。发展传播现代化理论反映了现代化发展观对发展的诠释。现代发展观把发展看成改变人们传统的思想观念、生活方式和风俗习惯，推行现代化技术，实现西方现代化模式的现代化过程。因此发展传播现代化理论把发展传播看成一个传播现代化思想和技术的劝说式推销过程。发展传播的目的是向目标受众推销现代化观念、生活方式、先进知识和技术。显然，发展传播现代化理论的传播取向传承了传送理论学派把传播看成一个信息传送过程的观点。发展传播现代化理论关注如何有效地把信息传送给受众，说服受众接受新的观念和行为，达到预期的发展目标。传播信息的流向主要是从传者到受众的由上而下的单向传送。虽然有些现代化发展传播模式包括了受众反馈的环节,但是这些环节只是为了确保更有效地由上而下的信息传送,而不是真正把受众摆在与传者平等位置上的参与传播。

发展传播批判理论反映了批判发展观(替代发展观)对发展的理解。发展传播批判理论的倡导者反对以推行西方模式的技术,经济和政治价值观为目标的市场营销模式,认为劝说式的推广运动有编排制造传播内容、愚弄受众之虞,因此对社会和受众会造成伤害。发展传播的批判理论把发展传播看成一个建立共识的过程,强调发展传播必须建立在当地历史背景的基础上,并且慎重考虑当地文化的影响和作用。批判理论认为发展传播不是一个线性的信息传送过程,而是一个把当地历史根源、文化背景、经济条件、政治体系、价值观念等构成整个社会的方方面面的因素都考虑进去的多层次、多方面的互动过程。批判理论视角下的发展传播的目的不是推销和说服,而是鼓励讨论和建立共识。批判理论的发展传播关注的不是如何有效地向受众传送精心编造和包装的信息,而是如何鼓励和启发公众进行讨论,从而达到关于发展的共识。

发展传播的解放理论是赋权发展观在发展传播语境下的反映。根据赋权发展理论的观点,仅仅靠传播新信息和新技术并不能达到发展的根本目标。赋权发展理论视角下的发展,是使人们尤其是弱势群体的人们获得决定和改变自己命运的物质能力和精神能力,使他们从各种精神和物质的枷锁中解放出来。因此,发展传播的解放理论认为发展传播不是信息传送或者信息交换过程,而是对人的解放使之获得决定自己未来的能力的解放传播(Emancipatory Communication)。发展传播的目的是对个人和社群的赋权,使他们从种种有形的和无形的束缚中解放出来。通过解放传播,发展人们掌控自主,自立改造和创造,集体创造和发展,激励鼓舞同胞们进取等能力,实现可持续的发展的根本目标。发展传播的解放理论提出了各种有别于信息传送和交换的传播模式。其中法雷尔首先提出的对话模式得到了最广泛的应用,并发展成为一个最具影响力的解放传播理论。对话模式主要通过人际和小众传播的方式,使传播参与者在平等和自由的对话中探索和发现对自己有意义的议题,分享对共同议题的意见和信息,发掘各种能力和力量的资源,不断扩展参与者的能力和共识。

下面各节分别进一步讨论发展传播的三大理论:发展传播现代化理论、发展传播批判理论和发展传播解放理论。

第二节　发展传播现代化理论

发展传播现代化理论建立在现代化理论基础上,从现代化发展观的角度出发,探讨发展传播的目的、本质和策略。

现代化理论是第二次世界大战后发展起来的对人类社会、政治和经济的发展产生了重大影响的理论之一。现代化理论建立在自由主义政治和经济理论基础上,并且受西方科学哲学理论中的推理、理性、客观等概念的影响。现代化理论讨论人类社会从生产力低下,经济和政治落后的传统社会向大众高消费的,经济和政治发达的现代化社会发展的过程和规律。由于第二次世界大战之后,20世纪五六十年代,世界上的发达国家都是西方国家,所以现代化理论基本上都建立在西方发达国家的发展经验基础上, 并且按照西方发达国家标准定义现代化国家的概念。罗斯托 (Walt Whitman Rostow)的经济发展阶段理论是具有重大影响力的现代化发展理论之一。罗斯托在 1960 年出版的著作《经济发展阶段论》中把一个国家的现代化发展过程分为传统社会(Traditional Society),起步准备(Preconditions for Take-off),起步(Take-off),走向成熟(Drive to Maturity)和大众高消费(High Mass Consumption)等五个阶段(Rostow, 1960)。罗斯托认为,现代化发展过程的推进有赖于资本积累,工业化和都市化,先进技术,国际贸易等条件。类似于其他现代化理论, 罗斯托的发展五阶段论把现代化过程描述成一个线性单向、水到渠成的进化过程。经济发展和资本积累被看成是现代化过程的主要动力,而应用先进技术和工业化是促进经济发展的关键。在政治和社会结构方面,现代化理论也依样画葫芦,按照西方国家的政治和社会制度演变描绘了一条普世适用的现代化轨迹。发展传播现代化理论充分反映了经济和政治现代化理论的西方模式倾向。发展传播现代化理论的先驱拉纳的名著《走向死亡的传统社会》在发展传播的语境下论述了现代化过程的三部曲(Lerner, 1958)(p61):都市化、文化教育和媒体参与。拉纳指出这三个阶段是无论哪个国家在现代化进程中都自然而然地遵循的"历史逻辑"。

都市化是现代化进程的第一步。工业化的发展集中在交通和其他社会设施发达的大都市。工业化的大都市一方面刺激现代化的需要,另一方面创造实现现代化的条件。现代化生产的需求提供了大量的工作机会,吸引人口从边远乡村向充满机会的城市迁移。都市生活要求人们具有一定的文化素养。其中包括适应城市生活所必须具备的基本文化素养(例如读书识字的能力) 和适应工业化需要的更高层次的文化素养 (例如专业知识和工作技能)。文化素养的提高自然带动读书看报的需求,因而带动大众传媒的发展,都市化带动了文化和媒体水平的提高, 因此都市化阶段的结果是为现代化积累物质和人文的必要条件。西方现代化理论认为一个社会通过自然的都市化过程使都市化程度达到25%之后,现代化生产的条件得到保障,单独靠都市化过程不再足以自动保证现代化过程所需要的消费和生产的动态平衡。现代化进程便开始转向消费条件的现代化,进入文化素养阶段。

文化素养既是现代化消费的标志, 也是现代化消费条件发展的催化剂。随着都市化的发展,人口文化素养得到提高。一方面提高了生产效率,促进消费需求;另一方面,提供了现代化消费条件发展的新机会,使都市产品的消费走向乡村,渗入更广大的人口。1888 年美国零售公司西尔斯罗巴克(Sear Roebuck)首创采用产品目录和邮购扩大市场和销售,是文化素养把都市产品消费带进乡村市场的典型例子。在此之前,美国的零售业主要是通过店铺实物销售。多数像西尔斯罗巴克这样的零售业公司所属的店铺都设在城市。偏远地区的村民和农民们只能从当地的小商贩手中购买所需商品。这些商品通常是价格昂贵,质量没保障,而且可供选择少。实际上,这种现象目前在许多国家仍然相当普遍存在。西尔斯罗巴克的产品目录和邮购创举,使公司的市场突破地理空间限制,把业务延伸到偏远地区。从现代化理论的角度审视这个商业传播的现象, 产品目录和邮购之所以到 19世纪末才出现,并不是偶然的。拉纳分析了其出现的原因之一就是美国现代化水平发展到了人口文化素养开始普遍提高的阶段。只有当社会发展到有足够多的人具备阅读产品目录和写信订购商品的条件下,产品目录和邮购的业务才成为可能。在物质消费需求和物质消费条件不断发展的同时,人们的精神消费需求和精神消费条件也在发展。拉纳认为,文化水平的提高一方面意味着对媒体内容需求的增加,另一方面意味着更多的人具有生产制造媒体内容的能力(Lerner, 1958)(p62)。所以,文化素养发展到一定水平和普及程度之后,迎来的是更广泛和高水平的媒体消费和参与。

媒体参与阶段是发展传播语境下的现代化进程的最高阶段。这个阶段的特征是人们在现代化进程中不断提高的媒体"需求"和"满足"之间的交互作用和影响。拉纳认为,当人们在都市化中学会了应对和体验变化,通过提高文化水平学会接受媒体传达的新知识和新经验之后,他们会进而寻求整合运用这些能力的满足感(Lerner, 1958)(p62)。参与和体验媒体可以提高人的文化素养,从而提高求知愿望和媒体参与的需求。这是一个维持社会发展的良性的正循环。媒体参与让人们发现了探索未来,体验新生事物的快感,敲响摧毁陈规陋习的丧钟。伴随媒体参与而来的是人们在社会各方面活动的参与,促进其他各种现代化需求的增长。为了满足探索未来,体验新生事物的愿望,人们需要养成不拘泥、具有移情能力和勇于尝试改变等个性。拉纳指出这样的个性就是西方现代化人的个性。当这种个性在广大的社会成员中普遍存在时,社会就充满了发展的生机和活力。

拉纳笔下的现代化最终达到的媒体参与是一个建立在人们对新生事物的求知欲和发达的文化能力基础上的媒体生产和消费相互促进的过程。这实质上就是发展传播现代化理论视角下发展传播的精髓所在。发展传播现代化理论认为社会有现代化社会和传统社会之分;文化有现代化的文化和传统文化之分;人也有现代化人和传统人之分。根据现代化理论的社会线性进化的逻辑,现代化比传统优越。历史的潮流是现代化的社会、文化和人取代传统的社会、文化和人。发展传播现代化理论寄现代化的希望于人的现代化。因为一个社会的现代化是在组成社会的人们完成他们本身的现代化的过程中实现的。拉纳指出,都市化、有文化、积极参与和移情能力是现代化人的必备素质。具备这些素质的"现代化人"跟不具备这些素质的"传统人"的区别表现在一种只属于现代化人的特质。这种特质就是现代化人有兴趣并且有能力对时事提出见解。而传统人目光短浅,只关注自己的事情,对公共事务既不关心,也没见解。发展传播的目标就是实现人的现代化。通过发展传播媒体和激发人们积极参与到传播过程,最终实现一个民主参与的现代化社会的途径。

发展传播现代化理论强调传播媒体和信息对国家发展的重要性。施拉姆认为在国家发展的语境下,发展传播的功能与一般意义的传播功能类似,包括守望、决策和教育三个主要方面。但是,每一项功能的具体内容都明显增加了(Schramm,1964)(p42-44)。

当一个国家开始进入发展过程,传播的守望视野便扩大了。发展传播的信息,在城里人和乡下人之间,政府和民众之间,国内和国外之间架起沟通的桥梁。发展传播使城里人明白了在农村实现现代化与维持城市的持续发展息息相关, 也让偏远乡村的人们看到城市里种种他们所向往的东西。发展传播可以改善政府和民众之间的相互了解, 使政府了解民情和民心, 也使人民了解国家的发展目标和计划。发展传播还可以开阔人们的眼界, 让人们看到国界以外的世界,了解更先进的知识和事物。

在国家发展的过程中,传播的决策功能显得更加重要而且复杂。发展意味着变化。首先,一个发展政策不仅是政府的行为,更需要公民们的理解,接受和贯彻。所以,发展的决策需要人民的参与。第二,发展需要社会变革。包括目标、职责、态度、观念以及风俗习惯等方面的改变。发展传播需要提供充分的信息,去帮助人们理解这些变化,说服人们接受和实现这些变化。第三,发展的决策过程应该建立在广泛听取民声的基础上。好的政策不是由上而下施行的,而是经过由下而上的反馈和充分的民间讨论、反复推敲形成的。

国家步入发展的轨道后,教育就成为发展传播的重要任务。发展把国家和人民带进一个新的环境,掌握新的知识和技能是每一个人面临的挑战。发展传播的教育功能就是帮助每一个人打开通往新知识和新技能广阔新世界的大门。发展传播的教育功能包括多层次和多方面的意义。第一,发展传播需要唤起人们对新生事物的兴趣和求知的欲望, 营造良好的学习风气。第二,发展传播要使人们认识知识对改善现状的重要性,鼓励贫穷的人们送子女上学。第三,发展传播要向社会推荐和传播发展新知识和获取新知识的途径和渠道。

发展传播现代化理论把信息与信息传播当作有助于现代化进程的具有推销与说服功能的工具。在发展过程中,发展传播的核心任务就是通过信息传播的手段营造有益于发展的社会环境。发展传播把发展的知识和信息传送到有需要的人们手中; 提供一个供社会各界和各阶层进行交流、探讨和决策的平台以及激励人们求知和求变的精神。

第三节　发展传播批判理论

发展传播批判理论主要在 20 世纪 60 年代末开始发展起来。其发展观和传播理念与方法论都跟在其之前发展起来的发展传播现代化理论截然不同。就发展观而言,发展传播批判理论接受依附理论和世界经济体系理论的观点,认为造成贫穷落后的原因是多种多样的,其中包括缺乏获取政治、经济、文化和知识技能等资源的途径。而获取这些发展资源的途径往往受到由于历史原因所造成的各种条件的限制。例如前殖民地国家和地区长期以来饱受殖民宗主国的压榨和剥削,造成经济基础落后,人口普遍教育水平低下等先天发展资源缺乏的现状。因此,生搬硬套西方的现代化模式并不能从根本上解决贫穷落后国家地区的发展问题。发展应该立足于具体的历史、文化和社会条件,为社会的多数人谋求实实在在的利益。在发展传播批判理论的视角下, 发展传播不仅仅关注国家经济生产总值的增长,更是把促进经济利益分配的公平性, 为社会底层的人们提供基本生活保障(包括基本温饱、医疗卫生和教育等条件),协助弱势群体的人们获得就业机会等作为重点关注的目标。

发展传播批判理论反对现代化理论把传统文化当作社会发展的障碍,把西方的经济模式和政治文化价值观当作现代化的主流趋势的观点。发展传播批判理论的支持者认为发展现代化理论全盘否定传统文化,推行西方技术和经济模式以及政治与文化价值观是文化帝国主义的表现。文化是每一个文明社会在漫长的发展过程中累积和传承下来的精神财富。每一种文化都有其存在的根源和理由。因此发展应该建立在传统文化的根基上,把社会的文化传统当作可以有助于发展的资源。而不是一味否定传统,推崇西方的现代化模式。

在传播理念上,发展传播批判理论倾向表达理论学派关注社会和文化多元性对传播现象的影响。把传播看成多元化社会中不同文化和思想的交流和分享过程,而不是以传者为中心的信息传送过程。发展传播批判理论不认同发展传播现代化理论把发展传播看成旨在推行西方现代化技术、经济理念、和政治与文化价值观的推销和说服模式。在传播方法论上,发展传播批判理论认为以说服为目的的发展传播无视实际文化和社会实际情况,以传者的既定计划和目标为中心去设计、制作甚至编造传播信息,并不能带来给发展中国家带来真正的利益和实质性的进步。发展传播批判理论倡导通过平等参与的信息交流和分享,在传播参与者之间达成理解和共识的传播模式。从批判理论的角度出发,发展传播是一个共识的形成和抵制的动态过程;其目的是帮助人们,特别是弱势群体的人们获取提高其生活水平的所需要的发展资源。这是一个以当地的历史和文化背景作为基础的,综合考虑了政治、经济、文化和社会等各种理念性和结构性因素多维度的信息交流和分享过程。发展传播过程中,所有的人都以传播参与者的角色交流和分享信息。发展传播批判理论在发展传播理论中产生了最大影响的包括 20 世纪 70 年代末在传播学界展开的关于世界信息传播新秩序的辩论;参与传播(Participatory Communication)的理念在发展传播学界开始盛行并且付诸实践。

20 世纪 70 年代,由拉丁美洲的传播学者首先发起的寻求世界信息传播新秩序的讨论,直接挑战当时在发展传播学界占主导地位的发展传播现代化理论的核心理念。世界信息传播新秩序是对联合国 1974 年发出的"新国际经济秩序宣言"(Declaration on the New International Economic Order)的呼应。联合国的"新国际经济秩序宣言"倡导第一世界国家和第三世界国家之间公平和平等的经济关系;寻求在国际经济贸易中给予第三世界国家更合理的收益;提高第三世界国家在国际经济贸易关系和体系中的地位和影响力(Mody,2003)(p38)。当时除了国际经济贸易关系中完全由西方发达国家说了算之外,在国际信息传播领域中也存在严重不平等的现象。西方发达国家借助其经济和技术的绝对优势,称霸国际信息传播,掌控国际新闻传播,甚至以现代化理论为幌子试图推行西方文化帝国主义和文化殖民。世界信息传播新秩序倡导寻求建立第一世界国家和第三世界国家之间平等的信息传播关系。其诉求包括:让第三世界国家有更大的主动权控制自己国内的新闻和信息传播,在第三世界国家的新闻媒体中提升关于第三世界国家的新闻报道的数量和质量,增强第三世界国家在信息传播相关的国际组织(例如教科文组织的国际电讯联盟)的影响力等。概括而言,去殖民主义、去垄断、民主以及发展是世界信息传播新秩序的四大基石(Mody,2003)(p38),同时也是发展传播批判理论的核心思想。

参与传播的理念最先在 20 世纪 70 年代由发展传播批判理论的支持者提出。它反映了发展传播批判理论抵制文化帝国主义和殖民主义,反对媒体垄断,强调传播过程的平等性和参与性的基本主张。

在发展传播的语境下,参与传播指由发展项目的目标受众积极参与设计和制作传播信息的传播策略。参与传播的本质定位有两个不同极端的观点。一个是把参与传播当作实现发展项目的既定目标的一个传播手段。有关发展传播的研究表明,发展项目的目标受众的切身经验和个人的体会是发展传播信息的重要组成部分。这些活生生的、具体的、个人的经验和认识与教科书和官方渠道提供的科学知识一样具有重要的传播价值。例如在预防艾滋病宣传教育活动中,有关艾滋病的医学和防疫学的科学知识固然是重要的传播信息。但是,如果忽视了当地人们(即目标受众)对艾滋病的态度和看法,则宣传教育的效果会打很大的折扣。如果能够把当地人们的态度和看法结合到传播信息之中,把发展传播融入当地的社会和文化语境当中,可以使信息传播更加有的放矢,更加有效地在受众中引起共鸣。关于参与传播本质定位的另一个极端观点是把参与传播当作发展传播的目标。也就是说,发展的目标是为了让发展项目所关注的人们参与到发展传播的过程。这是一个理想主义的观点。有些学者称之为参与传播的乌托邦观点(Huesca,2003)(p214)。参与传播作为发展目标的观点是发展传播解放理论的发展传播方法论的一个观点(本章第四节将进一步讨论)。在实际操作中,更加常见的对参与传播的实质定位策略是介乎"手段观"和"目标观"之间的手段–目标综合策略。根据具体情况,例如发展项目的具体性质,项目的具体进程阶段等等,决定在手段和目标之间不同程度的侧重。例如,在发展项目的初始阶段,往往可以更加侧重于参与传播为目的的策略,充分调动和支持社会成员参与讨论与分享。各抒己见、百花齐放的广泛参与本身就是目的。而到了发展项目的中后期,参与传播的定位应该逐渐向为实现发展项目的既定目标服务的手段倾斜。这种情况下的参与传播着重在分享个人参与发展的经验和体会,讨论共同面对的问题和解决的方法等。有关发展传播的设计和策略本书后面相应的章节中还会详细讨论。

发展传播批判理论对发展传播理论的最突出的贡献是从理论和方法论上动摇了现代化理论对发展传播领域的主导地位,开启了发展传播理论多元化发展的新篇章。

第四节 发展传播解放理论

发展传播解放理论是20世纪70年代开始形成的一个发展传播理论学派。发展传播解放理论认同赋权发展观，认为发展传播必须为实现让人们获得，并且行使决定自己命运的权利的发展目标服务。巴西教育学家法雷尔的互动传播理论(intercommunication)奠定了发展传播解放理论的理论基础。法雷尔1970年出版的著作《被压迫者的教育学》，以成人教育为例，通过分析和讨论旧教育体制下无视和抹杀学生的积极主动性的教学方法对人和社会造成的危害，提出了推翻旧的教育学观念，建立一个新的、解放被压迫者的教育学观念的迫切需要。贯穿解放教育学理论的一个核心思想就是通过发展传播帮助人们解放主观能动性，使被压迫者自己从各种精神的，物质的，以及体制的束缚中解放出来。发展传播解放理论的主要论点包括下面几个方面。

一、发展传播是一个促进自我解放的过程

发展传播解放理论认为贫穷落后是由于缺乏获取经济、政治和文化资源的途径而造成的。而影响人们获取资源的因素是多方面和多层次的。包括个人的知识能力的问题，也包括社会制度的问题。如果这些妨碍发展的根本问题得不到解决，仅仅靠新信息和新科技并不能真正根治贫穷落后，带来可持续的发展。发展传播解放理论认为发展的问题归根到底就是人们掌控自身发展的能力和权力问题。从发展传播解放理论的角度看，人们掌控自身发展的能力和权力包括五个方面的含义。第一，在组织和调用人力和资金方面体现出来的能力和权力。或者通过掌管人力和资金的机构发挥的组织和调用人力和资金的能力和权力。第二，通过掌控重要的经济、政治、文化和信息等资源体现的能力和权力。这些资源是改善个人的，或者某个社群的生活状况的必要条件。而对许多贫穷落后的国家和地区来说，这种改善往往意味着达到人类生活最基本的温饱需求而已。第三，反抗他人剥夺自己获取公平的发展资源的权力。权力机构和掌握权力机构的人们往往能够利用手

中的权力在发展资源的分配上优待某些人,而打压另一些人。具备维护自己获取发展资源的权力之能力和权力与具备获得资源的能力和权力同等重要。第四,掌控发展议程的能力和权力。换句话来说,就是人们参与决定和计划发展议题和规划的能力和权力。而另一方面,权力机构和掌握权力机构的人们可能通过各种手段阻挠人们的参与,从而操纵发展议题和决策。这实质上是一种反抗不公平的政治资源控制和获取公平参与分享政治资源的能力和权力。第五,影响他人或者公众舆论和社会共识的能力和权力。这方面的能力和权力包括有效地表达和传播个人观点以及掌握和使用公共信息资源的能力和权力。发展传播的目标就是帮助人们在这五个方面的能力和权力得到充分的发展,实现自我解放。从这个目标出发,发展传播不仅是传递先进的信息和科技创新,更重要的是帮助人们挣脱各种形式的束缚,获得掌握和控制改善生活状态和环境所需的各种资源的权力和能力。

二、发展传播是一个参与者之间的平等对话

发展传播解放理论强调发展过程是人们自我解放的过程。在发展传播过程中传者、专家和受众是平等的传播过程的参与者。发展传播是一个参与者之间的对话和互动,而不是由传者和专家主导的教育或者信息传送过程。但是,这并不否定传者和专家在发展传播中的重要作用。他们在发展传播过程中扮演的角色是受众获取自我发展所需的资源和能力的协作者,辅导者和促进者。发展传播的信息包括两个方面的主要内容。第一,有关发展的问题和可能性以及针对当地实际情况提出的解决问题的各种可能方案的信息;第二,发展过程中当地或者与当地情况相近的成功发展经验和榜样。

三、发展传播的策略是多元化的

发展传播解放理论重视在传播过程中整合运用各种传播手段,把各种不同的传播手段发挥到极致。基于发展传播是一个所有传播过程的参与者之间互动和对话的观点,发展传播解放理论认为媒体在传播过程中扮演的角色是促进传播参与者之间的对话。一方面,媒体连接传播参与者的对话和互动渠道的桥梁作用;另一方面,媒体提供传播参与者开展对话和互动

的平台。不同于发展传播现代化理论强调大众传播媒体在发展传播中的决定性作用的观点，发展传播解放理论认为大众传播是促进发展的一个方式，但不是唯一的方式。除了大众传播之外，小众传播、人际传播以及各种具有地方色彩的民间传统传播方式都可以对发展起到重要的促进作用。因为，只有当传播的方式和策略真正融入了当地的社会文化和结构，当各种媒体传播渠道和人际传播渠道与当地的社会关系机制密切地结合在一起，才能有效地达到发展的目标。

四、传统文化和宗教是发展的信息资源

基于发展是一个自我解放的过程的观点，发展传播解放理论强调自力更生的发展方向。发展传播的一个重要目标就是通过传播过程唤醒人们对自己的知识和能力的认知，立足于自己的知识和力量基础上求发展。关于传统文化在发展中的作用的问题上，发展传播解放理论和发展传播现代化理论持截然不同的观点。发展传播现代化理论视传统为发展的对立面和社会进步的阻力。现代化理论视角下的发展传播旨在以现代化取代传统。与此相反，发展传播解放理论认为传统文化和宗教可以成为发展的动力。在解放理论的视角下，每一个国家(地区和民族)的传统文化和宗教，都在某种程度上反映了这个国家(地区和民族)的人民祖祖辈辈积累下来的经验和智慧。这些扎根于本土文化的经验和智慧是一个国家(地区和民族)的知识和力量的来源之一。因此，发展传播不仅是通过大众传播媒体获取来自外界的现代化的知识和信息，同样重要的是通过各种其他传播方式(包括小众传播、人际传播和民间传统传播方式)发现和开发本土传统知识。

本章讨论了发展传播理论的主要概念和理论。本章从现代化理论，批判理论和解放理论三条发展传播学的主干理论线索讨论发展传播学领域中的主要理论和观点。实际上各种发展传播理论学派之间还是存在相当多相互重叠的区域的。每一个理论学派本身通过实践以及吸取其他学派的精华，都在不断更新从而保持其生命力。例如发展传播解放理论自从 20 世纪70 年代首先在拉丁美洲的传播学界提出以后，很快就得到包括西方国家在内的其他各国发展传播学者和实践工作者的呼应。发展传播解放理论强调发展传播过程中传统与现代化，本土知识与外来信息以及各种传播媒体

和手段的整合的观点逐渐成为发展传播理论的主流观点。包括施拉姆、罗杰斯等人在内的发展传播现代化理论学者早在 70 年代就采纳了发展传播解放理论的一些观点,对发展传播现代化理论做出修正,提出了一些新的发展传播模式。例如,罗杰斯的创新推广模式本质上反映了发展传播现代化理论的观点。但是相对于拉纳在《走向死亡的传统社会》中提出的发展传播理论,罗杰斯的创新推广理论在媒体策略的多元化和对本土文化和社会结构在发展过程中的重要性的认可等观点上则比较倾向发展传播解放理论的观念。下面的章节将讨论发展传播的主要传播模式。

【参考文献】

[1] CAREY, J. W. *Communication as Culture*, New York, Routledge. 1989.

[2] HUESCA, R. Participatory approaches to Communication for Development. In: MODY, B. (ed.) *International and development Communication*. Thousand Oaks: Sage. 2003.

[3] JAYAWCCRA, N. & AMUNUGAMA, S. *Rethinking Development Communication*, Singapore, AMIC. 1987.

[4] LERNER, D. *The Passing of Traditional Society: Modernizing the Middle East*, New York, Free Press. 1958.

[5] MCPHAIL, T. L. E. *Development Communication – Reframing the Role of the Media*, West Sussex, Blackwell Publishing. 2009.

[6] MCQUAIL, D. *McQuail's Mass Communication Theory*, London, Sage Publications. 2003.

[7] MELKOTE, S. R. A. H. L. S. *Communication for Development in the Third World: Theory and Practice for Empowerment*, New Delhi, Sage Publications. 2001.

[8] MODY, B. *International and Development Communication – A 21st Century Perspective*, Thousand Oaks, Sage Publications. 2003.

[9] ROSTOW, W. W. *The Stages of Economic Growth –a non –communist manifesto*, New York, Cambridge University Press. 1960.

[10] SCHRAMM, W. *Mass Media and National Development*, California, Stanford University Press. 1964.

第三章　参与传播理论

参与传播是20世纪70年代以来在发展传播领域中备受推崇的一个传播策略。参与传播的理论首先由巴西教育学家法雷尔提出来。1970年法雷尔在其成名著作《被压迫者的教育学》(*Pedagogy of the Oppressed*)中首先提出并论述了参与传播的模式。他在书中以自己在成人教育领域的经验和研究,分析传统形式下以教师为主导、灌输教学大纲规定的知识为目标的填鸭式教育的危害。他把这种死板的由教师向学生单方向的传输知识的教育方式形容为"银行业务式教育"(Banking Education)。法雷尔认为,银行业务式教育抹杀了学生的主观能动性,学生得不到应有的充分的发展。为了实现学生的充分发展,培养出有创造能力和批判性能力的学生,必须彻底改变由教师向学生单向灌输的教育方式。而鼓励和促进学生积极参与教学过程的,从学生的角度出发的"被压迫者的教育学"是改革旧的教育方式的一个良方。

第一节　被压迫者的教育学思想

被压迫者的教育学思想建立在肯定人的批判性能力普遍存在的前提基础上。法雷尔认为一个人无论其如何默默无闻或者表现得多么无知,其内在都具有在与他人平等对话的情况下对自己的世界提出批判性的看法的能力。只要给予适当的对话式的环境和工具,人们就能够逐渐对周围的事物形成深刻的认识,同时也获得对自己关于客观事物的认识的更进一步的认识。在对话式的教育活动中,学生不仅仅学习抽象的概念和知识,更重要的是学习和掌握发现自己的潜在能力的有效工具。掌握这些工具,以及获取有关客观事物的认识和对自己关于客观事物的认识,有助于人们批判性地和有效地应对和处理现实世界中的各种问题。

被压迫者的教育学理论中,压迫二字具有广义的含义。它泛指所有束缚人们自由和充分发展的因素。其中包括个人知识与能力的内在因素以及社会、文化、政治和经济等外在因素。被压迫者的教育学的目标是帮助受教育者从各种束缚中解放出来,使他们得到自由和充分的发展。所以,被压迫者的教育学也称为解放教育学。

被压迫者的教育学包括两个不同的阶段。第一个阶段是受压迫者觉醒和改造存在压迫的世界过程中的教育学。第二个阶段是实现了对存在压迫的现状的变革后的教育学(Freire,1984)(p40)。被压迫者的教育学的两阶段都涉及一系列触及压迫存在根源的深入而切实的行动。

第一个阶段中的教育学是为被压迫者服务的,属于被压迫者的教育学。教育的目标是帮助受压迫者改变对压迫现状的态度和认识。通过对话启发受压迫者认识压迫存在的现实及其危害;鼓励和协助受压迫者采取行动,挣脱各种束缚,改造存在压迫现象的世界。在这个阶段中,教育的首要任务包括:第一,启发被压迫者认识压迫现象的存在及其危害;第二,帮助被压迫者找出阻碍自己自由发展的各种内在的和外在的束缚;第三,帮助被压迫者认清压迫现象的不合理性和改造存在压迫的现实世界的必要性和可能性;第四,协助被压迫者寻找挣脱束缚,改变现状的方法和途径;第五,鼓励和协助被压迫者采取实际行动改变现状,从各种束缚中解放出来。例如,对于一个生活在贫困状态下的农民来说,为了帮助其改变贫穷现状首先就是要帮助他意识到贫穷是一个问题以及贫穷对他造成的切身危害。在改变了他对贫穷问题的认识和态度的基础上,协助他树立脱贫致富的决心,寻找造成贫穷问题的各种原因及相应的解决方法,并且鼓励、督促和协助他把改变贫穷现状的决心付诸行动。

第二个阶段建立在第一个阶段完成后,压迫的现状已经得到改造的基础上。教育学不再只属于被压迫者,而是转型成为所有人服务的,属于所有人的教育学。进入第二阶段后,教育的目标是协助所有人实现最终的持久的解放。改变被压迫者的现状是谋求人类社会进步的重要一步,但是持久的人类社会进步并不止于改变被压迫者的现状。经过第一阶段后,被压迫者被压迫的状况改变了,但是原先状态下形成的一些根深蒂固的观念和习惯并不一定完全消失。旧的观念和习惯还会继续阻碍被压迫者乃至整个社会的发展。法雷尔把这些旧的观念和习惯统称为维护压迫世界的神话。他指出,被压迫者的教育学的第二个阶段就是通过扫除这些像幽灵一样仍然萦绕在新生时代的旧世界的神话, 去实现真正的人类社会的发展(Freire,1984)(p40)。相对于第一个阶段而言,第二个阶段的任务涉及的面更加广泛。因为旧思想和习惯束缚的是社会中所有的人,包括原先的被压迫者和压迫者。根据被压迫者的教育学对压迫这个概念的定义,这些束缚人的思想和行为的观念和习惯是对人的精神压迫。也就是说,旧的压迫世界的观念和习惯既压迫着被压迫者也压迫着压迫者。也正是从这个意义上来说,法雷尔认为只要有压迫存在,无论被压迫者还是压迫者都困于某种束缚之中,所以他们都是压迫世界的受害者,本质上都是被压迫者。所以,解放全人类,实现人类社会永远的进步的关键就是彻底根除压迫的现象、思想和习惯。被压迫者的教育学把解放被压迫者和压迫者的希望寄托在被压迫者的身上。法雷尔在《被压迫者的教育学》中指出:"只有被压迫者通过解放自己才能够解放他们的压迫者。"而压迫者既解救不了他人,也解救不了自己(Freire,1984)(p41-43)。这个观点与马克思主义关于无产阶级的历史使命的论述是相吻合的。被压迫者的教育学的核心理念是通过解放者和被压迫者的共同努力, 推翻存在和维护压迫关系的旧世界的精神和物质束缚,使被压迫者获得彻底的解放。

被压迫者的教育学涉及对个人的行为的改变和对社会观念和价值观的改变。被压迫者的教育学的第一个阶段是关于个人的改变,第二个阶段是关于社会的改变。还回到前面提到的帮助贫困地区的农民脱困的例子,通过第一个阶段, 帮助农民找到致富的路子只是完成了第一个阶段的任务,接下来的任务是通过对话在整个社会形成积极向上的,鼓励和支持人们从各种束缚中解放出来的社会规范和价值观。

第二节　银行业务式教育及其危害

银行业务式教育是法雷尔对 20 世纪 60 年代拉丁美洲的教育状况的

描述。法雷尔认为当时普遍存在的教育方法是类似银行存储业务的方法。学生就像储存库,老师是储蓄人。教育过程不是师生之间的信息交换和互动的过程,而成了老师把知识灌输给学生,学生被动地接收、机械化地记忆知识的过程。银行业务式教育把知识当成一种由那些自认为拥有知识的人们施与另外一些被认为是一无所知的人们的礼物。例如,在学校教育中,老师就是自认有知识的人。他们把知识施予他们认为是一无所知的学生。法雷尔认为视他人为一无所知是对人的完整人性的否认,所以是压迫的一种表现。因此,银行业务式教育是压迫的教育,被压迫者的教育学就是要推翻银行业务式教育的压迫。法雷尔在《被压迫者的教育学》中罗列了银行业务式教育的十种主要表现(Freire,1984)(p59)。

⑴老师教,学生被教。这是银行业务式教育的基本模式。教育过程就是老师把自己的知识叙述给学生听的过程,是独白式的叙述教育。

⑵老师无所不知,学生一无所知。这是银行业务式教育的前提假设。学生一无所知的假设为老师的绝对权威的合法性提供依据。而老师无所不知的假设则为学生囫囵全吞老师的叙述的必要性和合理性提供依据。

⑶老师思考,学生被思考。法雷尔认为旧教育的目标是培养维持旧世界的压迫体制的人才。这样的教育不需要,而且也不希望学生具有独立思考的能力。所以老师是思考的主体,学生是被思考的客体。老师代替学生思考并且为学生计划好一切,学生只需要听从老师的安排,按照老师的计划进行学习,最终成为老师所期望的人。

⑷老师讲,学生顺从地倾听。银行业务式的教育是叙述式的教育。无所不知的老师负责把知识叙述出来,一无所知的学生负责接收和记忆老师叙述的内容。老师说的都是对的。学生必须无条件地接受。

⑸老师管教,学生被管教。老师对教育过程负全面的责任。他不仅负责灌输知识,还承担着保障老师和学生之间的存储过程按部就班进行的任务。老师是这个存储过程的管理者,学生是被管理者。

⑹老师做出选择,并实施之,学生实行老师的选择。老师拥有决定教育过程的绝对权威。学生的任务就是配合老师完成老师决定的教育过程。

⑺老师做,学生在老师做的过程中幻想自己在做。老师所叙述的都是正确的,学生不能有任何质疑,也不需要进行任何验证。银行业务式教育的

目标是让学生接收和记忆老师叙述的内容,完全忽略学生对知识的理解和实际应用。法雷尔认为,旨在维护旧世界的压迫体制的银行业务式教育本质上是惧怕和抗拒培养学生的主动性和批判性思考能力的。

⑧老师选择教学内容,学生全单照收。在银行业务式教育中,关于什么是知识,以及学生需要什么知识和应该学习什么知识完全由老师决定。学生没有选择的权利,他们只能遵从老师的决定,完成学习任务。

⑨老师完全混淆了知识的权威和教师的职业权力,并把教师的职业权力与学生应有的自由对立起来。在银行业务式教育中,一方面,教师的职业权力扩大了老师对学生知识的控制的权力。另一方面,关于老师无所不知的假设,把老师的知识权威延伸到其职业权力的范畴。在这样的教育体制中,老师既是知识的把门人,也是教育过程的掌控人。

⑩老师是教学过程的主体,学生是教学过程的客体。从被压迫者的教育学的角度来说,老师是压迫者,学生是被压迫者。

综上所述,在银行业务式教育中,学生能够做的只限于接收、归档和储存老师灌输的内容。银行业务式教育剥夺了学生独立思考、求知探索的机会。它不仅抹杀了人的创造力、改造力,即使是那些灌输给学生的内容,也不能成为学生真正拥有的、有意义和有用的知识。因为真才实学必须经过人们在实践过程中通过执着的探索和反复不断的发明和再发明积累和产生。

在这样的教育体系中,老师和学生、教和学是互相对立的关系。老师是操纵一切的主宰者,而学生是唯唯诺诺的顺从者。因此,银行业务式教育中,老师是压迫者,学生是被压迫者。而根据被压迫者教育学关于压迫这个概念的定义,对他人施加压迫者实际上也对自己的人性产生了束缚,所以,施加压迫者自己也是被压迫者。在这种压迫式教育中老师和学生都是受害人。被压迫者的教育学理论认为,压迫者对压迫权力的迷恋决定了他们既解放不了自己,也解放不了别人。所以,作为压迫者的老师既无法解救自己,也无法解救学生。把老师和学生从压迫式教育中解放出来的希望在于学生对自己的解放。建立在被压迫者的教育学理论基础上的参与传播模式是一个致力于把学生和老师从旧教育的束缚中解放出来的教育模式。

第三节　法雷尔的参与传播模式

参与传播模式反映了被压迫者的教育学理论的核心理念,即只有通过被压迫者积极参与其中的对话式的传播模式才能让每一个人都得到充分和自由的发展。参与传播理论强调参与传播的发动者(法雷尔称之为"领导者"Leader)(Freire,1984)(p122)和被压迫者(法雷尔称之为"人们"People)(Freire,1984)(p122)在传播过程中的平等互动,把改变现状(法雷尔称之为"变革"Transformation)(Freire,1984)(P40)当作领导者和被压迫者共同致力完成的任务。根据被压迫者的教育学理论,把被压迫的人们从压迫状态下解放出来的任务不是由领导者代替被压迫的人们完成的,也不是由被压迫的人们帮助领导者完成的,而是由领导者和被压迫的人们通过对话结成的坚不可摧的同盟,共同努力完成的。

参与传播的模式不仅局限于教育的问题,法雷尔以教育比喻各种发展传播过程。参与模式中的领导者就是发展传播的发起者,被压迫者就是发展传播的目标受众。

法雷尔提出的参与传播模式包括对话、启蒙、实践、改变和批判性思考等五个环节。

一、对话

在被压迫者的教育学语境中,对话指领导者和被压迫的人们都是积极主动的参与者的,平等和自由的交互传播过程。发动对话的前提条件是领导者对被压迫的人们及其思考能力的信任。法雷尔认为,任何人如果缺乏这种信任, 就不可能发起真正让被压迫的人们能够平等参与的对话(Freire,1984)(p53)。参与传播模式中的对话环节具有以下五点特性。

1.对话的目标是在领导者和被压迫的人们之间达成改变现状的共识。这种共识建立在双方通过平等互动和沟通达到的相互了解和相互信任的基础上。领导者通过对话一方面提高对社会环境的整体实际情况的认识;

另一方面了解被压迫的人们的实际情况以及他们对现实情况的认识和态度。对于被压迫的人们来说,通过对话,一方面可以进一步了解领导者的态度和意图。这是领导者和被压迫的人们之间建立信任关系的重要条件。另一方面,被压迫的人们可以通过与领导者之间以及与其他处于相似情况下的被压迫德人们之间的对话增进对自己所处实际情况的理解。对话不是领导者对被压迫者的教育过程,而是领导者和被压迫者共同学习的过程。

2.对话的方式是所有参与者(包括领导者和被压迫的人们)之间的平等互动和自由沟通。领导者是对话的发起人,并且担负着促进对话的责任。但是,发起者和促进者的角色并不赋予他们任何操纵和控制对话过程的特权。在对话中,领导者和所有被压迫的人们都以平等的身份参与互动和沟通。只有平等参与的对话,才能在参与者之间实现真正的沟通,达成共识,从而实现真正意义的根除束缚的解放。

3.对话是把人从压迫状态中真正解放出来的必经之路。显然,对话不是变革的唯一出路。例如,通过金钱诱惑或者暴力强制都可以达到改变现状的目的。但是,金钱和暴力并不能带来真正意义的彻底的解放。金钱和暴力带来的是通过外部力量强加(或者诱惑)的改变。它们也许可以解除某些原有的束缚,但是与此同时它们也带来了新的束缚。只有通过对话,才能使人们充分和深刻地认识所面临的问题,激发人们探索解决问题的途径的热情和寻求解放的愿望和共识,从而实现被压迫的人们自己对自己的解放。

4.对话中参与者之间的关系是以交流和沟通为目标的相互(intercommunication)(Freire,1984)(p123)关系,对话不是为了说服。现实世界中对话式的传播并不罕见。例如,政客们在竞选中常常会走出他们的办公室,来到社区中与选民对话;又例如,通过与消费者对话了解和开发潜在消费需求是商业市场营销的一个策略。但是这些对话都以服务于对话发起者利益的说服为目的。政客与选民的对话目的在于说服选民,博取选票;商家与消费者对话的目的是说服消费者,赢取市场。这就是它们与参与传播模式中的对话之间的本质区别。

5.对话是参与传播的起点,也是贯穿参与传播全过程的持续的基本手段。但是对话本身不是参与传播的目的。对话是人们在现实世界中以改变现实世界为目的的互动。对话不能流于空谈主义的夸夸其谈,也不能沦为激进主义的简单倡议口号。参与传播理论强调对话内容(the word)具有两个方面的含义及其兑现。对话的内容是使对话得以进行的必要条件。在被压迫者的教育学语境中,对话不止于空谈。对话的意义在于把通过对话而达成的共识付诸实践。对话的内容不仅仅服务于对话本身的过程,对话的内容最终目的是服务于改变现实世界的实践。法雷尔指出:对话的内容包含两个维度上的意义。一个是想法,一个是行动。在参与传播过程中,对话内容的想法和行动两个维度的含义都同样重要。忽略其中的任何一个都会对另外一个造成损失。没有行动的内容是空谈主义的套话;而没有想法的内容是激进主义的口号。真正有意义的对话是理论联系实际的改变现实世界的行动(Freire, 1984)(p75)。

二、启蒙

启蒙指通过对话使人们认识他们所处的客观实际情况和他们对自己关于这些客观实际情况的认知的认识(Freire, 1984)(p84)。被压迫者的教育学不是把扶危救难的良方妙药送到人们手中,把他们解救出来。那种做法是旧的银行业务式教育的做法。被压迫者的教育学寄解放的希望于被压迫者自己的觉醒和自救。启蒙是帮助被压迫者觉醒,走向自救的第一步。从被压迫者的教育学的观点出发,任何涉及发展的课题(例如以知识和能力发展为目标的教育课题,或者以扶贫脱困为目标的社会发展课题的传播内容的组织和设计)都必须以人们面对的具体存在的实际情况为起点,并且反映当地人们的主观愿望。法雷尔指出,违背人们的愿望和观点的发展传播是不可能成功的。这样的发展传播实质上是一种文化侵略(Freire, 1984)(p84)。所以启蒙不是传播领导者对被压迫者的说服,而是被压迫者在领导者的协助下认识客观世界以及认识自己的认知过程。被压迫者是启蒙的主体,领导者是被压迫者启蒙过程的协作伙伴。

启蒙包括三个环节的内容。第一个环节的内容是被压迫者对自己面对的实际情况和问题的认识。它包括被压迫者对现实世界的认知和价值判断两个层面。认知层面上,通过对话和分析,使被压迫者了解现实世界中的实际情况;价值判断的层面上,通过对话和分析,帮助被压迫者认识这些目前存在的情况可能带来的后果(问题),形成对现状的否定态度。被压迫者反省和认识压迫体制中的压迫现象和自己在压迫体制中的客体地位是他们从压迫体制中解放出来的关键一步。但是,对压迫现象的认识本身并不意味着他们完成了从客体到主体的转变。通过对压迫现象的反省和认识,以及树立对压迫现状的否定态度,被压迫者产生从压迫现状中解放出来的愿望,成为期望中的主体。这种对成为主体的期望是激励被压迫者寻求进一步发展,实现从期望主体到现实主体的变化的动力。第二个环节的内容是在这股动力的激励下,使被压迫者对所面对的问题在思想上和行动上做出积极的反应。这是被压迫者在对世界的认知和价值判断的基础上,采取措施对客观世界做出干预的过程。是被压迫者把想法付诸行动的体现。第三个环节的内容是被压迫者通过对话和分析提高和深化对自己关于现实世界的认识的认识。换句话说,就是被压迫者对自己的认识水平的反省和认知。这是被压迫者认识水平的一个提升。通过对自己认识水平的反省,可以帮助被压迫者进一步提高和深化对现实世界的认识水平,从而进一步促进其对客观世界做出的反应和采取干预行动。成功的启蒙是能够使被压迫者进入认识现实世界、干预现实世界、和反省主观认识三个环节之间的良性循环,开始其自由和充分的发展之旅。

参与传播的发起者在对话过程中使用的语言及语言的表达对启蒙环节的效果具有很大的影响。沟通只有通过共同的语言才可能实现。为了取得更好的沟通效果,参与传播的发起者必须学会使用被压迫者的语言,词汇和表达方式进行对话,并且从被压迫者熟悉的视角去表达对话的内容。启蒙环节中,被压迫者之间的对话对启蒙的效果可以起促进作用。与自己具有相似背景,面对同样问题的人们的对话,是最有效的学习过程。这个过程可以帮助人们更好地认识自己所处的客观情况,以及更好地认识自己对这种客观事实的认识。

启蒙是发展传播中的一个重要环节。笔者在澳大利亚和中国进行的发展传播项目中的经验表明,人们对自己所处的状况的认识和态度,对其发展的前景具有很大的影响。在其他条件相似的情况下,人们对自己所处的现状的认识和价值判断可以决定他们的命运。2013 年,笔者到广东省一个贫困山区进行调研①发现,即使在同一个贫困的乡村里也存在悬殊的贫富差别。笔者和参加课题组的几位学生去访问这个村庄的时候，夏收农忙季节已过，田里只剩一些晚熟的花生。安静的村子里有一处光景给人的视觉一个强烈的冲击：崎岖不平的乡村小巷两侧，一边耸立着一座崭新的两层楼别墅，楼顶上安装着太阳能电池板，另一边是一座长年失修的破旧土屋。可惜没有见到别墅的主人，因此无法对其致富的原因做出确定的判断。在村子里的访谈中发现，许多家庭都只剩老人、妇女和孩子在家。年轻的男人多数都外出打工，而许多留守家里的妇女们到田里干活了。难怪村子里那么安静。那是上午大约 11 点钟，我们在村里逛了一圈准备赶往下一站时，看见村口的杂货店门前坐着五六个三四十岁光景的男子在聊天，这是我们在这个村里见到的仅有的几个青壮年男性村民。笔者和几个学生走过去与他们攀谈起来。寒暄一阵后把话题转到了贫困问题上。下面是我们谈话的节录：

　　作者：你们认为自己目前的经济情况怎样啊？

　　村民甲：不好啊。

　　村民乙：很穷啊。

　　作者：那你们希望改变这种状况吗？

　　村民甲：怎么改变噢？

　　村民丙（大约三十来岁，手里抱着一个不足一岁的孩子）：不想。

　　作者：改变就是说让自己富起来啊。为什么不想改变呢？

　　村民丙：变不了就不想。

　　村民乙：命不好，有什么办法哦。

　　村民甲：想什么哟，没用。变不了的。

　　我们必须承认，造成贫困的原因是多方面的，因此改变贫困的现状是一个复杂而且困难的问题。但是这个例子中的几个村民在与作者的对话中表现出来的对其现状的消极态度显然是扶贫脱困需要关注的第一个问题。法雷尔指出：失望是一种沉寂，是厌世和逃脱现实的表现(Freire, 1984)(p80)。对话的首要目标就是打破这种沉寂，使人们开始思考和认识自己所处的情景。

① 由中国教育部人文社会科学规划基金项目资助的"发展传播视角下的贫困山区信息扶贫策略研究"。

三、实践

实践指人改造现实世界的思考和行动(Freire,1984)(p91)。在《被压迫者的教育学》中,法雷尔运用马克思主义认识论的实践观论述了实践环节在参与传播模式中的重要地位。实践是知识的来源,也是人们运用知识改造世界的归宿。实践是人们思考和行动的反复循环过程。在这个过程中人们不断提高对客观世界的认识,以及对自己的认识。法雷尔指出,具有结合思考和行动的实践能力是人类区别于动物的特征。不具备思考能力的动物虽然也具有行动的能力,但是没有思考的行动是盲目的行动,最终它们仍然摆脱不了沉陷在茫茫的自然世界之中。拥有思考能力的人,通过有思考的行动,把知识和理论应用在改变现实世界的实践活动中,并且通过实践进一步提升自己的知识和理论水平。知识和理论的积累使人类具备更强大的改变现实世界的能力。因此,人类可以摆脱自然世界的束缚,把自然世界客体化,而人类成为改变自然世界的主体。通过不断的实践(即思考与行动相结合的改造世界的活动),人类不仅创造了有形的物质财富,也创造和积累了包括知识,文化,社会体制等无形的精神财富。人类在创造历史的同时也成为有别于动物的历史性的和社会性的生物 (Historical-social beings) (Freire,1984)(p90-91)。实践由思考和行动两个必要元素构成。缺少其中的任何一个都不成为实践。法雷尔的实践观包括三个方面的含义。第一,实践是思考和行动相结合的活动。实践不是单纯的行动,而是运用知识进行思考,用理论指导行动的改变世界的活动。第二,实践是参与传播的不可或缺的重要环节。在参与传播过程中,对话是思考的工具;启蒙促进思考和行动并提供思考和行动必要的动力和资源;实践是人们思考和践行知识,从而改造世界并且进一步提高和深化认识,创造新知识的活动。从这个意义上说,实践是人们改造世界和改造自己的过程。第三,追求解放的被压迫者是实践的主体。实践是实践者应用知识、验证知识和获取新知识的过程。实践者通过实践获得有价值和有意义的知识,在改变客观世界的同时使自己得到发展。所以,实践必须由自己完成,不能由他人代替。在参与传播中,传播的发起者(领导者)可以对被压迫者的实践给予必要的促进和指导,但是不能代替他人完成实践。法雷尔指出,剥夺人们参与实践的机会,即使是出自好意的代替他人实践,也是施行压迫的一种行为。而根据被压迫者的教育学理论,施行压迫者在对他人施行压迫的同时,自己的人性也受到了压迫而成为了受压迫者。因此,剥夺他人参与实践的机会是对剥夺者和被剥夺者的压迫(Freire,1984)(p40-42,p120-121)。

四、改变

改变(transformation)是参与传播的最终目标。法雷尔指出:真正的对话就是改变世界的行动(Freire,1984)(p75)。改变指人们通过对话、启蒙以及理论联系实际的实践活动干预和改造现实世界的过程。被压迫者的教育学理论认为现实世界中,对人的压迫和人的发展的束缚包括来自客观世界的外部因素和来自个人本身的内部因素。参与传播中改变的内容包括改变客观环境和提高个人素质。参与传播的目标是使被压迫者获得和提高改变存在压迫关系的现实世界所需要的资源和能力,从而实现被压迫者自己对自己的解放。被压迫者的教育学理论中改变的概念包括三个主要特性:

第一,改变是人改造世界的主观能动性的反映。法雷尔在《被压迫者的教育学》中反复强调,人与动物的区别在于人具有通过理论联系实际的实践活动改变现实世界的能力。一般动物无法把自己从自然世界分割开来,无法客体化自然世界以及自己改变世界的活动过程。法雷尔认为,动物没有区分"自我"和"世界"的概念,也没有"明天"和"今天"的意识。因此,它们的行为是没有目标性的行为。它们陷在自然世界里而不能自拔,其行为所带来的对自然世界的改变的意义仅仅限于满足它们本身的基本生存的生物需要。而它们的行为并不是真正意义上的属于它们自己的行为,而是属于它们的种类的行为(Freire,1984)(p87)。具备思考能力的人能够把自己从自然世界中脱离出来;能够走出现在,规划明天和计划改变世界的目标,从而把自然世界客体化,使自己成为改变世界的主体。被压迫者的教育学理论语境下的改变不是随机的变化,而是人们经过思考而确定了目标的改变;是人们自己做主决定,并且亲身参与实践而实现的改变。

第二,改变指从被压迫者视角下的改变。改变是被压迫者认为需要的并且认可的改变,不是专家或者领导者为他们安排的或者强加给他们的改变。以教育为例,银行业务式的教育中,教育者决定学生需要什么知识以及如何学。学生被动地接受老师认为他们应该学习的知识。剥夺学生选择自己的学习内容是旧教育中对学生的压迫的一种表现。被压迫者的教育学认为,教育内容应该从受教育者的角度出发,由受教育者和教育者通过对话共同决定。这是受教育者作为教育的主体的一个体现。现实生活中许多发展项目的失败,就是因为这些项目完全按照专家和领导者的观念和视角去设计和实施,忽视了当地的实际情况和人们的愿望。这样的项目带来的改变并不是雪中送炭的对人们真正有意义的发展,而是对有限的发展资源的浪费。这种情况在国际或者国家的发展项目中并不少见。例如在国际上,联合国教科文组织往往扮演着制定各国社会发展目标的角色。20 世纪 50 年代,教科文组织曾经大力敦促各国,特别是发展中国家发展传播媒体设施,并且制定了各国在短期内应该达到的大众传播媒体发展目标。这个大众传播媒体发展目标规定按照各国人口计算, 平均每 100 个人应该拥有 10 份日报,5 台收音机,2 个电影院座位,2 台电视接收机(Schramm, 1964)(p94)。这个标准是按照施拉姆和拉纳等西方发达国家的专家提出的理想模型为依据制定的。也许它反映了西方国家的情况和需要,但是,对于连保障人们的温饱都有问题的贫穷国家来说, 这是一个可望不可及的奢侈目标。20 世纪 70 年代,许多发展中国家都仍然未能达到这个目标。而那些拥有收音机和电视机的人们,则发现收音机和电视里播的内容多数都是来自发达的西方国家的内容(Briggs and Burke,2010)(p297)。中国电化教育的发展过程中也走过类似的弯路,出现过上级部门制定统一发展目标,各地学校一窝蜂盲目投入硬件建设。例如 20 世纪 80 年代,笔者带学生到广东一些乡镇学校进行教育实习时发现,许多学校为了"达标",把有限的资金用在购置电脑设备上。可是因为缺乏师资和合适的教学软件,无法正常开设电脑课。因此计划中的"电脑室"实际上成为电脑陈列室。这些例子中,发展的目标完全由所谓的专家和领导者决定,完全没有考虑当地的实际情况和需要。所以,发展的结果并不能给预期的受益人带来真正的利益。法雷尔指出:在真正的人本主义的教育和变革中,只有被改造的现实世界是客体, 所有涉及的人 (包括受教育者和教育者) 都是改造现实世界的主体(Freire, 1984)(p83)。根据这个原理,受教育者(或者被压迫者)是变革的预期受益人,所以改变的目标和对改变结果的评估应该从受教育者的角度出发,由教育者和受教育者一起决定。在最基本的限度上,任何发展目标的确定都应该从当地的实际情况出发,反映当地人们的需要和愿望。

第三,改变是以被压迫者为主体的,由被压迫者和解放者一起共同参与和努力的活动。在强调被压迫者自己解放自己的基本原理的前提下,被压迫者的教育学理论并不否定解放者促进和促成改变的作用。因为,没有人能够完全靠自己的力量去解放自己,也不可能完全被他人解放。法雷尔引用毛泽东关于"外因是变化的条件,内因是变化的根据,外因通过内因起作用"的唯物辩证法观点论证了参与传播中改变环节的这个特性(Freire,1984)(p132)。法雷尔指出,对被压迫者的解放的实质是一个教育学的过程。它既不单独依赖于解放者,也不是由被压迫者独自完成。改变现状,解放被压迫者是由被压迫者和解放者一道共同努力完成的(Freire,1984)(p53)。

法雷尔特别强调参与传播中以被压迫者为主体的,由被压迫者自主的改变的重要性。他认为,没有被压迫者自主的改变的参与是伪参与(Freire,1984)(p56)。

五、批判性思考

批判性思考(critical thinking,也译为批判思考)指对被当成不言而喻的常理提出质疑的能力。批判性思考能力既是参与传播的一个过程,也是被压迫者的教育学的教育目标之一。换句话来说,批判性思考既是参与传播的一个过程也是参与传播的一个目标。法雷尔认为,没有批判性思考就没有真正的对话,而建立在批判性思考基础上的对话可以促进批判性思考能力的发展(Freire,1984)(p80—81)。批判性思考本质上是一种辩证唯物主义的思维方式,其特征是:⑴承认人和客观世界的不可分性,反对把人和客观世界看成两个绝对的对立面;⑵把现实世界看成一个发展过程,而不是一成不变的存在;⑶批判性思考是与实际行动相联系的思考。不是脱离实际的空想。批判性思考是一个不断积极探索的动态过程。批判性思考者勇于不断地浸入在暂时性之中,不畏惧因未知而可能带来的风险。

在文化研究理论中,批判性思考是一个核心概念。根据文化研究理论的批判主义学说,在现实世界中存在的权力不对等的关系的影响下,教育和媒体传播的信息往往存在不准确性、歪曲和谎言。而一种普遍存在的现

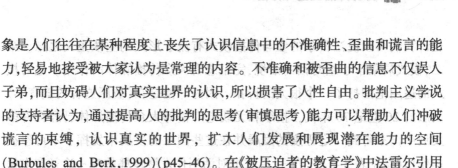

象是人们往往在某种程度上丧失了认识信息中的不准确性、歪曲和谎言的能力,轻易地接受被大家认为是常理的内容。不准确和被歪曲的信息不仅误人子弟,而且妨碍人们对真实世界的认识,所以损害了人性自由。批判主义学说的支持者认为,通过提高人的批判的思考(审慎思考)能力可以帮助人们冲破谎言的束缚, 认识真实的世界, 扩大人们发展和展现潜在能力的空间(Burbules and Berk,1999)(p45-46)。在《被压迫者的教育学》中法雷尔引用南非教育家皮埃尔(Pierre Furter)的观点描绘批判性思考为人们打开的通往自由和充分发展的大门;在具备批判性思考能力的人看来,重要的是通过不断地改变现状,实现人的充分发展。当人们拥有了批判性思考能力,展现在面前的世界不再是充满了各种各样的被强加上去的条条框框的有限空间,而是一片人们可以通过实践对其加以改变的广阔天地(Freire,1984)(p81)。

　　批判性思考和参与传播是相辅相成的关系。批判性思考是参与传播的必要条件。而参与传播是发展和提高人的批判性思考能力的过程。法雷尔强调参与传播不是盲目的激进主义。他指出当人们经历了充分的实践之后才能够学会批判性思考能力。反过来,批判性能力使人能够更有条理和有效地进行思考,从而使他们的知识从肤浅简单的水平向更深入更全面的层次发展(Freire,1984)(p125),并且应用这些知识去指导进一步的实践。

　　法雷尔的被压迫者的教育学和参与传播模式从理念上和方法论上向由拉纳、施拉姆、罗杰斯等主要来自西欧发达国家的传播学者建立的发展传播理论提出了挑战。从被压迫者的教育学的视角出发,发展传播的核心问题是教育学的问题。发展传播是一个以多方向的平等对话为途径的,受教育者和教育者共同参与的认识现实世界和改变现实世界的实践过程。法雷尔的参与传播模式强调人的主观能动性和批判性思考能力,人与客观世界以及理论和实际之间的辩证关系等观点,为抵制西方发达国家利用既有的经济、政治和传媒技术优势对发展中国家意识形态的侵略,倡导从发展中国家的实际情况和自身愿望出发的发展项目提供了有力的理论依据。这些观点得到许多关注发展中国家发展问题的学者的赞同。

　　但是,法雷尔的模式并不是一个没有争议的完美理论。其局限性主要体现在五个方面。第一,模式涉及的范围局限在阐述传播的形式和理念,而没有提出切实可行的实现这些理念的具体传播技巧和方法。如果运用参与传播模式中关于思考和行动之间的辩证关系的观点反观这个模式, 那么也许我们可以说法雷尔的参与传播模式有流于形式的空谈主义之嫌。第二,模式局限于小组对话的语境,完全忽视大众传播媒体的作用。这对模式的适用范围打了一个很大的折扣。因为即使是在《被压迫者的教育学》出版的 20 世纪 70 年代,报纸和无线电广播等大众传播媒体已经在许多发展中国家得到一定程度的发展并在这些国家的发展中发挥了不可忽视的作用(参见表 3-1)。第三,模式把对话当作发展传播的唯一途径有失偏颇。参与传播模式成立的前提是人们参与到对话中来,或者参与是人们的主观愿望。也就是说其前提是学生进入了教室或者愿意进入教室。但是,如果"参与"的理念和当地的社会行为规范或者社群的文化价值观相冲突,换句话说,如果学生不愿意进入教室怎么办?《被压迫者的教育学》没有论及这种情况。可是我们可以设想,按照被压迫者的教育学的观点,与人们主观愿望相冲突的发展传播就是文化侵略,那么这个问题就是一个无解的问题。第四,把参与传播当作发展传播的万应良方是一个不符合实际的乌托邦理想。被压迫者的教育学强调受教育者在整个发展过程中的主体性,把发展看成一个人们自主改变的过程。这个观点在确保发展以当地实际情况为出发点,发展的结果被当地的人们认可并且使他们真正受益等方面具有积极的作用。参与传播模式虽然也承认领导者和外来援助对一个地区或者社群的发展的必要性。但是,模式只是笼统而且理想化地描绘领导者和当地人们共同规划和实践发展的平等关系,完全没有论及现实发展过程中的阶段性和不同性质的发展项目之间的差异性。实际上,发展的不同阶段中,或者不同性质的发展项目中,需要解决的主要问题的性质往往不相同,领导者和当地的人们扮演的角色以及相应的发展传播策略也应该不同。例如,发展项目的资金筹集往往与发展项目的目标制定相互联系,相互制约。如果计划中的发展主要依靠外来资金的支持,那么片面强调当地人们的主体性也许会使发展的对话陷入僵局。又例如,如果当前面对的是一个紧急的问题(例如伊波拉爆发),或者问题涉及一定的专业知识(例如处理核污染问题),平等对话的途径并非能奏效。此外,模式中无视实际情况片面强调被压迫者的主体性的概念与被压迫者的教育学奉行的辩证唯物主义的观点是自相矛盾的。第五,法雷尔的参与传播模式具有应用层面上的局限性。模式主要关注个人层面上的控制和压迫,没有论及国际语境中的强国对弱国的干涉和压迫问题。

20世纪70年代法雷尔提出参与传播模式以来,经过数十年的反复实践和研究,参与传播从一个理想化的理念和模式发展成一个与实际情况更加密切联系的,更具备灵活性的发展传播策略。

表3-1　1961年世界各地区大众传播媒体发展状况

	日报 (份/100人)	无线电收音机 (台/100人)	电影院 (座位/100人)	电视接收机 (台/100人)
世界平均	9.8	13.2	2.3	3.8
非洲	1.2	2.3	0.6	0.07
北美洲	25	73	5.5	23.4
南美洲	8	11	3.4	2
亚洲	4	2.1	0.6	0.6
欧洲	23	21.8	5.4	7.4
大洋洲	29	20.6	7.7	8.8
苏联	18.1	20.5	5.6	3

(Schramm, 1964)(p95) [1]

第四节　参与传播策略及其在发展传播中的应用

本节介绍发展传播过程中的参与传播策略及其应用。必须强调这里将要展开讨论的"参与传播策略"与上一节讨论的"法雷尔的参与传播模式"是两个不同的概念。为了避免混淆,本书下面提到参与传播的概念时,"参与传播模式"专指法雷尔的参与传播模式。而"参与传播策略"泛指目前在发展传播过程中采用的参与传播策略,其中包括在法雷尔的参与传播模式基础上发展出来的传播策略,也包括后来发展传播学界的学者和传播工作者新提出来的参与策略。

一、参与传播策略和理念

参与传播策略指综合运用参与对话以及其他人际传播手段和传播媒体,促进各有关方面的人们就共同关心的发展问题或者目标交换信息和展

---

① 原始数据来自联合国教科文组织1964年发表的World Communications报告。

开讨论的,旨在寻求和实施解决问题或者实现发展目标的措施的一系列传播规划和设计。参与传播策略关注发展传播中当地社群的文化认同,以及包括国际、国家、地方和个人等多层面上的民主和参与过程的重要性;旨在通过各个层面的广泛参与达到参与者之间的相互协作,实现参与者达成了共识的目标。参与传播策略的主要原理是发展项目的成功有赖于实现人们对发展信息和知识的认同和分享;建立人与人之间的相互信任;激发人们对发展目标的义务感和树立对发展的正确态度。而人们参与有关发展的决策过程是实现这些条件的重要环节。首先,参与不是一部分人对另一部分人的说服。参与是参与者分享信息和知识,增进相互之间的理解和共识的过程。所以,参与对于所有参与者来说都是一个学习的过程。第二,参与是一个建立和发展参与者之间相互信任关系的过程。这种信任是成功的发展过程所需要的合作与默契的基础。第三,参与的目的是激发人们对发展的积极态度和投身有关发展的对话和实践行动中。参与传播促进人们对发展的认识和在发展过程中的主人翁的感觉,因此可以更有效地调动人们的积极性。第四,参与传播策略重视各种传播媒体和手段的整合运用。以人际传播为特色的对话是参与传播的一个重要方法,但不是唯一方法。参与传播策略讲究因地制宜、因人而异的多媒体、多渠道和多手段的优化整合。

目前发展传播中采用的参与传播策略主要建立在两个不同的参与理念上。第一个是法雷尔的参与理念;第二个是联合国教科文组织提出的关于参与的理念(Servaes and Malikhao,2005)(p96)。

法雷尔的参与理念包括两个主要方面。第一是尊重人性的价值观。法雷尔认为,在任何政治过程中,都应该把所有的人当作具有完整人性的主体对待。这个理念反映在参与传播模式中平等参与和对话,以及人作为改变世界的实践中的主体等概念上。这方面的理念主要建立在强调尊重人格和自主的存在主义与强调尊重人与人之间的差异,呼吁人与人之间,无论肤色、种族、宗教、性别、阶级等各种各样的差别,都应该平等相待的解放神学等学说的基础上(Servaes and Malikhao,2005)(p96)。第二是关于被压迫者解放自己和解放全人类的理想信念。法雷尔强调人类活动与一般动物活动的本质区别。人类活动的意义和价值超越了维持生存条件的物质需要。历史性和社会性是人类区别于一般动物的特性。只有人类才能够通过人与人之间的协作在改造世界和创造历史的过程中解放自己和解放全人类。法雷尔的参与传播模式既强调人改造世界的主观能动性,也强调集体协作的精神。法雷尔认为,单靠个人力量无法解决现实社会中普遍存在的贫穷和压迫问题。只有靠集体团结协作的力量才能动摇这些问题的政治、文化和社会根基。这方面的理念主要建立在马克思主义关于人类的历史使命和集体力量的学说基础上(Servaes and Malikhao,2005)(p96)。

1977 年在南斯拉夫召开的以"传播中的自主管理,可达性和参与"为主题的国际会议总结报告(下面简称 1977 南斯拉夫报告),是教科文组织第一个完整和系统地阐述其参与理念的正式文件。教科文组织在此之前已经提出了改变由上而下传递信息的旧的传播理念的呼吁。早在 1976 年教科文组织的全体会议上发表的《关于实现传播中积极参与的方法和传播的权利的分析报告》,宣告了重视参与和对话的新的传播理念的诞生。报告中指出:在过去,传播被认为扮演着通报和影响的角色。现在新的传播观念提出传播是一个通过平等的信息和经验交流进行的社会互动过程。……这个观念上的转变意味着"对话"取代原来的"独白"在传播中占主导地位(UNESCO,1976)(p6)。教科文组织的参与传播理念的目标是建立一个以资源平等分配为基础的横向的传播系统,促进实现每一个人都能够传送以及接收信息。

南斯拉夫国际会议的主题点出了教科文组织的参与理念的三个核心概念:可达性、参与和自主管理。这三个概念分别代表不同层次的参与含义。

教科文组织的 1977 南斯拉夫报告把可达性定义为公众能够接触传播系统的能力。具体来说,可达性包括选择和反馈两个层次的意义。选择意义上的可达性指公众可以接触到传播媒体和内容的能力。反馈意义上的可达性指公众能够和传播媒体之间有互动,以及公众能够参与和影响内容制作和传播过程。可达性关乎媒体在服务公众利益中的使用。体现在公众拥有选择传播内容和渠道的机会和向传播制作机构反馈意见和表达愿望和需求的途径。可达性是教科文组织的参与理念中最基本的参与含义(UNESCO,1978)(p3-4)。

参与指公众介入传播内容制作和传播系统管理。实际操作中,参与反映在制作、决策和计划等方面。制作参与指公众拥有在不加限制条件的情况下以个人或者群体的形式制作传播节目的权利，并且可以获得所需要的专业指导,设备和相关资源。决策参与指公众介入节目(例如内容、时间、时间表)和传播机构(例如行政、财务)决策。计划参与包括公众介入制定传播和传播行业相关的计划和政策的权利(例如制定目标、管理原则以及未来发展)和制订国家、地区和当地的传播规划。与可达性的含义相比,介入传播系统和内容制作的参与是更高层次意义上的参与。它包括公众对传播的制作过程,管理过程和规划过程的介入。这些介入可能只是以公众代表的身份或者公众咨询的方式等形式上的参加决策过程(UNESCO, 1978)(p4-5)。

自主管理是最高层次的公众介入传播系统的方式。换句话说,自主参与是最高层次含义的参与。自主管理指公众在传播机构中不是形式上的参与,而是实质性地介入传播政策和规划的制定过程,并且具有决策的权利。公众是具有表决权的决策的主体,而不是列席的代表或者提供参考意见的咨询者(UNESCO, 1978)(p5)。

教科文组织的参与理念相对法雷尔的参与理念而言，更具有操作性。而且,把参与分为三个不同层次,可以摆脱理想化的一刀切的局限性,因此具有更广的适用性。

二、参与策略的取向

虽然学界中对参与传播的某些理想主义成分仍存在争议,但是作为一种传播策略，参与的概念已经得到发展传播领域的学者和工作者的普遍认可,成为发展传播的一个重要策略。早在 20 世纪初在美国进行的工人工作效率与心理因素之间关系的研究已经表明，工人对在工作中拥有自主权的感觉程度越高,他们为工作目标努力贡献的愿望也越高(McPhail, 2009)(p28)。加拿大传播学者麦费尔(Thomas L.McPhail)把发展传播中采用参与传播策略的理由概括为三个方面。第一,人们拥有关于自己的具体情况的信息和知识。这些信息和知识是发展项目的重要保障和资源;第二,通过参与可以帮助在参与者之间建立共识,取得人们对发展项目的支持,从而促进实现大家共同设定的发展目标;第三,参与决定关系到自己发展前景的决策,是每一个人的基本人权(McPhail, 2009)(p28)。参与作为传播策略在发展传播中的应用可以分成参与作为手段和参与作为目标的两种基本取向。在发展传播实践中，人们对采用参与传播策略的理由的认识会影响到他们应用参与策略的取向。认同第一和第二个理由者，往往倾向于参与作为手段的取向。而认同第三个理由者，往往倾向于参与作为目标的取向。

参与作为手段的取向重视发展过程中的团队协作。从这个视角出发，应用参与策略的目的在于增进人与人之间的沟通，促进协作效果和效率。国际劳工组织1995年发表的一份参与传播研究报告指出，在发展传播中采取参与作为手段可以提高涉及技术协作的发展项目的效果、效率和可持续性(ILO,1995)。从1991年开始国际劳工组织开展了一系列职业安全与健康的洲际和国际项目。其中在博茨瓦纳、埃及、埃塞俄比亚、冈比亚、加纳、肯尼亚、莱索托、利比亚、马拉维、毛里求斯、纳米比亚、尼日利亚、塞舌尔、塞拉利昂、索马里、苏丹、斯威士兰、坦桑尼亚、乌干达、赞比亚和津巴布韦等21个讲英语的非洲国家开展的职业安全与健康培训项目研究发现，培训中通过参与传播的策略了解并且满足受培训者的最迫切的需要，可以进一步提高培训的效果(ILO,1995)。

参与作为目标的取向强调参与和自主的基本人权。从这个视角出发，参与策略的应用目的主要在于赋予和提升人们解决问题和自主改善生活环境和质量的能力和权利。培养和提高参与能力本身往往就是发展项目中有待实现的目标或目标之一。在以参与作为目标的取向指导下的发展项目，通常除了鼓励参与之外，没有明确的预定目标。发展的具体目标在参与的过程中由参与者自主提出，经过广泛的辩论和协商，最后达成共识予以确定。这种群策群力的取向不仅反映了一种基本人权的道义要求，一些传播学研究结果也表明经过广泛讨论和辩论可以得出更好的想法(Heath, 2001)(p4)。显然，真正从群众中提出来最后又由群众自己去实现的发展的想法，因为集中了群众的智慧和力量，利用了当地的知识和信息资源，反映了实际情况和群众的愿望，获得当地各界相关社群的认同和支持，所以更具有实效性和可持续性。

最后，需要对两种参与策略的应用取向做两点说明。第一，参与作为手段和参与作为目标之间具有差异性，但是不具备相互排斥性。发展传播的实践中可以发现很多参与作为手段和作为目标的两种取向相结合的例子。例如国际劳工组织在尼格尔进行的草根银行(家族式的乡村银行)合作社发展项目中,采取倾向于参与作为目标的策略,培训和发展当地草根银行自主管理的能力,鼓励和支持他们参与制定合作社的发展目标,组织结构和管理制度等重大决策。但是,这个发展项目涉及的另外一部分人,就是那些需要向银行借钱的穷人,并没有介入这个决策过程(ILO,1995)。由于项目的目标是从当地草根银行筹集资金帮助当地人的社会和经济发展,赋予需要借钱的人介入银行管理决策的权力在实际操作中是很难行得通的。所以,在这个项目中参与作为目标只是对当地的草根银行主而言。对于当地的普通村民来说,参与只是发展传播的手段而已。第二,现实的世界是具有多样性和动态性的世界, 我们不能企求用一个方法就能解决所有的问题。两种参与策略的应用取向具有不同的长处,在不同性质的项目和同一项目的不同阶段中,以及对于不同的目标群体,两种策略可能起不同的作用和效果。在发展传播的实践中应该根据实际情况确定具体的应用取向,或者两个取向所占的比例。

三、参与策略在发展传播中的应用

参与策略可以应用于涉及国际、国家、社群和个人等不同层次的各种类型的发展传播。参与策略在发展传播中的应用可以从不同角度进行分类。从传播目的的角度来说,参与策略在各种发展传播中的应用可以概括为四种类型: 提供服务、推行倡议、监测达标和促进对话 (Tufte and Mefalopulos,2009)(p5)。

(1)提供有效的服务:应用参与策略建立有效的机制和渠道向公众提供包括卫生、教育、交通、农业推广、干净水源在内的各种服务,并且落实让弱势群体也能够平等地得到这些基本服务的措施。

(2)推行某些倡议目标:应用参与策略汇集普通老百姓的意见,并把这些意见反馈到官方决策过程中。这个方法往往用在支持涉及民间社会和地方管理的倡议的项目。例如公众对公共预算发声、性别平等和环境保护等倡议活动。

(3)监测达标进度:应用参与策略获得有关特定发展目标的完成情况的信息。收集达标进度和效果信息的方法包括由传播者协调进行的问卷调查、个别访谈、小组讨论和自我报告以及社群自主组织和实行的直接监测。

(4)促进目标社群对话和学习:应用参与策略提供机会和平台促进目标群体成员积极参与对话,交流信息,学习和发展能力。参与平台包括面对面形式的小组讨论和综合运用各种传播媒体和手段的对话和沟通模式。例如读报小组、广播收听和讨论小组、社交媒体论坛等。

从目标群体参与活动的层次来说,参与策略可以促成人们在发展项目中四个不同层次的参与,包括:获知式的参与、咨询式的参与、协作者的参与和自主式参与。

(1)获知式的参与是四种参与方式中最低程度的参与。发展项目的利益相关者通过参与获知有关发展的信息。参与活动主要是听取关于发展项目的信息报告,比如项目的计划、进度以及已经取得的成就等等。他们只是传播信息的接收者,被动地接收由项目组织者发布的信息,对项目不作任何进一步的介入和贡献。因此,获知式的参与是一种被动的参与。获知式参与通常没有(或者只有非常有限的)反馈环节。所以,人们充其量只是项目的知情者,而不是名副其实的参与者。获知式参与是最简单和高效率的一种参与形式。其主要作用是提高发展项目的透明度,也可以用于发展项目的初始阶段,引起公众对发展项目的关注。

(2)咨询式的参与提供公众反馈和表达心声的渠道。参与者的参与体现在给项目组织者提供意见和咨询。但是项目组织者拥有随意过滤和萃取民意的权力。当地发展项目的利益相关者的参与活动局限于回答外来的研究人员和专家的问题。但是,这个咨询过程并不一定对决策产生影响。决策权完全掌握在外来者的手中。利益相关者只有表达意见的机会,而最终他们的意见是否/有多少/或者哪一些会被采纳或参考完全由研究人员和专家决定。咨询式参与给予人们一个发表意见的平台。虽然人们的意见并不对发展项目起实质性影响,但是,由于它提供了让人们倾诉和表达的机会,可以在一定程度上缓解潜在的对抗情绪。而对于项目的组织者来说,随时听取人们的心声,也可以起到预警的作用。

(3)协作者的参与中当地发展项目的利益相关者组成小组对预先制定

好的发展项目目标和计划进行讨论和分析。参与者以协作者的身份参与讨论实施发展目标的具体步骤、方法和措施。协作层次的参与中,讨论的结果通常不会对预定的目标和计划带来很明显的改变。因为协作者参与的主要目的不是制定或者修改发展项目的目标。从传播设计者来说,协作者的参与的预期结果是获得人们对既定项目目标和计划的支持和协作。因此,参与对话的重点问题是如何更快和更好地实现既定目标和计划。当地发展项目的利益相关者虽然对涉及项目目标的决策没有话语权,他们对实现这些目标的步骤和具体措施的决策则可以起积极主动的作用。协作者的参与通常包括项目利益相关者之间的信息交流和沟通以及相关知识和能力的培训。通过这些互动和培训,在参与者之间建立良好的协作关系,树立协作精神,提高协作能力,提升实现发展项目目标所需要的知识和能力。协作者的参与的初始阶段通常由外来的发展传播专家发起和指导。但是,根据具体项目的需要,随着人们的认识、知识和能力的发展,到了适当的阶段协作者的参与有可能过渡成完全由当地社群成员主导的自主式参与。换句话说,协作者的参与也可以设计成自主式参与的前期步骤。

(4)自主式参与是最高层次的和最完全意义上的参与。顾名思义,自主式参与中当地发展项目的利益相关者平等参与讨论, 行使自主决定自己命运的权利。当地发展项目的利益相关者独立自主地对实际情况和他们关注的问题进行讨论和分析,从自己的角度和判断出发决定发展重点,确定发展目标和制定发展计划。虽然外来的专家和专业人员也是参与项目的合作伙伴,但是他们只是提供协助和咨询。决定的权力完全掌控在当地的参与者手中。因此,相对于其他三种层次的参与,自主式的参与对参与者具备的知识和能力提出更高的要求。自主式参与要求人们对发展持积极的态度,具备奉献精神,并且拥有适当水平的对特定问题做出自主决定的知识和能力。

另外一个对参与策略应用进行分类的方法着眼于参与作为工具服务于发展的具体传播目的,把参与策略的应用分为:代表参与、专家参与、研究参与、推广参与、议题设定参与等五种类型(Snyder,2003)(p172)。虽然这个分类方法中所包括的参与方法,有一些并不是严格意义上(特别是法雷尔的参与理念意义)的参与,但是它们在发展传播中具有实用价值。

(1)代表参与指人们以代表的身份参与传播过程。常见的方法包括建立由当地有代表性,或者有一定威望(例如部落头领)的人组成的咨询委员会。代表参与可以从当地人的视角和实际情况出发,为发展项目提供咨询和指导,使发展在一定程度上反映当地的需要和特色。

(2)专家参与指由传播者资助当地的组织机构,通过当地组织机构开展发展传播。专家参与的目的是利用当地的社会资源为发展项目服务。这种方法适用于发展项目涉及比较复杂或者明显的文化差异的情况。它不但可以帮助化解或者减小文化差异对发展项目的阻力,还可以更充分地利用当地的文化和社会资源促进发展目标的实现。

(3)研究参与指参与式的受众研究。当地人们以被研究的对象的身份参与传播过程。参与式的受众研究一般在开展大型的发展项目之前进行,其目的是在实地语境中通过与受众的交流和互动,达到对受众尽可能全面和深入的了解。参与式受众研究的结果主要用作发展项目的设计的参考依据。

(4)推广参与指从当地人中间选出一些人以传播者的身份参与发展传播。推广参与应用了创新推广理论中通过与受众情况和背景相似的人进行传播可以取得更好的效果的观点。推广参与的关键在于对当地人传播者的选择和培训。上面提到的代表参与、专家参与和研究参与都可以为人选的确定提供参考。

(5)议题参与指建立当地人们和政府相关部门或者其他权力机构之间的传播渠道,帮助草根民众介入政府以及其他权力机构的决策过程。例如召集特定主题的见面会,让政府官员和民众见面沟通。也可以借助媒体进行沟通。

讨论参与策略在发展传播中的应用的各种分类方法,有利于梳理传播研究和设计中的思路,使参与策略的应用有的放矢,取得更有效和可持续的结果。

本章讨论参与传播理论及其在发展传播中的应用。参与传播理论对传播效果的产生提出了崭新的见解。不同于传统的理论把传播看作一个通过合适的传播者,把经过充分的研究和设计的正确信息内容,通过适当的传播渠道,传送给特定的受众,取得预定的效果的独白式信息传递过程,参与传播理论把传播过程看成一个传者和受众同为平等参与者的对话过程。参与传播的着眼点不是由对的人把对的信息送给对的受众,而是通过与受众积极参与的对话,与受众一起分析问题,探索解决问题的方法,并将其付诸行动。目前参与传播理论不仅已经成为发展传播学界中独树一帜的一个主要学说,在政治传播和商业传播等其他专业传播领域也得到广泛的应用。

【参考文献】

[1] BRIGGS, A. & BURKE, P. *Social History of the Media: From Gutenberg to the Internet,* London, Polity. 2010.

[2] BURBULES, N. C. & BERK, R. Critical Thinking and Critical Pedagogy. In: POPKEWITZ, T. S. & FENDLER, L. (eds.) *Critical Theories in Education.* New York: Routlege. 1999.

[3] FREIRE, P. *Pedagogy of the Oppressed,* New York, The Continuum Publishing Corporation. 1984.

[4] HEATH, R. L. Defining the Discipline. In: HEATH, R. L. (ed.) *Handbook of Public Relations.* Thousand Oaks: Sage. 2001.

[5] ILO Key Concepts in Participatory Approaches. Geneva: International Labor Organisation. 1995.

[6] MCPHAIL, T. L. E. *Development Communication – Reframing the Role of the Media,* West Sussex, Blackwell Publishing. 2009.

[7] SCHRAMM, W. *Mass Media and National Development,* California, Stanford University Press. 1964.

[8] SERVAES, J. & MALIKHAO, P. Participatory communication: the new paradigm? In: HEMER, O. & TUFTE, T. (eds.) *Media and Global Change: Rethinking Communication for Development.* Goteborg: Nordicom. 2005.

[9] SNYDER, L. B. Development Communication Campaigns. *In:* MODY, B. (ed.). Thousand Oaks: Sage. 2003.

[10] TUFTE, T. & MEFALOPULOS, P. Participatory Communication: a practical guide. Washington: The World Bank. 2009.

[11] UNESCO. Report on Means of Enabling Active Participation in the Communication Process and Analysis of the Right to Communicate. Nairobi: UNESCO. 1976.

[12] UNESCO. Final Report on Meeting on Self–Management, Access, and Participation in Communication Paris: UNESCO. 1978.

第四章　创新推广理论

　　创新推广理论是一个历史悠久的传播理论。创新推广研究的起源可以追溯到 19 世纪末欧洲社会科学的萌芽时期。法国社会学家塔德(Gabriel Tarde)是学界公认的创新推广研究的先驱,他提出的创新仿效原理被后来的创新推广研究广泛引用和论证。20 世纪初,美国乡村社会学家赖安和格罗斯(Ryan & Gross) 的杂交玉米创新推广项目是早期创新推广最具影响力的一个案例。这个案例的研究成果为创新推广理论架构的建设和主要研究方向的确立做出了不可磨灭的贡献, 对创新推广的理论和研究产生了深远的影响。建立在赖安和格罗斯的创新推广理论基础上的现代创新推广理论,在发展传播的语境下的进一步发展。美国传播学者罗杰斯是把创新推广理论应用到发展传播中,使这门古老的学说在 20 世纪以后发扬光大的现代创新推广理论的教父。本章讨论创新推广的基本概念和主要理论。讨论这些概念和理论之前,先介绍创新推广理论的发展历程,其中包括早期各个专业学科领域中的创新推广理论研究,为后面的讨论铺设必要的语境基础。

第一节　创新推广研究的历史

　　现代创新推广理论属于传播理论的范畴。但是创新推广理论的萌芽比传播学领域的诞生还早数十年。早期的创新推广研究是各学科领域中对本学科内的创新推广的研究,包括社会学、乡村社会学、人类学、教育、公共卫生、地理和市场营销等领域(Rogers, 1995)(p45)。法国社会学家塔德 1903年发表的成名之作《仿效原理》(*Laws of Imitation*)是目前可以查到的最早的创新推广理论专著。

早期社会科学领域中的创新推广研究与现代创新推广研究在研究取向和研究方法上都有很大差别。在研究取向方面,早期的创新推广研究的学科领域界线比较明显。例如,乡村社会学的创新推广研究主要是关于农业创新在乡村地区的推广;市场营销领域中的创新推广研究,主要是由商家资助的新产品在消费者中间的推广;教育领域的创新推广研究则主要是关于教育创新在学校或者教育机构中的推广。研究方法上,早期的创新推广学者把创新推广研究定位为社会科学的研究,注重定量的研究方法。例如,塔德在《仿效原理》中就定量化地对创新推广研究的目的做了这样的描述:探索为什么在同时推出的一百个不同的创新之中,只有十个能够被接受,而另外的九十个却被人们遗忘了(Rogers,1995)(p40)。又例如,创新推广的许多理论和原理都采用数学模型加以描述,其中最出名的是美国市场营销理论学者巴斯(Frank Bass)运用数学模拟方法,验证了创新采纳的逻辑函数(S 曲线)模型(Bass,1967)(p1825-1832)。

1995 年,罗杰斯通过对 1940—1990 间关于创新推广的学术论文发表数量的调查分析,列出创新推广研究的十个主要研究方向。

一、早期社会学创新推广研究

根据有文字记载的资料,社会学是最早进行创新推广研究的学科领域。法国社会学家塔德 1903 年出版的《仿效原理》就是从社会学的角度论述创新推广理论的专著。早期社会学领域的创新推广研究从社会改变的角度考察创新的推广,通过对创新的推广过程的研究探讨社会变化的规律。研究主要采用文献和二手资料分析和统计分析等社会科学研究方法。罗杰斯对创新推广研究历史的研究表明,早期社会学创新推广研究在成果的数量上并不比其他领域突出,但其研究方法和发现对后来的创新推广研究有很显著的影响(Rogers,1995)(p51)。

现代创新推广理论中的重要理论模式之一,创新采纳 S 曲线模式,就是塔德在《仿效原理》中论述的创新推广三阶段理论被后来的创新推广研究学者在实践和研究中广泛应用、验证和发展而形成的。

另一个值得一提的早期社会学创新推广研究,是美国社会学家鲍尔斯在 20 世纪 30 年代进行的美国业余无线电广播的创新推广研究(Bowers,1937;Bowers,1938)。不同于其他早期社会学创新推广研究学者重点关注创新推广过程中的创新采纳环节,鲍尔斯把研究的焦点放在创新推广过程中人们采纳创新决定的环节以及影响人们采纳创新决定的社会因素。20世纪 20 年代是业余无线电广播在美国开始迅速发展的阶段。从 1914 到 1935 年间,美国无线电广播业余营业者数从 3000 个发展到了 46000 个(Rogers,1995)(p52)。鲍尔斯通过文献和二手资料分析与问卷调查相结合的方法,研究 1916 年到 1925 年期间业余无线电广播在美国各地发展中信息、地理和文化等因素对人们采纳这个新生事物的决定(或者决策)的影响。关于信息因素的影响,鲍尔斯的研究发现,在创新推广过程中,人际和媒体传播的信息,以及与创新和原有文化结构、背景相联系的信息对人们的创新采纳决定所起的作用有所变化。鲍尔斯的研究揭示在创新推广的初期,人们的采纳决定更多地受大众媒体传播的信息影响(例如印刷媒体),而且影响人们决定的信息更多的是和原有文化结构和背景相联系的信息(例如:报纸、中学物理课、杂志、政府或者商业无线电台等)。随着创新推广的推进,人际传播的信息对采纳决定的影响越来越大,而且影响人们采纳决定的信息更倾向于与创新本身相联系的信息。鲍尔斯认为创新推广开始时,人们主要是从周围的信息渠道偶然接触到关于创新的信息。随着创新推广的推进,采纳了创新的人们也成为传播创新信息的渠道,成功的采纳人也成为进一步促进创新推广的创新推广者。所以,创新推广越深入发展,人际传播渠道和创新本身的因素对人们采纳创新的决定的影响就越大(Bowers,1938)(p28-30)。地理因素方面,鲍尔斯的研究发现业余无线电广播在美国各地推广存在区域性差别。业余无线电广播在美国经济比较发达、文化比较活跃的北部推广比在南部快。这种区域性的创新推广速度差异同时也存在于各地区内部。研究表明创新推广通常从一个地区的大城市首先开始,然后向其下面的中小城市蔓延。研究还发现,人口相当的城市,位于都市化地区者采纳率比不在都市化地区者高 (Bowers,1937)(p828-831)。文化因素方面,鲍尔斯从创新(其论文原文是"发明"Invention)和原有的文化模式 (Cultural Pattern) 两股文化力量之间的相互作用进行研究

((Bowers,1937)(p834)。美国的人口统计数据表明了区域之间存在文化差异性。一个地区(或者社群)的规模越大,都市化程度越高,其对内和对外的信息传播渠道就越健全, 其整体文化内容的多元化和专业化程度就越高,人与人之间的关系也更加开放。鲍尔斯认为,由于区域文化差别,大城市通过其更为密切的与外界的传播渠道, 可以更方便更多地接触新生事物,因为其人口中的多元文化性和专业性,大城市的人们更容易接受新生事物,而且可能拥有更多的未满足的需求。因此,创新的推广在大城市里往往比在小城市快(Bowers,1937)(p834-835)。鲍尔斯还指出,创新本身的特性对创新推广的速度有决定性的影响。他指出在业余无线电广播这个创新推广的个案里,创新推广的起步时期(1914—1916 年),业余无线电广播是一个不容易做到的爱好。首先,它需要一定的专业兴趣和技能,而刚开始时这方面的信息和设备都很匮乏。它并不能给爱好者带来什么回报。所以,业余无线电广播的发展起步阶段非常缓慢。1920 年后,有关技术信息资料和硬件材料和设备供应的改善,对业余无线电广播的快速发展起了推波助澜的作用。与当时社会科学研究定量化的总取向相类似,鲍尔斯的研究也倾向于定量化,除了其研究数据多以定量化的数字表现之外,他把其研究结果用一个数学函数式表述:

$$D=f(I, P)$$

其中:D(Diffusion Pattern)指创新推广特征;I(Invention)指创新的特征;P(Cultural Pattern)指创新推广发生于其内的地区的文化特征。一个社会中创新推广的特征是创新自身的特征和当地的文化特征的函数。

二、人类学创新推广研究

人类学创新推广研究是几乎和早期社会学创新推广研究齐驱并进的一个创新推广研究方向。社会变化是人类学研究的主要对象之一。人类学领域中各不同学派对社会变化有不同的解读。人类学创新推广研究起源于人类学研究中的推广学派(Diffusionism),其发源地主要在英国、德国和奥地利。人类学推广学派把创新推广等同于人类社会变化过程, 认为所有人类社会的变化都可以用推广(Diffusion)的概念加以解释,把一个社会发生的社会变化看成是一个社会从另外一个社会引进创新的结果（Rogers,1995）(p41)。人类学创新推广研究的研究方法主要是定性的研究方法,包括参与式和非参与式的实地观察和个案研究。由于其研究方法所限,人类学创新推广研究的研究样本一般比较小,通常是对一个部落或者村庄的研究。

探索和比较人类社会和文化以及社会和文化的发展是人类学研究的主要目标。为了深入理解一个社会及其文化,人类学研究人员往往需要走进研究对象的实境,进行近距离的和一定时间长度的考察。参与式观察是人类学研究的一个主要研究方法,要求研究人员完全浸入所研究的社会中,融入当地的生活,去体验、观察和研究当地的社会和文化。美国人类学家兰辛（Steve Lansing）20 世纪 70 到 80 年代,用了十多年的时间在印度尼西亚巴厘岛进行有关当地土著文化对技术创新推广的作用的研究。研究中,兰辛放下教授架子,穿上巴厘岛当地的传统服装,遵循当地的风俗习惯行事,参与当地的生活和社会活动,完全融入当地的社会和生活中。亲身的体验,近距离的接触和长时间的观察,使兰辛获得了对巴厘土著文化的丰富的第一手资料,在此基础上深刻认识和理解当地的文化。这样的知识和理解是一般外来人（甚至是印度尼西亚政府）都难以达到的。水稻种植是巴厘岛的主要经济来源。巴厘岛上水源有限,自从第 9 世纪以来,经过 1000多年的实践,巴厘岛形成了一个以各级寺庙的等级网络为基础的"水庙"（water temple）管理网络。这个管理网络,不止对水源分配和水稻灌溉管理负责,同时也负责统一管理其他农业生产和生态活动（例如计划组织和协调农民统一步调进行种植、除害、收割等）。20 世纪 70 年代,印度尼西亚政府号召各地开展绿色农业,提高农业产量。其中一个创举就是鼓励农民把传统的每年两造种植改成三造种植,并且使用化肥和农药。这个创新打破了维持了 1000 多年的印度教寺庙管理体系以及生态系统的平衡。结果出现病虫灾害,水稻产量反而下降。20 世纪 80 年代末,兰辛根据参与观察研究获取的数据和当地地理和气候等资料数据,在同事的帮助下建立了一个巴厘岛灌溉和农业生产管理系统计算机模拟模型,模拟结果显示传统的灌溉和生产模式是最优化的模式。

人类学创新推广研究走近研究对象,在实际活动中开展研究的方法可以使其研究结果更精确地反映客观实际情况。但是,人类学的研究方法也有某些无法克服的弱点。第一，由于实境观察的研究方法通常只能局限在小范围的区域进行，所以，其研究结果往往带有只适合具体区域的局限性。例如，巴厘岛的水庙管理体系在中国的平原地区也许就不适用了。第二，实境观察一般由研究者单独完成。研究者的观察能力和个人观点对研究结果有直接的影响。从科学研究方法论的角度来说，这样的研究结果是无法重复再现，也无法验证的。因此，人类学的研究方法在严格的科学性和客观性上有所欠缺。

三、乡村社会学创新推广研究

乡村社会学创新推广研究是创新推广研究开展得比较早、创新推广应用比较广、成果出得比较多的一个领域。

乡村社会学是社会学的一个分支领域，主要研究内容是乡村地区的社会结构、社会生活和社会问题。因为农业是乡村的社会活动和生活的重要组成部分，所以，许多农业专科学校和农业大学里都开设乡村社会学(或者相似的)专业。农业创新推广是乡村社会学创新推广的一个主要内容。赖安和格罗斯的杂交玉米创新推广研究是乡村社会学创新推广研究中的一个最著名的研究，其研究结果对其他各个学科领域的创新推广实践和研究都产生了很大的影响。

玉米生产是美国中北部农业生产的重要组成部分。提高玉米产量的农业创新对当地乡村具有重大的经济意义(Ryan and Gross, 1950, p667)。1928年，位于美国中北部的爱荷华大学农业推广服务中心和相关的种子公司联手，在爱荷华州的乡村推广经过多年研究培育出的转基因杂交玉米种子。据称，与当地农民原先种植的玉米品种相比较，这种转基因杂交玉米具有高产、抗旱以及适合机械化收割等优点。转基因杂交玉米在爱荷华的推广非常顺利和成功。据统计，到1941年，爱荷华的农民对杂交玉米的采纳率几乎达到百分之百(Rogers, 1995)(p54)。赖安和格罗斯的研究对这个成功的农业创新推广案例进行剖析，进一步揭示创新推广赖以成功的条件。对爱荷华州内两个玉米种植区的比较研究，旨在解答下面的四个研究问题(Ryan and Gross, 1950)(p665–666)：

⑴杂交玉米推广在两个样本区域的进展规律。

⑵农民采纳杂交玉米的规律。

⑶各种用以传播杂交玉米相关知识的媒体的功能和重要性。

⑷创新采纳的速度是否与采纳者的某些个人、经济和社会特性相关。

针对这四个方面的研究问题，赖安和格罗斯提出了八个研究假设 (Ryan and Gross, 1950)(p666)：

假设一：杂交玉米的采纳率在时间上的分布(进展)规律呈三个阶段的特征，包括：缓慢的起始阶段，紧随其后的采纳率快速上升的阶段，以及随之而至的一个短时间的采纳率下滑的阶段。

假设二：总体而言，农场主们并不是马上就接受科技创新，而是在首次接触到创新之后经过一段考虑时间才做出决定的。

假设三：较早的创新采纳者所用的首次接触创新和最后做出采纳决定之间相隔的时间比较迟的创新采纳者所用的时间短。

假设四：在科技创新推广过程中，较早采纳创新者所扮演的"试验者"的角色在他们的社群中起了特殊的作用。

假设五：创新推广者的重要性在创新过程中的不同阶段有所不同。

假设六：创新推广者在创新推广过程中起不同的作用。

假设七：农场主们采纳创新的迅速程度与他们的个人、经济和社会参与特性之间有关系。

假设八：一个人在采纳农业创新方面的带头表现与这个人在社群中其他方面的带头表现不相关。换句话说，带头表现与具体情况相联系。

赖安和格罗斯选取了爱荷华中部的两个农业地区作为研究样本。两个地区的农场主除了不符合研究样本要求者之外(例如在杂交玉米创新推广后才开始经营农场、农场规模和类别特殊、不具备代表性等)，其余259个农场主都参加了调查和访谈。研究方法除了问卷调查和访谈之外，还包括对政府文件和当地资料数据(例如人口普查、地方史料)等二手数据资料的研究和分析 (Ryan and Gross, 1950)(p669)。研究的分析主要建立在统计分析的定量方法基础上，研究结果证实了所有八条研究假设。研究的主要结果包括：

⑴创新推广过程中创新采纳率随时间的分布显示三个不同阶段的发展趋势。从1928到1933年，杂交玉米创新在爱荷华州的推广经历了一个

缓慢的起步阶段。1933 年爱荷华州的农场主对杂交玉米的采纳率只达到 10%,之后有了一个快速的上升。1933 到 1936 年采纳率达到 40%,此后采纳率的上升趋势随着剩下的还没采纳创新者的数量的减少而缓慢下来 (Rogers,1995)(p33)(Ryan and Gross,1950)(p663)。

⑵虽然杂交玉米的创新优越性很明显,而且作为一个科技创新来说,并没有文化或者情感上的冲突问题,但是,在其推广过程中,多数农场主没有立即做出采纳决定。赖安和格罗斯按照其采纳的先后,把农场主分为四组进行分析研究。A 组:1934 年以前采纳者;B 组:1934—1936 年采纳者;C 组:1937—1939 年采纳者;D 组:1940—1941 年采纳者(Ryan and Gross,1950)(p686)。A 组是早期采纳者(创新者,带头者);B 组和 C 组是后期采纳者;D 组是落后者。研究结果表明,多数农场主在接触到有关创新的信息之后并没有马上采纳,而是经过一段时间的思考和观察,对创新熟悉之后才决定采纳。较早采纳创新者所用的进一步认识和熟悉创新的时间比较后采纳者短。在创新推广过程中,带头采纳创新者起了创新试验者的作用,他们的采纳经验对其社群内创新推广的过程具有特别的作用(Ryan and Gross,1950)(p663)。

⑶多数采纳者都采取先少量采用,经过试用满意后再逐年增加数量的办法。这个试用过程不仅存在于早期采纳者,后期采纳者在已经有其他先行采纳的人们大量采用新品种的情况下,多数也仍需要一个自己试用的过程(Ryan and Gross,1950)(p663)。这个结果证明,其他人的成功经验对于增长人们有关创新的认知具有很大影响,自己的直接经验可以进一步验证他人的间接经验。

⑷人们从中首先获取关于创新信息的媒体,往往不是那些最终使他们下决心采纳创新的媒体。因此赖安和格罗斯提出按照创新推广传播媒体在推广过程中的具体作用分成导入媒体和启动媒体(Ryan and Gross,1950)(p663)。这个发现对后来的创新推广媒体策划具有很重要的指导性意义。

⑸调查结果表明,最早使农场主们接触到有关杂交玉米种子的信息来源是种子公司的推销员;对农场主影响最大的知识来源则是他们的邻居。种子公司的推销员同时作为重要的信息来源和影响源多数在创新推广的早期,创新推广开展多年后,邻居的作用更大(Ryan and Gross,1950)(p663)。

⑹农场主的农场规模、受教育程度、年龄和社会参与程度等与其采纳创新的迅速程度有关系。创新的早期采纳者多数是农场规模较大、教育程度高、年轻和积极参与社会活动的农场主(Ryan and Gross, 1950)(p663)。从传播过程的认知理论的角度可以对这个发现做出确切的解释。

⑺人们在社群组织和其他事务中的领导身份和在科技创新推广中的采纳领导身份没有直接关系(Ryan and Gross, 1950)(p663)。事实上很多社群的领导都是偏向保守或者"稳重"的人们,他们往往不是敢于第一个吃螃蟹的人。

赖安和格罗斯的研究对后来的创新推广研究的研究方法和研究方向都产生了很大的影响。研究方法上,赖安和格罗斯沿用了鲍尔斯请创新采纳者回忆自己的采纳过程从中获取关于创新采纳过程的信息的基本原理。但是,在具体的数据采集方法上,鲍尔斯采用邮寄问卷调查的方法请创新采纳者选择和排列不同的传播媒体和信息对他们的采纳决定的重要程度。赖安和格罗斯则采用问卷结合访谈的方法请创新采纳者回忆自己做出采纳决定的过程(Rogers, 1995)(p55)。问卷调查的方法可以获得便于定量处理的数据;应用成本较低所以适合大样本的研究;而且,格式化的问答设计,限制了研究者对原始数据的主观影响的可能,所以理论上来说其结果的重复性更高一些。但是,选择题形式的调查问卷获得的数据只能反映事物过程的概况,而过程的许多也许对研究结果具有重要意义的细节,可能在非此即彼的选择中损失了。访谈的方法可以弥补问卷调查细节损失的缺陷,一些选择题无能为力的模棱两可的问题,在访谈中有机会进行澄清和解释;访谈让研究者有刨根问底的机会,研究者在访谈过程中可以对某些有兴趣和有意义的话题灵活跟进,深入探索。但访谈的实施成本较高,而且研究道德面临的挑战更高(例如研究对象可能不是自愿参与访谈的,而是碍于当面拒绝的面子而勉强接受访谈)。此外,通过访谈获取的研究数据相对调查问卷的数据而言,更容易受研究者的主观操纵和影响。因此,对研究者的能力和研究道德具有更高的要求。在条件许可的情况下,综合运用调查问卷和深入访谈的方法可以使两种方法相辅相成,获得更好的研究效果。

在研究方向上,赖安和格罗斯的研究架构被在其之后的许多乡村社会学领域的和其他领域的创新推广研究者追随和模仿。他们所关注的研究问题成为在其之后的创新推广研究中的研究主线。这些问题包括：有哪些变量和创新性相关？某个创新可以达到怎样的采纳率以及有哪些因素对其采纳率产生影响？各种传播渠道在创新决定的各个阶段扮演什么角色？

四、教育创新推广研究

教育领域中的创新推广研究主要起步于 20 世纪初的美国。罗杰斯的研究表明，美国教育创新推广研究在 20 世纪中后期有了迅速的发展。教育创新推广研究成果发表数从 1961 年占创新推广研究成果总数 5%发展到 1981 年占 11%（Rogers，1995）（p63）。教育创新推广研究的内容包括涉及教育管理和政策方面的创新推广和涉及教学过程和方法方面的创新推广。

早期教育创新推广的研究主要关注教育政策的创新推广问题，研究的对象主要是学校和其他教育机构的管理者和决策者。主要研究方法包括问卷调查、访谈和统计数据分析。

美国哥伦比亚大学的师范学院莫特（Paul Mort）领导下的团队是教育创新推广研究的先锋者。他们 20 世纪 20 至 30 年代开展的一系列关于学校财政的控制体制对学校创新能力的影响的研究，对美国的教育管理体制和相关政策产生了一定的影响。该研究的目的是探讨学校财政管理政策对学校采纳创新的能力的影响，研究对象是各个学校的校长或主管，研究方法主要是通过邮寄进行的问卷调查。20 世纪 20 至 30 年代是美国教育面临大挑战和大变革的年代。美国官方统计数据显示，从 1920 到 1930 年，美国高中的入学人数增加了 99.9%（Education，1933）（p41）。莫特和他的同事的研究与美国社会当时对学校教育的创新性的期望相呼应。他们认为，把学校的经费管理从联邦政府下放到地方政府可以促进公立学校的创新性。他们的研究发现对一个学校的创新性最具预测力的因素是这个学校平均每个学生的教育经费，充盈的财力是公立学校具备创新性的必要前提条件；研究结果肯定了美国社会中普遍存在的认为富裕的城郊学校是创新性较高的学校的看法。莫特关于美国学校的创新性的研究还发现，教育创新从其提出到在美国的学校内推广存在一个相当长的时间滞后。他指出，从一个教育创新的产生到它在学校里被采纳平均所需要的时间是 25 年

(Rogers,1995)(p64)。

　　莫特的研究发现,对不同的教育创新的采纳速度存在很大的差异。例如,幼儿教育作为正规教育的一部分早在 1900 年就被提出来, 但是直到 50 年后(1950)这个观念才真正在美国的学校中得到采纳。而实行驾驶员驾照培训的创新推广只用了 18 年, 从 1935 年提出到 1953 年被完全采纳(Rogers,1995)(p64)。

　　卡尔森关于在中学课程中引进现代数学内容的研究是另一个对创新推广理论和研究具有影响力的教育创新推广研究。该研究分析现代数学在宾夕法尼亚和西弗吉尼亚的中学校长或者主管人员中推广和被采纳的过程。卡尔森重点考察现代数学创新推广网络中的意见领袖对学校的主管们采纳创新产生的影响与创新性相关的变量、人们对创新特点的看法及其采纳速度等。卡尔森的研究关于创新推广网络中的意见领袖的作用的发现是这个研究最有价值,以及对后来的创新推广研究影响最大的一个成果。卡尔森在宾夕法尼亚州的一个县进行的研究发现,现代数学在这个县的学校课程中最早出现于 1958 年。这个率先采纳创新的校长是一个经常出外旅行、在外地交往较多的见多识广的人。可是在本地的学校中,他是一个孤立封闭的人。县里一共 38 所学校, 他与其他 37 所学校的主管毫无交往(Rogers,1995)(p65)。

　　卡尔森的研究表明,现代数学创新推广在这个县的采纳 S 曲线并不是从 1958 年开始,而是 1959 年底五位其他学校的主管采纳之后才开始。从 1959 年底到 1960 年近一年的时间内, 这个县的现代数学采纳快速上升,15 所学校加入采纳的行列。1961 年有 27 所学校采纳;1962 年采纳的学校是 35 所;1963 年所有学校都采纳了现代数学。现代数学创新推广在这个县的采纳率在 5 年内达到 100%。卡尔森对 38 所学校主管的访谈结果显示,1959 年年底采纳了现代数学的 5 所学校主管中,有三个人被其他校长和主管认为是对他们的决定有影响力的意见领袖。这个研究的结果揭示了,创新推广网络中的意见领袖对创新采纳快速发展起重要的作用。率先采纳创新者往往不是创新推广网络的意见领袖,他们也许过于超前,所以无法成为对社群中其他成员起榜样作用的意见领袖。卡尔森的这个研究案例中,那个在 1958 年率先采纳现代数学的校长是一个很典型的例子。显然他是一个与外界接触较多、思想超前的创新者,但是他的超前思想和行为使他与整个社群格格不入,如鹤立鸡群,因此其他校长和学校主管并不会把他当成模仿的样板。直到 1959 年底,三个对其他校长和主管具有影响力的意见领袖采纳之后,创新的采纳才真正开始起步。卡尔森的研究把人际关系网络在创新推广中的作用带进创新推广研究的视野当中。

20 世纪 60 年代以后的教育创新推广的研究逐渐转向以教师为研究对象的教学过程和教学方法的创新推广研究。现代教育过程不断把新的信息传播技术整合应用到教学和教育管理过程,提高教学和教育管理质量和效率。信息技术在教育中的应用是现代教育创新推广研究的重要组成部分。这方面的研究对象涉及面比早期的教育创新推广研究的研究对象广泛得多,包括教育过程相关的所有人员:教师、学生、教育主管人员、行政人员、教育技术人员等。

我国教育创新推广研究起步较迟。华南师范大学的郭琴 1991—1993 年在澳大利亚麦考瑞大学完成了以"从创新推广的视角研究中国电化教育发展历史"为题的博士论文研究,成为该校第一个获得国际传播专业博士学位的学者。这项研究采用访谈和文献资料分析的方法,从教育创新推广的角度研究中国电化教育的发展历程。研究表明,20 世纪 20 到 80 年代之间,中国出现了三次教育媒体创新推广的高潮。第一次出现在 1935—1948 年之间;第二次出现在 1960—1962 年之间;第三次开始于 1978 并且延续到 1990 年代(Guo,1993)(p30)。郭琴的研究对教育创新推广与政治,经济和社会等因素之间的相互关系进行了探讨(参见第五章内容)。

截至目前为止,教育领域中关于创新推广的研究主要关注教育创新的推广过程。另一个教育界可以大有作为的研究方向是创新推广过程中的教育问题。创新推广不仅仅涉及创新信息的散布,创新的采纳本质上是人们对新知识(创新)的学习和运用。从教育的角度探索创新推广的规律是一个很有前途的方向。这方面的研究还有待进一步深入。

五、公共卫生和医疗创新推广研究

公共卫生和医疗创新推广研究起步较慢,但是一个发展速度比较快的领域。公共卫生和医疗创新推广研究主要从 20 世纪 50 年代开始起步,其研究方向包括以医生和其他医疗卫生专业人员为推广对象的新药物、卫生或者医疗的新方法的推广;以病人、用户或公众为推广对象的家庭计划以及公共卫生创新的推广;针对发展中国家的医疗卫生问题(例如艾滋病及其他传染病的预防)的创新推广等。

哥伦比亚大学的社会学家卡兹 (Elihu Katx)、孟日尔 (Herbert Menzel) 和科尔曼 (James Coleman) 等人 20 世纪 50 年代开展的新药推广研究是公共卫生和医疗创新推广研究中的一个经典案例。这个研究对创新推广研究的影响和贡献仅次于赖安和格罗斯的杂交玉米创新推广研究 (Rogers, 1995) (p66)。与前面介绍的教育创新推广研究中卡尔森的现代数学创新推广研究的发现相一致,哥伦比亚大学的新药推广研究揭示了人际传播网络在创新推广和采纳过程中的重要作用。这个研究项目由美国一家医药公司资助,1954 年下半年在美国伊利诺伊州的四个城市进行。赞助公司的目的是通过研究评估公司在医药杂志上刊登的新药广告的效果。

研究涉及的创新是 1953 年该赞助公司推出的新药四环素。当时四环素是一种全新的抗菌素。在四环素推出市场之前,研究开发机构已经对它进行了包括实验室、医院和诊所在内的各种实验、试验和临床试用,取得了有关这个新药的效用的丰富而且详细的信息,证明四环素各方面都比其他当时临床上使用的同类抗菌素优越。这些信息通过医学杂志和医药推销人员等渠道传递给所有可能使用这种抗菌素的医生。四环素的创新推广和采纳取得了成功。1954 年底,哥伦比亚大学的研究项目启动时,距离四环素首次推出市场 15 个月。项目启动时,研究选取的伊利诺伊州内的四个样本城市中的医生几乎都已经采纳了这个新药 (Coleman et al., 1957) (p253)。哥伦比亚大学的研究团队关注的研究问题是在新药推广过程中,从当地个别医生开始采纳的缓慢的起步阶段到在全体医生中得到采纳的快速上升阶段之间, 有什么样的社会过程在其中起了作用 (Coleman et al., 1957) (p253)。研究的设计聚焦在两变量上。第一个变量是每一个医生与其他医生之间的社会关系结构,另外一个变量是每一个医生首次采纳四环素的时间(月份)。研究采用的数据采集方法包括对每一个医生进行结构式访谈,收集当地医生之间的社会关系网络以及每一个医生在这个网络中的地位的信息；对四环素推出以来当地药房收到的处方进行分层抽样分析，掌握每一个医生首次采用四环素的月份。结构式访谈包括三个有关社会关系和结构的主干问题：其一，每一个医生需要建议和信息时最经常找的人；其二，平常情况下，每一个医生最经常与之讨论自己处理的医疗案例的人；其三，在同事中，每一个医生视之为朋友并且最经常有社交性交往的人。对应于这三个问题，要求每一个医生列出三个医生的名字。为了建立一个尽可能完整的当地医生社会关系网络模型，受访者的样本需包括所有被其他医生提名的医生。如果出现被受访医生提名者不在原受访样本名单上，则研究者会临时把被提名者加入样本中。研究最后一共采访了当地 228 个医生，占当地执业医生总数的 64%（Coleman et al.，1957）（p253-254）。

根据访谈的结果，研究者勾画了当地医生之间相互关系中的三种类型的关系网络：与第一个访谈问题相联系的信息咨询关系；与第二个访谈问题相联系的讨论伙伴关系；与第三个访谈问题相联系的朋友关系。在访谈中被其他医生提名越多者，其与当地医生对医生（医生-医生）的关系网络的粘合程度越高。哥伦比亚大学的四环素创新推广研究的主要发现包括下面几个方面。

⑴从创新推广采纳的总趋势看，研究结果显示，创新推广开始的第一个月里只有少数医生采纳了新药。第二个月后创新采纳的速度开始快速上升。第六个月以后进入缓慢发展的平顶阶段（Coleman et al.，1957）（p257）。

⑵从各个医生采纳创新的迅速程度分析，研究结果显示采纳者与当地医生-医生关系网络的粘合度与其创新采纳的迅速程度成正比。整体平均而言与当地医生-医生关系网络粘合度越高的医生首次采纳新药的时间越早（Coleman et al.，1957）（p256-257）。

⑶对三种不同类型的关系的详细分析表明，三种不同类型的医生-医生关系在四环素创新推广采纳过程中的不同阶段发挥不同的作用。在创新推广采纳开始后 2 个月至 6 个月，三种类型的医生-医生关系对创新采纳都有明显的作用。但是在这期间，它们的作用强度有所差异。包括信息咨询关系和讨论伙伴关系的职业性关系网络在创新推广的早期显得比朋友关系网络更重要，而朋友关系网络的作用随着创新推广过程的推进逐步稳定地提升，到后期超过了职业性关系网络的作用（Coleman et al.，1957） （p266）。

（4）对医生–医生关系网络类型，网络粘合度和创新采纳速度之间的关系分析发现，不同类型的关系在四环素创新推广采纳过程中对网络粘合度不同的医生的作用有所不同。医生–医生关系网络在创新推广早期对网络粘合度比较高的医生的采纳起明显的影响作用，到了创新推广后期，其影响消失。对于关系粘合度低的医生的影响力则恰恰相反。这些关系网络在早期对关系网络粘合度比较低的医生的采纳没有明显的作用，但是在创新推广稍后阶段它们对关系网络粘合度较低的医生开始产生影响（Coleman et al.,1957）（p267–268）。

哥伦比亚大学的新药推广采纳研究揭示了创新推广过程中人与人之间的各种关系网络对采纳率和采纳速度的影响。科尔曼等人指出，在新药创新推广的开始阶段，医生之间的人际网络关系主要通过咨询和讨论等职业性的关系对那些与这些关系网络有联系的医生起作用。在这之后，建立在友谊基础上的朋友关系开始起作用。创新推广稍后阶段，医生之间的关系网络的作用开始走向开放化，开始对网络结构之外关系粘合度较低的医生起作用。到了创新推广后期医生之间的关系网络完全失去作用。对于网络关系粘合度高的医生来说，关系网络起作用早，失去作用也早。对于网络关系粘合度低的医生来说网络关系起作用的时间较迟，而失去作用的时间也迟（Coleman et al.,1957）（p268）。人际关系网络经过一定时间之后不再起作用，此后的创新采纳主要与人际关系网络以外的其他因素有关，其中包括新药推销和医学报告文章等（Coleman et al.,1957）（p266）。这个发现表明，人际关系对大多数人的创新采纳决定具有影响，但是，存在一些人并不受人际关系网络的影响。创新推广经过一定时间以后，会受人际关系影响者在其影响下采纳了创新，而不受影响者最终对创新的采纳是受到其他因素的影响。

在伊利诺伊州进行的四环素创新推广案例中，最早（创新推广开始后2个月内）采纳四环素的医生中多数是医生–医生关系网络粘合度较高的医生。但是也有少数属于网络粘合度较低的医生。科尔曼等人分析认为，少数网络粘合度低的医生在创新推广早期对创新的采纳决定不是在网络因素的影响下做出的，而是受新药推销员和医学杂志报告等其他传播渠道影响的结果。

　　家庭计划创新推广是公共卫生和医疗创新推广研究的另外一个主要的研究内容。家庭计划创新推广项目通常以公众为推广目标对象。因为人口问题是多数发展中国家面对的一个难题，所以，家庭计划创新推广是发展中国家创新推广研究的一个主要课题。在发展中国家家庭计划创新推广研究中一个被广为应用的模式是 KAP 调查模式。K 是英文"知识"（Knowledge）的第一个字母；A 是英文字母"态度"（Attitude）的第一个字母；P 是英文"实践"（Practice）的第一个字母。家庭计划创新推广的 KAP 调查研究重点关注创新推广过程中人们的知识、态度和行动三个因变量的变化及其之间的相互联系。20 世纪 60 年代以来，已经有无数大大小小的采用 KAP 模式进行的家庭计划创新推广研究案例（Rogers，1995）（p70）。

　　KAP 研究对创新推广领域的主要贡献是提供了大量的反映发展中国家发展过程现实状况和问题的知识和素材。在拉丁美洲、非洲和亚洲等地区开展的对由政府主导的家庭计划创新推广运动的 KAP 研究发现，帮助人们掌握有关家庭计划方法的知识（K），以及提高他们对家庭计划的优越性和必要性的认识从而使他们形成对家庭计划的正面态度（A）并不是很难达到的目标。家庭计划创新推广的难点在于把正确的知识和态度落实到实际行动上（P）。研究发现，发展中国家的家庭计划创新推广项目中存在明显的知识、态度和行动之间的鸿沟。研究者们称之为 KAP 鸿沟（KAP-gap）（Rogers，1995）（p71）。发展中国家开展家庭计划运动中普遍存在的现象是，家庭计划运动的组织者运用各种传播媒体和渠道广泛宣传家庭计划运动的意义、知识和方法。有效地把信息传播到人群之中，并且普遍形成了比较积极的家庭计划的舆论环境。所以知识（K）和态度（A）两个变量的变化基本上是达到了。但是，在民众当中除了理论和态度问题之外，还有人们面对的实实在在的各种关乎生活甚至是生存的问题。例如，对于一个贫困农民来说，多子多福实际上并不仅仅是一个文化观念的问题，同时也是一个关乎劳动力的经济问题。现有研究表明在发展中国家中，多数父母都不想要那么多孩子。也就是说他们实际上拥有的孩子数目比他们理想中想要的数目多（Rogers，1995）（p70）。

　　KAP 鸿沟不仅是家庭计划创新推广面对的挑战，实际上知识、态度和实际行动之间的鸿沟在各种不同的创新推广过程中的例子可谓举不胜举。例如,吸烟有害已经是众所周知的事实,可是仍有成千上万的吸烟者在继续吸烟,而且还有成千上万的人在成为新的烟民。也许吸烟害人害己是戒烟的一大理由,可是,人们选择继续吸烟,甚至开始吸烟的理由却不尽相同。KAP鸿沟提醒我们在创新推广实践中,不仅考虑科学知识和文化观念上的影响因素,同时也必须从推广对象的角度出发,考虑他们实际生活中面对的现实问题。本书第六章将进一步讨论KAP鸿沟的概念。

六、传播学创新推广研究

传播学创新推广研究起步于20世纪60年代以后。罗杰斯的研究表明,20世纪60年代初,传播学创新推广研究的发表成果只占创新推广研究成果总数的1%,到了1994年,传播学创新推广研究的发表成果占总数的12%(Rogers, 1995)(p74)。

人们对传播学的研究和实践远远早于传播学成为一门独立的专业学科。早在20世纪30至40年代,人文科学和社会科学界的学者就已经开始进行关于传播问题的探索,但是他们对自己的学科身份认同并不是传播研究者。他们往往以社会学、心理学、政治学、人类学等学科的研究者的身份进行传播学的研究。美国新闻传播研究的学科身份困惑就是一个很好的例子。新闻是人类社会的一种信息传播现象。美国新闻研究历史可以追溯到美国建国之初,比传播学的诞生还早一百多年。一般认为1810年以赛亚·托马斯(Isaiah Thomas)出版的《美洲印刷史》(*The History of Printing in America*)作为美国新闻和新闻史研究诞生的标志。当时的新闻传播研究主要挂靠在社会学研究的旗下,后来随着文化研究在美国的兴起,新闻传播研究的头顶上又多了一顶文化的帽子。直到第二次世界大战以后,传播学研究在学界引起了广泛的关注,许多著名大学开始设置传播学系,促成了传播学专业领域的诞生。但是,即使在传播学确立了学科地位之后,新闻研究的学科身份仍然是一个争议问题。因为美国新闻发展史和美国的建国史之间的密切关系,时至今日,图书馆的图书分类往往仍然把美国新闻史归入美国历史,而不是把它归入传播史。

创新推广本质上是一个信息传播的现象，也是人类社会和文化发展的重要组成部分。由于传播学的诞生比社会学和人类学等学科滞后许多，所以创新推广的研究并不是始于传播学领域，而是从社会学和人类学领域开始。传播学领域中最早的创新推广研究关注的问题是大众传播媒体中的新闻事件在受众中的散布。1960年，施拉姆的两个学生德曼(Paul Deutschmann)和丹尼森(Wayne Danielson)进行的新闻推广研究是对后来传播学创新推广研究具有一定影响的案例。

德曼和丹尼森把新闻的推广(散布)过程看成新闻事件的故事在一个社会和社会的成员中推广的过程。新闻创新推广研究中被推广的创新是新闻事件的故事，而不是一个有形的物体。新闻推广研究考察重大新闻事件(例如美国总统肯尼迪被刺事件，挑战者号坠毁事件，日本人轰炸珍珠港事件等国内或国际的重大事件)的散布。每当重大事件发生时，都会在社会中引起一片轰动。各个大众传播媒体会打破常规加以报道，无线电广播和电视台会中断日常的节目插播爆炸新闻，报纸会改版或者增加号外重点报道。人们也会争相通告，议论纷纷。即使是素不相识的路人在这个时候也可能会在大街上互相攀谈起来，交流自己听到的消息。喧喧嚷嚷中，新闻事件的故事从大众传播媒体流入了社会，抵达受众。德曼丹尼森的研究问题是，新闻事件爆炸之后，新闻事件的故事如何流入社群的生活中，在社群中间散布，影响和改变社群以及社群中的每一个成员 (Deutschmann and Danielson, 1960)(p345)。

重大新闻事件发生使整个社会兴奋、沸腾的时候，消息满天飞。人们在听到事件的故事以后，可能很快就会忘记自己第一次听到这个故事时是什么时候或从谁那里听到的。所以，新闻创新推广研究的研究设计上十分重视及时性。德曼和丹尼森为了进行他们的研究，事先设计了适用范围广泛的电话采访的问卷，并且培训了一批电话采访的研究助手，所以他们能够在新闻事件发生后的24小时内就启动了受众电话采访。他们的研究考察了1957年11月美国总统艾森豪威尔中风、1958年1月美国探险家一号卫星发射和1958年6月美国阿拉斯加州成立等三个新闻事件的创新推广(Deutschmann and Danielson, 1960)(p347)。德曼和丹尼森的研究发现重大新闻事件的创新推广具有一定的规律。新闻事件发生的时间、事件的性质对这些规律没有明显的影响。他们的研究主要发现包括以下几点（Deutschmann and Danielson，1960）（p355）：

（1）新闻事件散布的速度迅速。上述三个新闻事件在发生之后 30 个小时之内在公众中被获知率分别达到 75%（阿拉斯加州成立）、80%（艾森豪威尔中风）和 90%（探险家一号卫星发射）（Deutschmann and Danielson，1960）（p348）。

（2）大众传播媒体（电视、无线电广播和报纸）是人们首先获取重大新闻事件信息的主要渠道。电话采访结果显示 88%的受访者首先从大众传播媒体获知重大新闻事件；12%的受访者从别人口中获知。

（3）人们从大众传播媒体获知重大新闻事件后，会与其他人谈论此事件。在这样的谈论中，拥有更多信息的意见领袖可能会转述他们从大众传播媒体中获取的信息，但通常只是起补充细节的作用，而不是作为人们的第一信息来源。

（4）三种主要的大众传播媒体中，电视是最主要的第一信息源。无线电广播居第二。报纸则是最主要的提供新闻事件细节信息的渠道。

德曼和丹尼森的研究结果表明，大众传播媒体对于大多数人来说是获取重大新闻事件的主要信息来源。各种大众传播媒体在传播消息的过程中具体作用的特点有所不同。电视和广播的特点是速度快和覆盖面大，报纸的特点是提供消息事件的细节信息。意见领袖作为信息来源的作用并不明显，在新闻事件传播过程中的作用是提供关于事件的细节。这与拉扎斯菲尔德提出的二级传播假设不相吻合。因此，德曼和丹尼森认为，在运用二级传播理论时需慎重考虑其适用性。

七、市场营销创新推广研究

市场营销创新推广研究从 20 世纪 60 年代开始起步。20 世纪 70 年代以后随着市场营销领域中社会营销方向的兴起，市场营销创新推广研究也快速发展起来。根据罗杰斯 1994 年的统计，公开发表的创新推广研究成果中，市场营销创新推广研究居第二位，仅次于乡村社会学创新推广研究（Rogers，1995）（p42）。罗杰斯认为，这些公开发表的成果只代表市场营销创新推广部分研究的成果(Rogers,1995)(p79)，许多市场营销创新推广的研究结果由于研究赞助者的限制不能发表。20世纪50年代在新兴的管理学理论影响下，市场营销在企业运作中的定位发生了质的变化，从一个对外推销产品的手段上升到企业管理功能的组成部分。许多企业都投入经费进行市场营销创新推广研究。但这些企业资助的研究多数以商业赢利为目的，所以研究的结果只限于企业内部采用，并没有公开发表。巴斯(Frank M. Bass)20世纪60年代提出的新产品购买增长模式是市场营销创新推广研究中产生的比较有影响力的一个模式(Bass,2004)(p1833)。这个模式后来以研究者的名字命名，被称为巴斯模式，在各领域的创新推广中得到广泛应用。巴斯在对电冰箱、家用冷冻机、黑白电视、水软化器、空调机、干衣机、电力剪草机、电褥毯、自动咖啡机、蒸汽电熨斗和播放机等11种耐用商品的市场营销创新推广个案研究的基础上，提出和验证了这个模式(Bass,1967)(p1825)。

巴斯模式把创新推广理论中界定的五种采纳者类型简化为创新者(innovators)和仿效者(imitators)两种类型，用数学函数描述创新推广过程中这两种类型的采纳者首次采纳创新的时间和创新采纳者总数之间的关系。创新推广理论中按照首次采纳创新的时间先后，把创新采纳者分为五种类型：创新者、早期采纳者、早期多数、后期多数、落后者。巴斯沿用了通常对率先采纳者的叫法，将他们称为创新者，而其他的四类创新采纳者统称为仿效者。他认为创新者和仿效者之间的差别不只是采纳创新时间先后的差别，更重要的是他们采纳创新的决定所受到的影响因素不同。创新者采纳创新的决定在其他人做出采纳决定之前，也就是说，他们的采纳决定的时间没有受其他人的采纳决定的影响。仿效者的采纳决定的时间在某种程度上受到在其之前的采纳者的采纳决定的影响，此外，他们还受到来自社会系统的压力。随着创新推广的推进，社会系统中采纳创新的人就愈多，所以时间越是往后，来自社会的压力就越大。巴斯模式的前提假设是：在T时刻一个新的创新采纳行为(消费者首次购买该创新产品)的可能性P(T)与在此之前的创新采纳者的累积总数成线性关系 (Bass,1967)(p1826-1827)：

$$P(T) = p + (q/m)Y(T)$$

其中:

Y(T) 是 T 时刻之前的创新采纳者的累积总数。当 T=0 时,Y(0)=0。

(q/m) 是社会压力系数。q 和 m 都是常量。q 是仿效系数,m 是一定时间内创新采纳者的总数。

(q/m)Y(T) 代表社会系统中已有的创新采纳者的数目对仿效者产生的压力。

P 是一个常量。它等于创新开始的时刻(T=0)的创新采纳行为的可能性。P 的值反映该社会系统的创新者占总人口的比例。

在这个前提假设的基础上,结合消费者消费行为的逻辑分析,巴斯推导出 T 时刻某一新产品的销售量的预测公式 S(T):

$$S(T) = (m(p+q)^2/p)[e^{-(p+q)T}/(q/pe^{-(p+q)T}+1)^2]$$

对 S(T)进行微分可以得出某一新产品的销售量可能达到的峰值的预测公式 S':

$$S' = \frac{m/p(p+q)^3 e^{-(p+q)T}(q/pe^{-(p+q)T}-1)}{(q/pe^{-(p+q)T}+1)^3}$$

巴斯模式表明,首次购买新产品的消费者数在新产品推出后按首先按指数律增长,直至达到销售峰值,然后按指数律下降(Bass,1967)(p1832)。巴斯用这个模式对 11 种耐用商品的创新推广个案进行分析,结果发现巴斯模式计算出来的理论值和 11 个案例的实际数据呈现显著的吻合性。巴斯模式对市场营销规划提供了一个预测销售峰值以及达到销售峰值的时间的有力工具。

严格来说,巴斯模式并不是一个具有创新意义的模式,实际上是对塔德在 1903 年首先提出的创新采纳过程模式、后来又被其他研究者加以发展的 S 型模式的数学表述。巴斯模式的影响力主要来自于这个模式的简练性和可推广性。巴斯模式的提出不仅为前人提出的创新采纳 S 型理论提供了实验依据,而且采用数学模型描述,把这个理论提高到最高的抽象层次,因此进一步促进了 S 型模式的广泛应用。巴斯模式提出 40 年后,当年提出这个模式的论文被美国《管理学》杂志社评为该杂志 50 年来十佳论文之一。巴斯应杂志社邀请撰文评论巴斯模式，指出：一个有影响力的模式必须具备三个特点。其一，模式是生活现象的简化和抽象形式。有用的模式能够从现象中抽取有助于对现象的理解的本质。其二，简练而又与现实相吻合的数学模式，给人以美感和实用的吸引力，使其在解释同一现象的众多理论中脱颖而出。其三，对数学模式中的参数给以理论联系实际的、具体的、直观的解释，可以进一步增强其影响力。巴斯认为，巴斯模式集这三点特征于一身。一个具有这三个特征的模式，可以方便使用者根据具体的实际情况以及需要，加以修正、延伸和应用。这样的模式，不但与其描述的现象的实际情况相吻合，而且还可以预测和解释未来的以及其他的现象(Bass, 2004)(p1834)。

社会营销创新推广是市场营销创新推广的另一个主要方向。为了社会的稳定和繁荣，每一个社会都有一些需要大家共同认可和遵守的行为准则和观念。随着社会的发展，不断有新的准则和观念提出，需要社会成员们采纳。这些社会创新的推广和采纳可以通过两种不同的方式实行。一是由上而下的强制性推行，例如安全驾驶要求乘客和司机系安全带。违规者将受到法律或者法规的惩罚。另一种方式就是社会营销的推广方式。社会营销的研究起步于 20 世纪 50 年代初。一些学者把美国心理学家维伯(G.D. Wiebe)1951 年在美国著名传播学杂志 *The Public Opinion Quarterly* 上发表的《在电视上推行商品和公民意识》当作社会营销研究起点的一个标志(Rogers, 1995)(p83)。维伯在文章中通过四个使用无线电广播和电视进行的社会营销案例，回答了"为什么不能像推销肥皂那样推销友谊呢？"(Why can't you sell brotherhood like you sell soap?) 这个问题(Wiebe, 1951)(p679)。维伯引用的四个案例包括 40 年代初哥伦比亚广播电台推销战争债券的案例；WJZ 电视台动员人们加入部队文员工作的广告营销案例；哥伦比亚广播公司针对少年犯罪问题的社会教育节目；50 年代初美国专门负责调查和审理团伙犯罪案的基福弗委员会在电视上播出听证会的案例。维伯在文章中指出，无数的商业广告和市场营销例子已经证明无线电广播和电视具有影响和改变人的消费观念和行为的成功的威力。但是，光靠电视和无线电广播去推销社会目标是不可能成功的。社会营销的成功除了大众传播媒体之外，取决于五个重要因素。第一，激发实现目标的动力。这是人们原先的态度和想法跟大众传播的效果相互作用的结果。忽视其中任何一个都会影响社会营销的结果。第二,提供必要的指导。例如告诉人们从何处可以得到实现目标所需要的信息,实现目标的诀窍等。第三,提供实践的支持。为人们实现改变目标的行动提供支持,帮助人们实现改变的目标。第四,所推销的目标的充分性和兼容性。即所提出的创新是否与人们的愿望相兼容并且足以促使人们做出采纳的决定。第五,人们采纳创新所需要的付出和他们采纳创新后能够得到的回报之间的差距。显然,一个创新所需要的付出越少,而能够给予的回报越高,那么被采纳的可能性就越大(Wiebe,1951)(p681-682)。

八、地理学创新推广研究

地理学创新推广研究主要关注创新推广中的地理和空间距离因素。从地理学的研究视角看,创新在一个区域中的推广与这个地区的一系列的地理因素,包括距离、地理位置和空间(例如规模大小)的各种差别,互相关联。瑞典地理学家黑格斯查德(Hagerstrand)是地理学创新推广研究的先驱。20世纪60年代他所撰写,并于1967年被翻译成英文出版的 *Innovation Diffusion as a Spatial Process* 被其之后的地理学创新推广研究者广为引用。黑格斯查德20世纪50年代初通过模拟的方法考察空间距离对创新推广的影响。他首先运用数学方法建立了一个以时间和空间距离为变量的创新推广数学模型。这个模型提出了创新推广过程中的"邻里效应"的概念。黑格斯查德认为,一个创新从一个采纳者传到下一个采纳者的可能性跟两个采纳者之间的空间距离有关系。两者之间的距离越近,创新得以传播的可能性就越大。他把这个描述创新推广采纳的可能性和时间空间的关系的数学模型和瑞典一个农村地区的地图输入计算机对当地农业创新推广案例进行理论预测数据和实际数据的比较研究。

黑格斯查德之后的地理学创新推广研究进一步证实了他的邻里效应学说,并且把黑格斯查德的模式进一步扩展。例如,斯查安(Stang)和杜马(Tuma)的研究把创新推广采纳可能性分为内在采纳的可能性和感染的可能性。内在的可能性决定于采纳者个人的因素,感染的可能性指采纳者受外界影响而采纳的可能性。斯查安和杜马的模式把这个可能性定义为人们与先前的创新采纳者相接触的可能性(Smith and Song, 2004)(p120)。

布莱恩(L.A. Brown)从系统科学的视角提出从六个方面的因素探讨创新推广的地理学问题：(1)地区或者环境；(2)时间的维度；(3)被推广的事物；(4)被推广的事物所在的与某一个时间段的起点相对应的地点；(5)被推广的事物所在的与某一个时间段的终点相对应的地点；(6)从起点到终点的运动轨迹以及终点和起点之间的相互联系和相互影响(Brown, 1981)(p27)。

九、经济学创新推广研究

经济学创新推广研究是一个比较新的创新推广研究方向，主要从 20 世纪 80 年代开始起步(Rogers, 1995)(p88)。经济学创新推广研究的内容包括创新推广的经济效应和经济因素对创新推广的影响。

理论上来说，创新推广对经济发展应该具有促进作用，但在发展中国家进行的创新推广研究发现，创新推广可能造成或者扩大地区之间的经济发展两极化趋势(Brown, 1981)(p260)(Guo, 2003)(p24)。创新推广和经济发展之间的关系不是简单的线性关系。郭琴的研究发现，一方面，经济的发展可以成为教育创新推广的动力。例如，20 世纪 70 年代末到 80 年代初，在经济改革的带动下，中国教育界掀起了电化教育的创新推广高潮。另一方面，经济发展的挫折，也有可能成为教育创新推广的契机。如中国教育媒体创新推广在 20 世纪 20 到 80 年代之间出现的三次发展高峰中，有一次出现在中国经济发展的低谷(Guo, 1993)(p30)。20 世纪 60 年代初期是中国遭受严重经济困难的时期，政府号召全国各界掀起技术改革创新，共渡经济难关。1960 年 4 月，国务院副总理陆定一副总理在全国人民代表大会第二届第二次大会上做了《教育必须改革》的报告，对教育界提出运用媒体技术教育改革创新的号召。陆定一指出新媒体技术是中国教育改革和创新的物质条件，"必须采用新的教育工具，如唱片、录音带、幻灯、电影、广播、电视，以及充分配备必要的仪器，模型等新型教具"。在这种情况下，教育创新被当作应对经济危机的手段，迎来了电化教育在 1960—1962 年的发展高峰(Guo, 1993)(p239-240)。另一方面，经济学创新推广研究证实了经济因素对创新推广的影响。现有研究表明,市场和基础设施建设跟创新推广之间存在正比关系,因为它们提供了使创新得以成功推广的基础条件(Brown,1981)(p266)。这些条件包括提供多样化和便利的传播条件以及为创新的采纳提供更有效的支持。经济因素对创新推广的影响在其他领域的创新推广研究中也有所发现。例如哥伦比亚大学的新药创新推广研究和杂交玉米的创新推广研究中都发现创新推广中比较先采纳创新者的特征是经济上比较富裕,机构规模(例如农场规模、诊所规模)比较大。又例如,教育创新推广研究发现,一个学校的创新性与这个学校的经费状况成正比。

十、其他社会学创新推广研究

社会学创新推广研究除了关注创新推广与社会和社群发展之间相互关系的早期社会学创新推广研究和后来的以农业创新推广为主要内容的乡村社会学创新推广研究之外,现代的社会学创新推广研究把关注视野扩大到社会学领域的每一个方面。任何创新的推广都是在特定的社会系统中发生的。创新推广和社会系统之间的相互作用体现在创新推广和社会结构中的政治因素、经济因素、文化因素、关系因素(人与媒体、人与人、人与技术、个人与集体、个人与国家等)之间的相互作用。从社会结构的层次来说,社会学创新推广的研究包括个人、社群、机构、国家和国际等层次。社会学创新推广研究内容包括这些因素与创新推广在每一个层面上构成的多维矩阵中的每一个交叉点。

第二节　塔德的仿效原理

塔德的创新仿效理论是创新推广理论的奠基石。他的《仿效原理》是当之无愧的创新推广理论经典著作,现代创新理论的许多理论和概念都可以从中找到根源。

"仿效"(imitation)是塔德的创新推广理论的关键词。塔德 1903 年出版的英文翻译版本《仿效原理》① 中使用 imitation 共计 377 处,使用 diffusion 共计 18 处,可见其关注的重点是人们对创新的"仿效"(imitation),而不是后来大多数人所关注的创新的"扩散"(diffusion)。塔德把仿效定义为在人的心智上的烙印复制,包括被动的复制和主动的复制。他认为人与人之间只要有社会关系的存在,就有仿效的发生(Tarde,1903)(xiv)。例如,两个人通过交往,可以互相在对方的头脑中留下影响。创新对人们产生影响的结果,是新生事物在人们心智上留下的烙印。所以创新推广归根到底就是在人群中引起对创新的仿效。

塔德指出,人类的创新和仿效创造了人类社会和人类社会的历史。但是,人类社会的存在和进步不只是靠创新和仿效的肢体活动,而是这些肢体活动和指导这些肢体活动的心智活动的共同产物。一方面,人的创新并不是以创新本身为目的,而是以满足其某种需要为目的。只有那些能够满足某种需要的创造和发明才能成为被推广的创新。从这个意义上来说,人类社会的发展历史中, 提出一系列的需要比生产一系列的创新更重要(Tarde,1903)(p92)。另一方面,人的仿效(无论对前人传下来的,还是外界传进来的事物)也不是为了仿效而仿效。在所有五花八门的各种创新中,只有那些人们认为是有用的和真实的才会被仿效和采纳。所以,人类的社会性的特征不是其仿效能力和倾向,而是其对解决问题的效用和真理的不懈探索和追求。塔德因此主张应该把人类文明定义为一个人类肢体活动和心智活动的同化过程(Tarde,1903)(p92-93)。

人不是没有选择地创新,也不是没有选择地仿效。只有那些其效用性和真理性得到认可的才能成为创新,并且被仿效。在这个命题假设下,塔德论证了他的创新仿效原理:任何一个新生事物在社会中被仿效的速度都要经历从开始的缓慢到中间的快速, 直到最后抵达平顶的三个阶段(Tarde,1903)(p127)。一个创新推出后,首先必须经历与原有行为和思维习惯形成的重重阻力的较量;胜利突破旧习俗的障碍后,创新的仿效就可以在社会中迅速蔓延,直到蔓延引起新的阻力对抗和减慢其扩展,乃至最后阻止其进一步的发展(Tarde,1903)(p126)。

---

① 1903 年出版的《仿效原理》是塔德 1890 年出版的 Les lois de l'imitation 第 2 版的英译文。

塔德认为创新推广过程的三个阶段中在理论上最有意义的不是创新推广最终达到的巅峰阶段，而是第二个阶段，即快速扩展的阶段(Tarde，1903)(p128)。创新推广最后达到的巅峰，也就是创新采纳率的最大值。这个数值反映的是特定的创新在某一个社会中推广所能达到的极限。这是变数较小的准常量。创新采纳率的最大值通常取决于创新本身和社会系统。塔德指出创新推广的第二个阶段(起步后和到其达到巅峰前之间的阶段)，最能反映一个创新推广所具有的在人的心智上打上烙印的能量(Tarde，1903)(p128)。这是创新推广过程中最具有变化性的阶段，也是创新推广设计大有作为的阶段。这个阶段的变化特征是对创新推广起作用的各方面因素(包括创新本身的特性、采纳者的特征以及社会系统等环境特征)相互作用的结果，决定了创新的采纳速率。在一个创新的采纳率确定的情况下(创新和创新推广的社会系统确定后)，创新的采纳速率是衡量创新推广效益的标准。

创新推广的优化设计目标是缩短第二个阶段的时间。已有的创新推广研究中有关创新推广过程第二个阶段的研究主要包括两个方面的研究。

其一，一个社会系统中对不同创新的采纳速率的比较研究：这方面的研究关注点是为什么有些创新可以很快就被人们采纳，而有些很慢才被采纳。现有创新推广研究表明一个创新的采纳速率与这个创新可能给采纳者带来的利益和采纳创新所需要付出的代价有关。人们认为创新可能带来的利益越高，所需要付出的代价越低，采纳速率就越高。此外，创新与采纳者的价值观越匹配，创新采纳率也越高(Rogers，1995)(p89)。这方面的研究结果与塔德关于创新采纳者对功效性和真理性的追求的论点完全相吻合。

其二，不同社会系统对同一创新的采纳速率的比较研究：这方面的研究重点是为什么同样的创新在某些社会系统中可以很快被采纳，而在另一些社会系统中却需要长一些时间才被采纳。现有研究表明社会系统中人们通过媒体接触关于创新的信息越多，与创新推广者接触的机会越多，系统中的意见领袖与人们联系的人际网络越紧密，创新在其中的采纳速率就越高。而创新采纳速率与社会系统的经济资源相关性不明显(Rogers，1995)(p93)。

塔德的创新仿效原理在后来的创新推广研究中被广泛地应用，并且不断地充实。社会学研究者赖安和格罗斯有关杂交玉米的创新推广研究为创新仿效原理的三阶段理论提供了事实依据。市场营销研究者巴斯在这个理论的基础上,通过数学逻辑推导,建立了创新推广采纳过程的采纳率随时间变化的数学模型,使创新采纳三阶段理论不仅在创新推广研究中具备更广的适用性,而且也成为企业市场营销的一个有力的预测和规划工具。

第三节　创新推广过程的基本要素和概念

创新推广是英文 Innovation Diffusion 的中译文,又译为创新扩散。本书统一采用创新推广的译法。罗杰斯对创新推广的表述是:一个创新通过某些渠道经过一段时间在一个社会系统的成员中传播的过程(Rogers,1995)(p5)。这个表述概括了创新推广过程的四个基本要素:创新、传播渠道、时间和社会系统。

一、创新

创新指被人们认为是"新的"的想法、做法或者事物。在这个定义中,一个事物究竟是不是"新的"与其客观意义上的产生的时间关系不大(Rogers,1995)(p5)。只要对于潜在的采纳者来说是新的,那么它就是一个创新。例如直到 21 世纪初,开车系安全带对中国的许多私家车司机和乘客来说仍然是一个新的做法。因此系安全带在中国是一个社会行为创新。可是,就这个做法(系安全带)客观上存在的时间来说,它并不是"新的"做法,在许多国家它早已经成为一种行为习惯了。例如,澳大利亚在 40 年前,各州就已经立法要求私家车司机和乘客必须系安全带。

创新推广研究表明创新本身的特性会对创新推广的结果产生影响。对创新推广结果产生影响的创新特性包括优越性、兼容性、复杂性、可试性和可见性(Rogers,1995)(p15)。

1. 创新的优越性指创新被认为相对于其所替代的事物的优越性。创新的优越性包括但不限于经济收益方面的优越性。社会声誉、方便以及其他心理上的满足等因素都可以用来衡量创新的优越性。已有的创新推广研究表明,创新实际上具有的客观的优越性并不很重要,重要的是人们对创新的优越性的主观评价。人们对创新的优越性的评价越高,创新被采纳的速率就越快(Rogers,1995)(p15)。

2. 创新的兼容性指人们对创新和他们原有的价值体系、过往经验和需求吻合程度的估测。兼容性低的创新被采纳的速度比兼容性高者被采纳的速度慢。因为,采纳一个与原有价值体系不吻合的创新首先需要采纳与创新相伴随的新价值体系(Rogers,1995)(p16)。例如在信仰穆斯林教的社群推广家庭计划创新遇到的一个挑战就是一些节育手段（例如使用避孕套、堕胎)与穆斯林的传统观念相冲突。20世纪末,尼日利亚的家庭计划运动中就出现了一些穆斯林社群示威反对家庭计划运动的动荡(参见第八章发展传播案例内容)。上一节介绍的心理学家维伯70年前进行的社会市场营销研究就已经显示,创新与社会原有价值体系的兼容性与创新的采纳速率之间呈正相关关系。

3. 创新的复杂性指人们对理解和应用创新的难度的估测。难度越低,创新的采纳速率就越快(Rogers,1995)(p16)。创新推广实际上就是一个教学过程。创新就是这个教学过程需要传授的教学内容。创新推广设计的一个重要任务就是帮助采纳者掌握关于创新的知识,并且在他们对创新知识的应用实践中提供帮助。

4. 创新的可试性指能够给创新采纳者提供试用机会的可能性。能够提供试用机会的创新其采纳速率比不能提供试用机会者快(Rogers,1995)(p16)。上一节介绍的赖安和格罗斯的杂交玉米创新推广研究显示,多数农场主都是先在小面积试用杂交玉米种子,经试用成功后,逐年扩大杂交玉米的种植面积。创新试用经验一方面可以消除创新的不确定性,验证创新的优越性;另一方面创新试用的过程对于创新采纳者来说是一个在干中学的过程。

5. 创新的可见性指采纳创新的效果可以让其他人看到的可能性。能够向人们显示创新采纳效果的创新被采纳的速率比不能显示效果者高(Rogers,1995)(p16)。对于充满未知数的新生事物,前人的采纳经验为未来采纳者提供的间接试用经验是消除创新不确定性的一个途径。上面讨论的地理学创新推广研究提出的邻里效应的原理之一,就是各方面情况相类似的邻里中先采纳创新者的采纳效果为后采纳者提供了间接试用经验,所以起到了促进创新采纳的作用。

二、传播渠道

传播是参与者之间为了达到相互理解而进行的创造和分享信息的过程。在创新推广的语境下,传播所涉及的信息是关于新生事物的信息。所以,在创新推广的语境下,传播是一个以创新推广为目的、参与者创造和分享有关新生事物的信息的过程。传播参与者之间的信息交换关系是创新推广赖以进行的条件,它决定了创新的信息是否能够从一方传送到另一方以及传送的效果。传播者之间的信息交换关系的组成部分包括:信息传播渠道、关于创新的信息、已经具有创新知识和经验的参与者和没有创新知识和经验的参与者。

在创新推广中传播的内容是有关创新的信息。在传播过程中,参与者们(创新推广者和创新的潜在采纳者)分享的信息内容不是有关创新的科学研究的结果,而是他们对这些科学研究结果的理解和解读。所以,这些被分享的信息不是纯粹的有关创新的科学的和客观的信息,而是带上参与者的理解和创造的烙印的主观信息。多数人倾向于听取与自己情况相似的创新采纳者的意见以及按照自己的主观判断做出结论。因此,罗杰斯认为创新推广是一个社会过程(Rogers,1995)(p18)。创新推广实质上是一个人们对在他们之前采纳了创新的、与他们情况相似的人进行模仿的社会学习过程。在这个过程中传播的参与者们不是被动地传递和接受有关新生事物的信息,他们还创造有关新生事物的信息并且与其他参与者分享。从这个意义上来说,创新推广不仅是对创新的扩散,而且是在特定的社会系统中对创新的再创造的社会过程。

创新推广的传播参与者包括两组人。一组是已经拥有有关创新的知识和经验的人,包括创新推广者和已经采纳了创新的创新采纳者。另一组是还没有创新知识和经验的人。他们是潜在的创新采纳者。通常这两组人之间存在明显的差异性。传播学理论证明在可以自由选择的情况下,人们倾向于与自己相似的人交往的规律。这个规律被称作传播的同质相向性(Rogers,1995)(p18-19)。创新推广涉及两组异质参与者之间的传播。所以,创新推广中的信息交流和分享比一般传播过程难度更大。参与者之间的差异性意味着他们往往缺乏有效沟通所需的共同语言和默契,以及缺乏取得相互理解所需要的共同经验背景和相接近的审视问题的视角。创新推广者的任务就是找到自己与潜在采纳者之间的认知同质之处,在这个基础上通过信息传播进一步扩大这个认知同质区域。

三、时间

时间是创新推广研究的一个重要参量。这是创新推广研究与许多行为科学研究之间的一个主要区别。创新推广研究中涉及时间参量的概念包括创新采纳决定过程,采纳者的创新性和一个社会系统的创新采纳速率。

创新采纳决定过程指创新推广过程中采纳者所经历的从第一次接触到创新信息,到形成对这个创新的态度,做出采纳与否的决定,实施所做出的决定,以及最后确认所作的决定的过程。有关创新采纳决定过程中的各个环节将在下一节做更详细的讨论。

采纳者的创新性指采纳者在其所在的社会系统中在时间上比其他人先采纳创新的程度。罗杰斯用"采纳者类型"描述采纳者的创新性。采纳者类型是按照采纳者的创新性对采纳者分类的方法,一共包括五个类型:创新者;早期采纳者;早期多数;后期多数;落后者(Rogers,1995)(p22)。创新者是对有关创新的信息的主动寻求者。他们一般具有广泛接触大众传播媒体,并且有宽广的延伸到外界的人际关系网络等特点。与其他类型的采纳者比较,创新者具有较强的应对创新的不确定性的能力。因为创新者是他们所在的社会系统中首先采纳创新的人,所以,他们的创新决定不受社会系统中其他人对创新的主观评价的影响。创新者的采纳决定主要受大众传播媒体和创新推广者的影响,而其他采纳者的创新决定会受社会系统中较早采纳创新者的主观评价影响。

创新采纳速率指创新被社会系统中的成员们采纳的速度。按照创新在一个社会系统中随着时间被采纳的累积次数绘制成的采纳次数分布曲线是一条S形状的曲线。曲线呈现三个速率不同的采纳阶段。首先只有少数人采纳创新。这些首先采纳者就是创新者。然后曲线出现上升的趋势,每个单位时间内的采纳次数逐渐增加。接着采纳曲线坡度开始减小,每个单位时间内才采纳次数逐渐减少,直到最后趋于平顶,创新推广过程结束。多数创新的采纳过程都呈S形,但具体的S形状则各有不同。有的S形坡度陡些,采纳速率高一些;有的 S 形坡度平一些,采纳速率低一些。前面我们讨论的巴斯模式,证明创新推广采纳速率与社会系统的创新特性和时间之间的关系是一个指数函数的关系。

四、社会系统

社会系统由一系列为了实现共同目标而联系在一起,共同努力的相互联系的单元或者成员构成。一个社会系统的单元可以是个人、组织、非正式群体等。社会系统还可以包含其子系统(Rogers, 1995)(p22)。创新推广的系统研究中,根据具体情况和需要,确定社会系统的层次和分析单元。例如,农业创新推广中,可以选择一个县作为研究的社会系统,乡镇作为这个社会系统中的子系统,而每一户村民作为分析单元。

创新推广发生在具体的社会系统中。创新推广是改变社会系统的一个过程,同时,社会系统也对创新推广产生影响。社会系统与创新推广之间的相互影响包括下列四个方面。

1. 社会结构对创新推广的影响

结构是系统中的单元的排列模式。社会结构提供社会系统存在和正常运作所需要的稳定性和规律性。社会结构通过影响社会成员的行为实现其稳定性和规律性的社会功能,提供了对社会成员的行为做出具有一定准确度的预测的可能性。例如,一个国家的法律是该国社会结构的组成部分,国家的法律规定了哪些行为是不允许的行为。人们可以预测,通常那些法律所不允许的行为不会发生;而如果发生的话,行为的主体就会受到法律制裁。因此,社会结构的存在提供了在某种程度上消除社会系统的不确定性的信息。社会结构包括像法律这样的社会体制内的正式结构和存在民间人际网络中的非正式结构。

传播结构是非正式的人际网络结构的一种形式。人际网络传播结构是社会中人与人之间信息分享流动呈现出来的差异化模式。人际网络传播结构的形成遵循同质相向的规律,因此,在每一个社会系统中我们可以找到一定的人际传播结构。它通常由一系列的人际小圈子组成,每个小圈子里的成员往往具有某些方面的同质性。在没有传播结构的系统中,人与人之间的传播完全对等,不存在任何差异,某一个人跟其他任何一个人交谈的可能性均等。罗杰斯指出,这样的情况只能在一群陌生人刚开始接触的时候出现,而交流一旦开始,这种平衡均等的状态就被打破,传播结构就开始形成(Rogers,1995)(p24)。同质相向的人际传播结构使一个社会系统中创新采纳行为有规律可循。大量的创新推广研究已经揭示了非正式的人际网络传播结构对创新采纳速率的影响。当人际网络传播结构中具有影响力的人采纳创新后,创新采纳就进入快速上升阶段。

一个社会系统中的人际网络传播结构具有动态性,不是一成不变的,随着社会系统的发展,传播结构可能发生变化。此外,在不同类型的创新推广中,起主导作用的传播结构也会有所不同。例如哥伦比亚大学的新药创新推广研究揭示了起重要作用的传播结构是医生之间的人际网络。赖安和格罗斯的杂交玉米创新推广研究显示起重要作用的传播结构是农场主之间的人际网络。

2. 社会规范对创新推广的影响

现有研究表明社会规范会影响人们采纳创新的决定和行为,社会规范可能成为创新推广的阻力。例如,前面提到的尼日利亚家庭计划推广运动中因家庭计划的某些概念与穆斯林的社会规范相冲突(例如堕胎是穆斯林社会规范不允许的犯罪行为)而受阻。罗杰斯和他的同事关于韩国20世纪70年代开展的家庭计划运动的研究表明,社会规范会影响人们采纳创新的行为。他们对韩国24个村庄进行家庭计划创新推广的研究发现,在同一场家庭计划运动中,人们得到同样关于各种家庭计划方法的信息,但这些方法在各个村庄被采纳的程度差异很大。研究表明,各村之间在家庭计划方法选择上的差异可以从各村社会规范的差异得到解释(Rogers,1995)。

社会规范能够约束和预测社会成员的行为,它也形成了人的行为惯性。这种行为惯性的力量有时比经过理性分析得出的认识还强大。例如,中国人习惯吃白大米。虽然营养学分析告诉我们糙米比白大米更有营养,但多数人还是选择吃白大米。又例如,中国人有喝开水的习惯,这与国内多数地方自来水质量还没有达到可以生喝标准的实际情况有关系。可是,许多中国人到了海外,即使当地的自来水已经完全达标,还是保持喝开水的习惯。

3. 社会成员对创新推广的影响

社会成员是创新采纳决定和采纳行为的主体。创新推广理论确认了创新推广中三个重要的社会成员角色:创新者、意见领袖、创新代理。

创新者是社会成员中最早采纳创新者。创新者的特征包括具有较高的教育程度、年轻、思想活跃、见多识广,但创新者对其他社会成员的创新采纳行为和决定的影响是有限的。原因是创新者在社会系统中通常属于不合群的另类人物,在他所在的社会系统中不具备代表性,所以,其创新采纳行为难以在多数社会成员中引起共鸣。

意见领袖是对创新推广具有关键性作用的社会成员。意见领袖指一个社会系统中对其他社会成员具有影响力的社会成员。有关意见领袖角色的研究主要包括下列几个方面:

(1)相对于他们的追随者,意见领袖接触的传播渠道更广泛,在追随者心目中拥有见多识广的形象。

(2)与追随者相比,意见领袖的创新性比较高,但意见领袖通常不是在创新推广一开始就做出采纳决定的创新者。在社会规范倾向比较保守的社会系统中,意见领袖往往是那些不冒进的人。他们比创新者更接近其他社会成员,在社会系统中更具代表性,所以他们的创新采纳决定和行为对其他社会成员来说具有说服力,成为模仿的榜样。

(3)和追随者相比较,意见领袖通常具有高一些的社会地位,但是意见领袖在创新推广中的领袖地位与他们在社会系统中的领袖地位没有关系。例如,一个村子里的意见领袖通常不是这个村子的村长;一个系的系主任往往不会是这个系的教学创新推广的意见领袖。意见领袖的领袖地位来自其在社会系统人际传播结构中的影响作用和中心地位,从而使他们的创新采纳榜样更快更有效地在社会系统其他成员中得到分享和仿效。

(4)意见领袖的角色不是永久不变的,其影响力与他们在人际网络传播结构中的地位相联系。由于人际网络传播结构的动态性,社会成员在传播结构中的地位和影响力不是永恒的。另外,对于不同性质的创新,意见领袖也会不同。例如女性化妆品的意见领袖和新药的意见领袖可能不同。所以,在某次创新推广中起了意见领袖作用的人,在下一次的创新推广中不一定还起意见领袖的作用。

(5)意见领袖对创新的评估对其追随者起重要影响,以自己的采纳经验,对创新做出的评估在其追随者心目中比其他传播渠道(例如大众传播媒体或创新推广者)提供的评估信息更可靠。他们的评估信息可以消除或降低创新在未采纳者心目中的不确定性,可以促成更快的创新采纳。他们还可以帮助未采纳者建立采纳创新的信心。

⑹意见领袖在促进人们采取行动方面起的作用比大众传播媒体的作用更明显。对新产品的市场营销研究发现,意见领袖在消费者采纳新产品的决定阶段作用最明显(Eck et al.,2011)(p190)。

4. 创新推广对社会系统的影响

新生事物在社会系统中的推广所产生的影响可以从功能性、直接性和期待性等三个方面进行评估。功能性是对创新推广的结果给创新采纳者和社会系统带来的变化性质是属于功能建设性的还是功能损害性的评估。直接性衡量创新推广对创新采纳者和社会系统带来的变化是由创新本身引起的,抑或是由创新引起的二次变化。期待性衡量创新推广对创新采纳者和社会系统带来的变化是否和社会系统的成员所期望的变化相符合。

第四节　创新决定过程模式

创新决定过程模式是罗杰斯提出来的描述人们从接触到关于创新的信息再到做出采纳与否的决定,乃至最后确认所做出决定的过程模式。这个模式从采纳者作为创新决定主体的角度,把创新决定过程分为五个阶段:获知、说服、决定、实施、确认。

一、获知

获知是人们开始接触创新信息的阶段。创新推广中人们面对的是一个陌生的充满未知数的事物。获知阶段是人们对创新的存在、特性、功用的认知过程。通过各种信息传播渠道,人们从感知创新的存在到获得对创新的特性和功用的知识。有关创新的知识包括感知知识、使用知识、原理知识。

1. 感知知识是对创新的存在的认识

感知知识通常是关于创新的概括性的知识。感知知识对引起人们对创新的兴趣从而进入创新采纳下一个环节起着重要作用。这是创新决定过程的起点。人们是如何踏上这个起点的呢?第一种答案认为人们是随机、被动地碰上有关某个创新的信息(Rogers,1995)(p162)。例如看到电视上的广告或者路上遇到推销员的推介。第二种答案认为人们是在某种需要或者兴趣的支配下,主动地寻求创新的知识(Rogers,1995)(p164)。根据第一种答案,感知在前,需要在后。根据第二个答案,则需要在前,感知在后。

2. 使用知识包括如何正确应用创新的知识和方法

使用知识的复杂程度与创新特性有关。复杂程度高的使用知识,掌握的难度就高,对创新采纳者投入的学习时间和努力的要求也就高。创新推广的设计必须考虑创新采纳者的需要,通过各种媒体手段,提供获取支持信息的方便灵活的渠道,使创新采纳者在采纳前了解和掌握适当的使用知识。反之,可能会出现中断采纳的现象。

3. 原理知识是关于创新功用原理的知识

原理知识不一定对创新的采纳率有直接影响,但它可以帮助创新采纳者更全面地认识和理解创新功能,掌握正确使用创新的知识和方法,从而提高创新采纳的效果。家庭计划创新推广运动中,香蕉常被用作讲解避孕套使用方法的教具。早期(当避孕套还是一个全新概念时)家庭计划创新推广研究者曾经报告过创新采纳者使用避孕套避孕失败,究其原因是讲解者没有解释清楚避孕套的原理知识,于是采纳者依样画葫芦,拿个香蕉套上避孕套然后置于床边,以为这样就可以保证不受孕。

创新代理在感知阶段主要任务是帮助采纳者获取、理解各类创新信息,为他们提供获取进一步信息的渠道。向不具备专业基础知识的采纳者传授创新原理知识需要一定的教学策略和技巧,所传授的知识信息既要保证科学的准确性,又要保证其可理解、可接受性。目前这方面的研究还属于一个薄弱环节。这是教育领域中创新推广研究可以大有作为的一个研究方向。

二、说服

说服阶段是创新采纳者对创新形成赞成与否定态度取向的阶段。罗杰斯的原文采用的词是说服(Persuasion),但他强调指出在创新决定模式中说服的概念不同于通常传播学中提及的说服概念。通常传播学讨论的说服指传播过程中某一信息源在信息接收者中引起特定的态度改变的试图,而在创新决定模式中,说服指创新采纳者态度的形成和改变,但采纳者改变

的方向不一定是信息源（例如创新推广者或创新代理）所期待的方向
(Rogers，1995)(p167)。所以，采纳决定中的说服阶段指创新采纳者对创新
推广过程中分享的信息做出判断，自己对自己的说服，从而形成对创新的
某种态度的过程。

　　说服是在感知阶段的基础上采纳者对创新做出判断的阶段。感知阶段
的心理活动主要属于认知心理活动，说服阶段的心理活动主要属于情感心
理活动。感知阶段中采纳者的主体性体现在其对创新信息的选择性接触和
选择性记忆，这些被选择接触和记忆的信息一般与采纳者的兴趣、需要、价
值观等特征相符合。

　　除了分析和判断能力之外，说服阶段还涉及规划未来的间接体验和超
前规划能力。在决定是否对创新进行尝试之前，采纳者会通过想象和假设
推演创新采纳的可能结果，通过想象的经验进一步排除不确定性。

　　人际网络是说服阶段的重要信息渠道。说服阶段采纳者寻求的信息不
是创新的一般知识信息。采纳者往往是带着具体的问题，搜索有关创新某
些方面的详细而深入的信息。这些问题和相应的信息可以分为两大类，一
类是一般采纳者共同关注的问题和信息，我们可以称之为共性信息需求；
另一类是与采纳者个人具体情况相联系的问题和信息，我们可以称之为个
性信息需求。大众传播媒体是提供共性信息的有效信息渠道；人际网络是
提供个性信息的主要信息渠道。此外，创新代理与采纳者的人际沟通也对
说服可以起促进作用。人际网络对说服产生重要影响，但它不一定是最有
效的说服渠道。许多发展传播的研究表明，通过有效的策划和运用，大众传
播媒体的说服效果可以超过人际网络渠道(参看第八章的讨论)。最有效的
说服效果往往是通过综合运用各种传播渠道达到的。

　　说服的结果使采纳者形成了对创新的总的态度倾向，对接下来的采纳
决定阶段具有导向性影响，但采纳者最后做出的决定不一定与其态度倾向
相吻合。前面的讨论中已经提到，创新推广中存在 KAP 鸿沟。人们对创新的
知识和态度不一定会转变成与之相一致的行动，从知识和态度过渡到行动
的过程是在创新采纳者的主客观条件的共同作用下实现的。主观因素包括
采纳者的信心和毅力，客观因素是缺乏有效的措施，保证及时充分地提供创
新采纳的必要条件和支持。例如在贫穷国家和地区开展预防艾滋病的创新
推广活动中，鼓励高危人群进行血液检验是所推广的主要内容之一，但这些

地方的交通和医疗设施通常都很不健全,所以造成人们虽然愿意去验血,却由于交通问题而放弃;或者历尽千辛万苦来到检查站,却发现当天不办公。

创新推广研究表明,态度和行动之间的差距因人而异。较早采纳创新者的态度和行动差异通常比迟采纳者小。其中一个原因是迟采纳创新者从感知创新信息到做出采纳决定之间的时间较长,所以改变想法的机会也多(Rogers,1995)(p170),即"夜长梦多"。

此外,不同性质的创新推广显示不同程度的态度和行动之间的差异。研究表明预防性的创新推广出现态度和行动差异的可能性大一些。预防性创新指那些可以使采纳者避免某种有害事件发生的创新(Rogers,1995)(p170),例如健身计划可以帮助采纳者增强体格,防止肥胖。与非预防性创新相比,预防性创新具有两个突出的特点。首先,即使人们没有采纳预防性创新,其旨在避免的事件也不一定会发生。对于采纳者来说,预防性创新的不确定性比一般创新更高。例如,不参加减肥计划的人并不一定身体就虚弱,就会肥胖。第二,采纳预防性创新通常会附带一些不舒服或不方便的副作用,因此会影响人们的采纳积极性。例如,健身计划通常包括饮食限制、一定的运动量要求;预防艾滋病活动中的抽血检验等。实践证明,某些刺激事件可以缩小态度和行动之间的差异。例如罗杰斯在家庭计划创新推广研究中发现,有些妇女采取避孕措施是因为刚刚做了一次人工流产手术(Rogers,1995)(p170)。刺激事件也可以由创新推广者人为引入。行之有效的办法包括奖励、赠送纪念品、举行专题活动,例如实施鼓励参与家庭计划的政策、举办家庭计划活动日等。

创新代理在说服阶段的重要任务是在能力所及范围内协助人们解答涉及具体情况的问题,或者帮助他们寻找获取解答问题的信息渠道;帮助人们提高对成功采纳创新的自信心,采取措施缩小知识、态度和行动之间的差距。

三、决定

决定阶段是人们采取行动选择采纳还是拒绝某个创新的阶段。采纳是对创新全面接受的决定,拒绝是不采用创新的决定。

由于创新存在不确定性的特点,创新推广中很少有人会贸然做出全面采纳创新的决定。多数人都是选择先部分采用创新,经过试用之后再做出采纳还是拒绝的决定。早期农业创新推广研究表明,给农民们提供免费试用除草剂可以使创新采纳的周期缩短将近一年(Rogers, 1995)(p171)。试用是决定过程的组成部分,其作用包括四个方面。

1. 消除涉及创新功用的不确定性

创新推广过程中人们从大众传播媒体和推销员等渠道获取关于创新和创新功能的一般信息,却难以确定这些信息的可靠程度。百闻不如一见,试用给采纳者提供了验证他们所获得的关于创新信息的机会。

2. 消除在采纳者具体情况下采纳创新功效的不确定性

创新推广中广泛传播的信息多数是面向大众的普遍性信息。现实社会系统中每一个社会成员都有自己的特殊性。创新采纳在采纳者的特殊情况下的效果如何,以及自己是否具有成功采纳创新的能力等,完全是一个未知数。采纳者的亲身试用可以为采纳者提供消除不确定性的直接经验,树立采纳者对成功采纳创新的自信心。

3. 消除关于创新使用方法和过程的不确定性

创新推广的传播信息通常包括创新使用方法和功用原理等方面的信息。采纳者也许从这些信息中可以知道使用创新的方法,但消除"知道如何做"和"真正能够做"之间的差别最有效途径就是动手去做。试用是采纳者在干中学的机会,采纳者在试用中体验创新的方法、过程及其结果。

4. 消除关于采纳创新副作用的不确定性

创新推广的职业道德要求创新推广者向采纳者提供客观全面的信息,包括创新的功能,采纳创新的结果和潜在的副作用。试用可以进一步消除采纳创新的副作用的不确定性。

实践证明,采纳者各方面条件相似的人们提供的试用经验可以代替或部分代替采纳者的亲身试用。最常见的做法是由创新代理赞助社会系统中的小部分成员率先采用创新,然后组织创新成果现场演示。采用这种方法时,如果创新试用者包括社会系统中的意见领袖,其效果会更好。

决定阶段的结果包括采纳创新和拒绝创新。事实上,从创新推广开始的时刻起,直至最后的确认阶段,在每一个时间点上人们都有可能做出拒绝创新的决定。在感知阶段,人们可能有意或无意地错过创新的信息。在说服阶段,人们可能对创新做出负面的判断,形成否定的态度,拒绝采纳。甚至到了实施阶段,人们仍然有可能中断采纳。拒绝采纳行为包括主动拒绝和被动(消极)拒绝。主动拒绝是人们经过分析和思考后做出不采纳决定,消极拒绝是人们未经考虑就采取拒绝行动。

创新代理在决定阶段的重要任务是通过提供创新信息和直接或间接试用机会等方式,协助人们减小创新的不确定性,进一步提高采纳者对成功采纳的自信心。

四、实施

当人们把采纳创新决定付诸行动时就开始了创新实施阶段(Rogers, 1995)(p172)。在实施阶段之前的三个阶段所涉及的活动主要是在人们内心进行的,所涉及的变化是知识和情感等内心的变化。实施阶段是人们实践之前获取的创新知识和形成态度的过程,涉及人的行为的变化。进入实施阶段,人们关注的主要问题包括:

1. 提供创新的地方在哪里?

采用某个新产品的第一步就是取得这个产品。提供创新的地点对创新实施有重要影响。市场营销研究表明,在便利的地点提供产品可以促进消费者的消费行为。

2. 如何使用?

使用创新是实施阶段的核心活动。掌握正确的使用方法及使用过程中的一些窍门,可以提高创新采纳的实际效果,从而降低中断采纳行为的可能性。

3. 它如何工作?

这个问题的解答需要对创新工作原理的知识和理解。理解创新的工作原理有助于更好地运用创新,取得更佳的创新采纳效果。对于解决使用过程中出现的问题也有所帮助。

4. 操作过程中可能会出现什么问题及如何解决这些问题?

一般而言,实施阶段是创新决定过程的最后阶段。但即使进入了这个阶段,人们仍然可能会中断采纳,转而拒绝创新。而出现这种情况的原因很大一部分是因为操作出了问题,而又无从解决。

解答这些问题的信息资料是创新推广信息内容的重要组成部分。创新代理在实施阶段的主要任务是为采纳者使用创新的实践提供技术指导和支持,帮助他们解答上述问题,以及提供寻找进一步技术指导和支持的渠道。对于一些技术上比较复杂而且采纳者比较集中的创新,组织面对面的培训活动可以提高解答这些问题的效率和满意度,从而促进创新采纳速率和采纳效果。

五、确认

随着采纳者对创新的实施,创新逐渐融入采纳者日常生活,最后成为采纳者日常生活的组成部分,创新作为新生事物的特性慢慢褪去,这个曾经的"创新"就不再是创新了。这个时候创新决定过程中的实践阶段结束,创新的采纳得到确认。

早期的创新推广研究把创新推广看成是采纳者对新生事物的模仿过程。后来大量的研究显示采纳者在采纳创新过程中不仅是对前人使用行为的简单模仿,而且会在采纳过程中对创新有所改造,因此后期的创新推广研究提出了再创新(re-invention)的概念。罗杰斯把再创新定义为采纳者在采纳过程中对创新做出的改变的程度(Rogers,1995)(p174)。多数创新采纳者并不是对创新全盘照收,而是有选择地部分采纳。例如 20 世纪 70 年代在美国进行的教育创新推广研究表明,56%的创新采纳者只是有选择地实施创新中的某些方面;20%的创新采纳者在采纳过程中对创新做了重大改变(Rogers,1995)(p175)。进一步的研究表明,再创新产生的案例里采纳率高,出现采纳中断的机会小(Rogers,1995)(p177)。

关于再创新的评价,目前学界中仍然存在争议。第一种观点从创新推广者的角度出发,认为创新采纳中的再创新影响对创新的质量控制,所以是不可取的现象。第二种观点从创新采纳者的角度出发,认为创新采纳中的再创新使创新的实施更融洽地与采纳者的实际情况相结合,可以取得更佳效果。所以再创新是一种值得鼓励的现象。

【参考文献】

[1] BASS, F. M. A New Product Growth for Model Consumer Durables. *Management Science,* 50, 7. 1967.

[2] BASS, F. M. Comments on "A New Product Growth for Model Consumer

Durables": The Bass Model. *Management Science,* 50, 8. 2004.

[3] BOWERS, R. V. The Direction of Intra –Societal Diffusion. *American Sociological Review,* 2, 12. 1937.

[4] BOWERS, R. V. Differential Intensity of Intra–Societal Diffusion. *American Sociological Association,* 3, 12. 1938.

[5] BROWN, L. A. *Innovation Diffusion: A new perspective,* London, Methuen. 1981.

[6] COLEMAN, J., KATZ, E. & MENZEL The Diffusion of an Innovation Among Physicians. *Sociometry,* 20, 18. 1957.

[7] DEUTSCHMANN, P. J. & DANIELSON, W. Diffusion of Knowledge of the Maior News Story. *Journalism Quaterly,* Summer, 11. 1960.

[8] ECK, P. S. V., JAGER, W. & LEEFLANG, P. S. H. Opinion Leaders' Role in Innovation diffusion: a simulation study. *Journal of Product Innovation Management,* 28, 17. 2011.

[9] EDUCATION, U. S. O. O. Trends in American Education 1920–1930. *The High School Journal,* 16, 2. 1933.

[10] GUO, Q. *Educational Communication Campaigns in China: An innovation diffusion perspective.* PhD, Macquarie University. 1993.

[11] GUO, Q. Information Technology and Education in Chin: Challenges and Opportunities. In: CHITTY, N. (ed.) *Faces of Globalisation.* Varanasi: Ganga Kaveri Publishing House. 2003.

[12] ROGERS, E. *Diffusion of Innovations,* New York, The Free Press. 1995.

[13] RYAN, B. & GROSS, N. Acceptance and Diffusion of Hybrid Corn Seed in Two Iowa Communities. *Agriculture Research Bulletin,* 29, 46. 1950.

[14] SMITH, T. E. & SONG, S. A Spatial Mixture Model of Innovation Diffusion. *Geographical Analysis,* 36, 27. 2004.

[15] TARDE, G. *The Laws of Imitation,* New York, Henry Holt. 1903.

[16] WIEBE, G. D. Merchandising Commodities and Citizenship on Television. *The Public Opinion Quarterly,* 15, 13. 1951.

第五章

中国电化教育创新推广案例研究①

中国的电化教育至今已有 80 多年的历史。目前电化教育是正规教育体系的一个组成部分,并且成为教育领域的一个专业学科。电化教育作为一个教育创新在中国的推广始于 20 世纪 30 年代初。电化教育从开始时作为一个以电影、播音为主的社会教育手段,到 20 世纪 80 年代融入中国教育体系的整个创新推广过程,跨越了大半个世纪。其间,中国经历了一系列重大的社会、政治、经济变革。本章以创新推广的四个基本要素为架构,讨论电化教育从 20 世纪 30 年代初到 80 年代在中国的创新推广历程。

电化教育的名称问题是中国电化教育创新推广过程中数度引起学术争论的议题。特别是 20 世纪 90 年代以后,对电化教育的新叫法五花八门。笔者于 90 年代在《电化教育研究》上发表文章讨论电化教育名称的争议时,曾表明应顺其自然、不着意改名的态度。因此,本章除了涉及特定年代的具体案例之外,均沿用电化教育的传统叫法。在本章的语境中,电化教育指运用各种电子信息传播媒体进行设计和实验教学的系统和过程,从而达到优化教育质量、优化效率的研究和实践。

第一节　中国电化教育历史概述

20 世纪 30 年代兴起的电影教育和播音教育运动是中国电化教育创新推广的初始阶段。1932 年中国教育电影协会的成立是电影教育运动在全国正式展开的标志。不过,早在教育电影协会成立之前,中国教育界已提

---

① 本章部分历史资料来自 1986 年笔者对中国电化教育界的老前辈以及中央电教馆和北京电教馆老师的个别采访记录。接受采访的老师包括北京电影学院的孙明经、吕锦艾,西北师大的南国农,上海外语学院的梅家驹,西南师大的杜维涛,南京大学的辛显铭,北京电教馆的王辉,中央电教馆的柏云等。

出电影教育的概念并开始实践(陈友兰,1938;徐公美,1933)。

一、电影教育和教育电影

电影于 1904 年传入中国,最初主要被当作一种娱乐手段,主要片源来自国外(Guo,1993)(p234-235)。直到 20 世纪 20 年代中国的电影制作业才开始兴起。上海商务印书馆是中国电影制作的先驱。1917 年一个美国商人在南京开了家电影制作公司,很快就倒闭关门。当时的上海商务印书馆接手买下了这个公司,开启了中国电影制作的历史。上海商务印书馆于 1918 年成立了电影制作部,开始制作和发行电影,主要涉及旅游、新闻、教育、戏剧。其中教育电影包括与学校教育相联系的教学片、为社会教育服务的社会教育片。上海商务印书馆把教育电影和印书馆出版的相关书籍联合发行,将教育电影引进学校教育和社会教育领域。教学片在学校里放映,配合教科书辅助教学。社会教育电影通常会配合相关主题的社会活动和演讲对公众公开放映。例如配合公共卫生教育运动和演讲放映"消灭蚊子和苍蝇"的教育宣传片,形象地介绍灭蚊子除苍蝇的方法;配合关注盲孩教育的宣传活动,放映题为"盲孩教育"的影片等(Guo,1993)(p235-236)。政府方面也开始关注电影的教育功能,1930 年全国教育会议在南京通过了摄制教育电影的计划。可惜后来因经费困难,未能如期实施。

娱乐是电影进入中国市场之初的主要目的。一些影院经营者和电影制作商为了牟取厚利,尽力迎合观众兴趣,所以,20 年代初充斥市场的影片多数是功夫片和色情片。当时社会上治安也不稳定,时有抢劫、绑票、劫车等罪案发生。教育界一些学者把社会上犯罪猖獗的现象归咎于电影界的乌烟瘴气,认为电影宣扬的暴力和色情污染了社会风气。他们呼吁政府采取措施进行干预。

1923 年,北京教育部率先制定了电影审查规则,江苏省社会教育会成立电影审阅委员会,意在限制不良影片的泛滥。1930 年南京政府立法院正式公布电影审查法,电影审查正式被纳入国家管理机制范围。1931 年由当时的教育部和内政部联合成立电影检查委员会,统一了全国的电影审查行政。从此中国电影审查进入统一化和制度化的轨道。

1930 年是中国电化教育历史上意义重大的年代。1932 年 7 月,教育界和文化界热心教育的学者组织了中国教育电影协会, 正式提出电影教育的概念。这是中国第一个电化教育学术组织。教育电影协会在随后掀起的电影教育运动中扮演了核心领导的角色。协会的宗旨是研究利用电影辅助教育，宣扬文化，协助教育电影事业的发展。其主要工作包括：⑴从事教育电影的研究、改进、编制调查、统计、宣传事项；⑵开展电影业合作制作教育影片；⑶为电影行政部门提供咨询、建议等服务以及完成电影行政部门委托的工作事项；⑷与国际上的电影行业组织合作事项；⑸其他与教育电影相关的事项（Guo，1993；徐公美，1933；中国教育电影协会，1936；陈友兰，1938）。

中国教育电影协会为中国的教育电影和电影教育的发展方向起了决定性的作用。协会成立伊始就制定了中国摄制、进口教育电影的五项标准：⑴发扬民族精神；⑵鼓励生产建设；⑶灌输科学常识；⑷发扬革命精神；⑸建立国民道德。同时还编印发行电影教育的刊物，倡导教育电影化，电影教育化（Guo，1993；中国教育电影协会，1936；宗亮东，1936；宗秉新、蒋树村，1937）。

中国教育电影协会成立后，全国许多省市相继成立了教育电影分会，带动电影教育在全国各地的迅速发展。1933年由民间集资成立的教育电影组织"全国教育电影推广处"在上海成立。全国教育电影推广处和中国教育电影协会合作，免费供应教育电影，在各地巡回放映（Guo，1993；中国教育电影协会，1936；宗亮，1936；宗秉新、蒋树村，1937），支持对教育电影化和电影教育化理念的实践。

在积极推广和实践的同时，教育界、电影界的学者开始进行有关理论研究，介绍引进国外视听教育理论和经验。1933年徐公美出版的《电影教育》是最早一部关于电化教育的专著。同年，中国教育电影协会加入罗马国际教育电影协会，成为国际教育电影协会分会，正式参加国际教育电影事业的活动（Guo，1993；中国教育电影协会，1936）。到了这个时期，中国教育界、电影界的学者以及行政机构对电影的社会教育功能，从原来消极被动式地限制诲淫诲盗的影片转向积极主动地鼓励制作富有教育意义的影片，推动利用电影作为教育新利器的电化教育运动。

二、播音教育

1920年美国两家无线电广播电台的开播是无线电播音正式进入人类

历史的里程碑。两年之后,这项年轻的技术创新就传进了中国。1922年12月,美国商人奥斯邦(E.G. Osborn)在上海建立了中国境内的第一家无线电广播电台"大陆报–中国无线电公司广播电台",1923年1月23日首次开播,每天晚上播出一小时,主要包括国内外新闻、娱乐节目。此外还有以市场推销(收音机)为目的的无线电知识讲座和周末的宗教节目。大陆报广播电台的覆盖面达到香港、天津等地。一年之后,大陆报广播电台因为不符合北洋政府相关法规,被依法取缔。但"其在上海租界的中外听众中引起了一阵'无线电热',不少外商纷纷开办广播电台"。这些外商多数属于来自美国的公司(吴廷俊 et al.,2009)(p268)。

中国人自己办的无线电广播实验于1923年开始。1923年,中国早期无线电专家刘瀚利用军用无线电话机改装成广播发射机,在哈尔滨成功地进行了无线电广播试验,随后开始临时广播。1926年哈尔滨无线电广播电台正式开播,每天晚上播出两小时。播出内容包括新闻、政令、市场信息、金融动态、曲艺、音乐等节目。哈尔滨无线电广播电台是在奉系军阀支持下建立、运作的(吴廷俊 et al.,2009)(p269)。

1928年,南京政府(国民党,下同)在南京建立中央广播电台,8月1日开播,[①]包括新闻和教育节目(Guo,1993)(p237),中国播音教育开始萌芽。中国的播音教育和电影教育起步相近,应用范围重叠,幻灯和无声电影往往采用播音同步讲解,所以电影教育和播音教育实际上很难分家,学界也常常把电影教育、播音教育和幻灯教育统称为电影和播音教育或影音教育。

电影和播音教育运动的迅速发展引起了政府的重视。1935年起教育部(国民党,下同)便开始规划在全国范围内推广电影和播音教育的方法。1935年10月开始,教育部与中央(国民党,下同)广播电台联合举办播音教育节目,由教育部聘请各学科专家撰写讲稿,定时播讲,编印多种刊物配合播音教学。在播音教育节目正式开播之前,教育部在设备和播音专业人才方面做了比较充分的准备。1935年6月,教育部购置了1000台收音机分发到各省市,并通令各省市教育厅敦促其下属中等学校和民众教育馆分期装设收音机,为播音教育做好准备。同年7月,教育部举办收音指导员培训班,由各省保送人员参加训练。这个播音教育的项目从1935年开始一直

---

① 1948年中央(国民党)广播电台开始迁台,1949年更名为中国广播公司。

到 1949 年中央广播电台迁往台湾之前从未中断过。1949 年中央广播电台迁到台湾后更名为中国广播公司,电台仍然保留教育节目和出版刊物辅助教学的传统(Guo, 1993)(p238)。

1936 年,教育部在属下设立电影教育和播音教育委员会,负责全国电化教育器材供应和技术指导事宜。这是中国最早的政府电化教育专业机构。在地方层面上,一方面教育部通令各省教育厅指定一人专管电化教育;另一方面,在各省划分若干"教育电影巡回区"和"播音指导区"。全国形成了自上而下的电化教育推广网络。教育部每年拨专款购买电影和播音器材分发到各省市,不断加强和扩大电化教育队伍。鉴于电影教育和播音教育实施过程出现的两者相互重叠现象,也出于进一步加强对电化教育的管理的考虑,1940 年,教育部决定把电影教育委员会和播音教育委员会合并为电化教育委员会。同年教育部下属的社会教育司增设第三科,专管电化教育行政。1941 年,为了进一步加强统一各省电化教育管理,教育部发出通知,要求各省市设立电化教育服务处,统筹办理各省市电化教育技术指导事宜。1942 年,中国第一个教育电影制片厂"中华教育制片厂"成立,专门制作 16 毫米教育影片(Guo, 1993)(p238)。至此,中国电化教育的机构已经基本健全,形成了从中央到地方的包括专业指导、行政管理、软件制作、器材供应、实施人员等方面的电化教育网络。

三、1949 年以后的电化教育发展

1949 年中华人民共和国成立后,最初没有专门的电化教育行政管理机构,电化教育由文化部科普局和中央广播事业局负责。

新中国成立后,业余教育是电化教育的第一个应用领域。1955 年,北京和天津先后创办了广播函授学校,主要招生对象是没有考上高中的初中毕业生。天津广播学校除了初中生以外,还招收部分高小毕业生。

1958 年在全国"大跃进"的形势下,教育界也提出了"教育改革"口号,为电化教育提供了发展契机。在这场教育改革中,北京教育界走在全国的前列。作为教育改革的一部分,1958 年北京教育局建立了北京市电化教育馆,负责推广利用幻灯、广播、电唱机、电影等教学工具辅助教学的工作。同年,北京教育学院成立首都教育电影制片厂。北京电化教育馆提出了"大

力开展电化教育,为提高教育质量服务"的倡议。这是新中国成立后首次提出电化教育的口号。

1960年3月8日,我国第一所电视大学"北京电视大学"正式开学。同年,上海、沈阳、长春、哈尔滨、广州等地也相继成立了电视大学。还有一些省市成立了业余广播大学。

1960年4月,第二届全国人民代表大会第二次会议上对教育界发出开展教学改革的号召,要求教育界投入全国技术革新和技术革命的运动中,克服普通教育中存在的少、慢、差、费现象。会上,国务院副总理陆定一指出唱片、录音、幻灯、电影、广播、电视等新的教育工具是教学改革的物质条件,号召教育界采取新的教育工具,为教学改革准备物质条件。这场轰轰烈烈的教学改革主要内容就是开展电化教学。6月,教育部在北京举办普通教育改革展览会,全国各省市在会上展出了革新教具、教科书、教学影片等教育改革创新的成果。在教育部的推动下,全国各级学校掀起了教具改革的热潮。上海、北京等大、中城市的各级学校广泛开展了以幻灯、投影为主的电化教学活动。

为了适应教学改革的需要,1960年,首都教育电影制片厂、八一电影制片厂科教组、卫生教育所电影小组联合组成北京科学教育电影制片厂。北京科学教育电影制片厂成立后首先投入的制作任务就是根据新编的十年制中小学教材内容制作配套的教学影片。

在这期间,上海成立电化教育委员会,统一领导上海各级学校的电化教学工作。1962年,沈阳市成立电化教育馆负责领导当地电化教学工作。1965年12月,教育部在沈阳举办电化教育展览会,召开全国电化教育座谈会,总结交流各地电化教育经验,为电化教育的进一步发展做出规划。会后,许多省市都开始筹划成立电化教育机构。1965年12月,中央广播事业局决定在有必要有条件的地方举办电视业余大学,开展电视教育。1966年4月,为了满足即将到来的全国教学改革和电化教学热潮对教学软件的需求,国务院批准成立专业性的教育电影制片厂"中央教育电影制片厂"。

1965年底召开的沈阳会议,对全国各地进一步开展电化教育提供了经验和动力。全国上下,从中央政府到地方教育界都鼓足干劲,准备迎接电化教育的新高潮。可惜,不久就爆发了史无前例的"文化大革命"。

从1966到1975年的10年里,电视、播音、电影以及所有的其他大众传播媒体都成为政治斗争和政治教育的工具。为提高教学质量和效率的电化教育完全处于停顿状态。

1975 年，"文化大革命"接近尾声。在第四届全国人民代表大会上，周恩来总理重申中国在 20 世纪实现工业、农业、国防、科学技术"四个现代化"的目标。教育部按照实现"四个现代化"的任务要求以及毛泽东、周恩来、邓小平等国家领导人的指示精神，研究制定中国文化教育发展的长远规划、政策和措施，开始整顿被"文化大革命"冲击打乱的教育秩序。教育部强调各级学校加强基础理论教学，提高教学质量；号召青少年努力学习科学文化知识。在这期间，全国各地陆续开办业余广播和电视文化教育讲座，为广大青少年提供学习科学文化知识的机会。

1977 年以后，中国恢复了高考，各级教育开始走上恢复正常秩序的轨道。实现"四个现代化"的目标以及改革开放的实践都提出了对掌握科学技术和知识的人才的迫切需要。电化教育被视为弥补"十年动乱"造成的人才缺失的一条捷径。1977 年教育部就开始制订电化教育发展规划，邓小平多次指示教育部要搞电化教育。1977 年 12 月，教育部与中央广播事业局联合开办面向全国的电视教育讲座。当时开设的科目都属于改革开放和"四个现代化"急需的专业科目，包括英语、数学、电子技术。1978 年 2 月，中共中央批准成立面向全国招生的中央广播电视大学。中央广播电视大学是一所业余大学，学生修完规定的全部课程后可以获得相当于正规大学的学位。

1977 年国务院批准教育部成立教育仪器公司、中央电化教育馆、电化教育局等国家一级的电化教育机构。这是新中国成立后首次正式成立专门的国家级电化教育机构。随后，全国各地及各级学校也相继成立了电化教育机构。学校里的机构一般称为电化教育中心，简称电教中心；市一级的机构一般称为电化教育工作站，简称电教站；省一级的机构一般称为电化教育馆，简称电教馆。据统计，到 1979 年底，全国已有 26 个省市自治区成立了电化教育机构。

1983 年，华南师范大学建立电化教育系，培养电化教育专业人才。电化教育成为教育学科领域中的一个专业。这是电化教育从一个手段发展成一门专业学科的标志。

1986 年，国家第七个五年计划把推行广播电视教学作为发展教育事业的主要政策措施纳入计划之中，这是中国第一次把电化教育事业列入国家计划。一方面说明电化教育的重要性得到国家决策者的认可；另一方面也表明电化教育已成为中国教育事业的组成部分，不再是推广之中的创新。

表 5-1 概括了中国电化教育形式和服务范围的发展概况。图 5-1 是中国电教媒体的发展概况。表 5-2 和图 5-2 是电化教育人才培训的发展概况。

表 5-1　中国电化教育形式和服务范围发展概（20 世纪）

年代	电化教育形式	服务范围
20 年代	在公共场所放映电影、广播教育节目	科普、扫盲
30—40 年代	在公共场所放映电影、广播教育节目	科普、辅助课堂教学
50 年代	在公共场所放映电影、广播教育节目、广播函授学校	科普、辅助课堂教学、文化补习
60 年代	在公共场所放映电影、广播教育节目、广播函授学校、业余广播大学、电视讲座	科普、辅助课堂教学、文化补习、职业与技术教育
70 年代	在公共场所放映电影、广播教育节目、广播函授学校、业余广播大学、电视讲座、电视大学	科普、辅助课堂教学、文化补习、职业与技术教育、业余高等教育
80 年代	在公共场所放映电影、广播教育节目、广播函授学校、业余广播大学、电视讲座、电视大学、卫星电视	科普、辅助课堂教学、文化补习、职业与技术教育、业余高等教育、专业进修

表 5-2　中国电教人才培训发展概况（20 世纪）

年代	培训类型
30 年代	在职培训、选修和讲座、专科
40 年代	在职培训、选修和讲座、专科、中专、出国留学
50 年代	选修和讲座、专科
60 年代	（未发现电教人才培训的纪录）
70 年代	在职培训、选修和讲座、研究生、专业进修
80 年代	在职培训、选修和讲座、专科、本科、研究生、专业进修、业余教育、出国留学

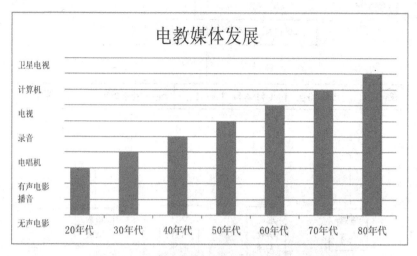

图 5-1　中国电化教育媒体发展概况(20 世纪)

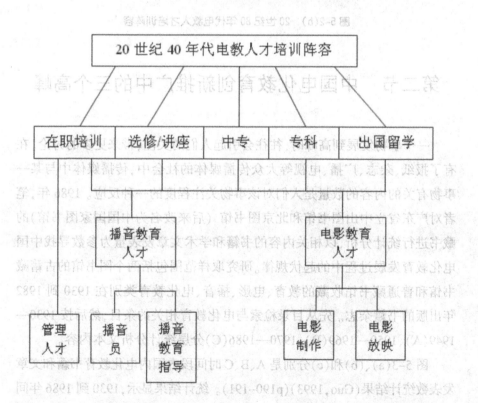

图 5-2(a)　20 世纪 40 年代电教人才培训阵容

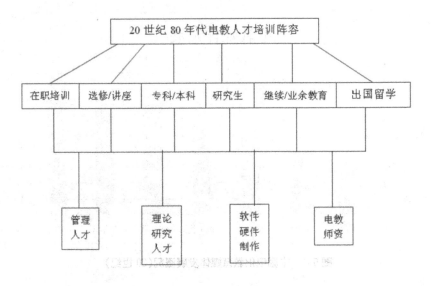

图 5-2(b)　20 世纪 80 年代电教人才培训阵容

第二节　中国电化教育创新推广中的三个高峰

　　一个事物发展到高峰时,往往会引起人们的关注,带来更多的讨论。在有了报纸、杂志、广播、电视等大众传播媒体的社会中,传播媒体中与某一事物有关的内容的数量是人们对该事物关注程度的一种反应。1986 年,笔者对广东省立中山图书馆和北京图书馆 (后来改名为中国国家图书馆)的藏书进行统计分析,以相关内容的书籍和学术文章发表量为参数寻找中国电化教育发展过程中的起伏规律。研究取样范围包括两个图书馆的古籍藏书馆和普通藏书馆收藏的教育、电影、播音、电化教育类别在 1930 到 1982 年出版的书籍杂志。先从目录检索与电化教育相关的条目,然后按 1930—1949(A)、1950—1969(B)、1970—1986(C)分层统计分析文本内容。

　　图 5-3(a)、(b)和(c)分别是 A、B、C 时间段内国内电化教育书籍和文章发表数统计结果(Guo,1993)(p190-191)。统计结果显示,1930 到 1986 年间中国电化教育发展史上出现过六次起伏。在 A、B、C 时间段内,每一段都出现了一大一小两次起伏。表 5-3 给出每一次起伏持续的时间(Guo,1993) (p242)。下面为方便叙述,以 A1、A2、B1、B2、C1、C2 分别代表各次起伏。

A1 出现在 1931 到 1934 年之间。这是中国电化教育第一次创新推广的起步阶段。其间,电影界和教育界提出并开始实践电影教育化、教育电影化的理念,电影教育、播音教育运动蓄势待发。在国内政府、学界开始成立推动电影教育和播音教育实践的相关机构,从中央到地方的学术、行政推广网络逐渐健全。在国际上,中国教育电影协会开始迈出国门,与国际教育电影事业接轨。

A2 出现在 1935 到 1948 年之间。这是中国电化教育第一次创新推广的高速发展阶段。与起步阶段相比,这次高峰持续的时间较长,幅度也大。这是电影教育和播音教育蓬勃发展的时期。起步阶段建立的由学界牵头的电化教育创新推广学术网络开始发挥作用,政府从各方面更进一步介入电化教育创新的推广。在体制方面,政府颁发了一系列推广电化教育的规定、政策,健全和落实从中央到地方的电化教育推广行政网络;在资源方面,教育部利用行政权力调动各方面专家参与和中央广播电台(国民党)联合举办的播音教育节目,并且每年拨专款支持开展电化教育;在人才培训方面,从 1935 年开始定期举办电化教育人员培训班。在学术网络、行政网络以及充分的物力、人力支持下,以电影教育和播音教育为主要内容的电化教育创新推广在 1935 年迅速上升,在三年内达到巅峰,并持续到 1948 年。这次高峰持续的时间长达十余年。

B1 出现在 1958 年。这是中国电化教育第二次创新推广的起步阶段。1958 年,中国掀起了"大跃进"运动。教育和教学改革是教育界对全国"大跃进"高潮的呼应。"大跃进"中的教育改革主要包括在大中城市里中小学开展的以幻灯为主要手段的电化教育活动。

B2 出现在 1960 到 1962 年之间。这是中国电化教育第二次创新推广快速发展,达到高峰阶段。这一次的起伏特点是上升速率快,幅度大,但持续时间短。电化教育和一般教育相比,需要额外的技术和资源支持。也就是说,电化教育是一个费钱的事业,可 1960 到 1962 年正好是中国经历严重经济困难时期。1959 年开始中国各地连续遭遇严重旱灾,再加上"大跃进"对农业发展造成的负面影响,全国出现严重粮食短缺;国际上,1960 年中苏关系矛盾公开化,苏联全面撤销所有技术援助,许多工业发展工程半途而废。1959—1961年是中国在现代史上著名的三年严重困难时期。在这样的经济条件下出现电化教育的高潮似乎有悖于常理。但仔细考察这一次的电化教育发展的取向和内容,就可以解开这个疑问。1960年在中国深陷天灾人祸的困难条件下电化教育能够形成高潮主要有两点原因。第一个原因是来自当时中国社会系统的主流规范和价值观的动力。1958年在毛泽东提出的创意基础上,中国共产党提出了"鼓足干劲,力争上游,多快好省地建设社会主义"的总路线。后人评论这条总路线时认为它虽然反映了当时人民群众积极建设社会主义的愿望,但过分夸大了人的主观作用。暂且撇开"总路线"的诸多片面性,就当时情况而言,"总路线"成功地在中国各界营造了积极改革、多快好省地建设社会主义的风气。改革和创新是当时全国各行各业的主导思想,为具有创新特性的电化教育提供了发展动力。第二个原因是电化教育的方式、内容反映了当时实际条件的需要和许可。在经济困难的条件下,电化教育的开展重点在"省"字,基于当时的设备条件,发挥人的主观能动性,发掘各种潜力,开展电教。

C1出现在1975年。这是六次起伏中幅度最小持续时间最短的一次起伏,是中国第三次电化教育创新推广的起步阶段,是在第四届人大代表大会上重提中国在21世纪实现"四个现代化"的背景下促成的。其主要内容是在全国范围内开展业余广播和电视教育,为广大青少年和在职人员提供学习科学文化知识的机会。

第三次电化教育创新推广的起步C2开始出现于1978年,一直持续进入80年代。这是中国第三次电化教育创新推广迅速发展达到巅峰的阶段。无论在理念、所包含的内容、涉及的领域和规模、理论和技术上的开发、人才的培养等方面,都远比前两次壮观和深入,被赋予更丰富和深刻的含义。它不仅是一种教育工具、教育方式、教育机会,也是一个教育系统、教育工程、专业学科。电化教育的内容包括电视大学和广播函授学校等授学位的系统教学,适应各时期和各办学单位特殊需要的专题讲座,以及在各级学校课堂教学中的视听媒体辅助教学。电化教育的服务范围包括各级学校教育、社会教育、成人教育。电化教育涉及的媒体技术包括20世纪二三十年代就已经开始采用的电影、播音、幻灯以及后来发展起来的录音、录像、卫星电视、计算机等新技术。在理论研究方面,前两次创新推广的研究重点都是应用层次上的研究。第一次主要研究教学软件制作和教学方法;第二次主要研究教具开发和应用;第三次包括应用层次上的软件开发和教学方法研究,多媒体、多功能电化教育课室等技术研究、开发以及传播理论、视听心理、教育技术等基础理论的研究。1979 年开始,电化教育在中国高等教育体系中正式确立了学科地位,中国开始培养电化教育专业人才。

1986 年,笔者进行这项研究时还未接触过任何有关创新推广的理论。1991 年到澳大利亚攻读博士学位时才发现中国电化教育创新推广的历程与创新推广理论的创新采纳三阶段模型完全吻合。

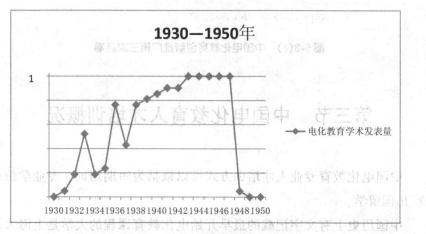

图 5-3(a) 中国电化教育创新推广第一次高潮

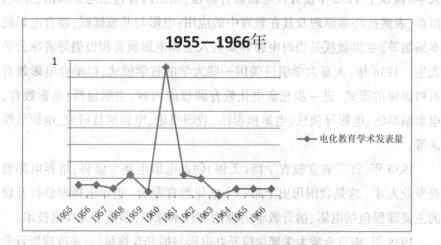

图 5-3(b) 中国电化教育创新推广第二次高潮

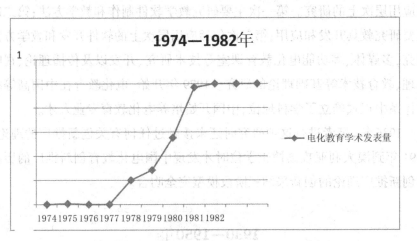

1974—1982年

电化教育学术发表量

1974 1975 1976 1977 1978 1979 1980 1981 1982

图5-3(c)　中国电化教育创新推广第三次高潮

第三节　中国电化教育人才培训概况

中国电化教育专业人才培训方式可以概括为短期培训、专业学位教育、出国留学。

中国历史上有文字记载的最早开始电化教育课程的大学是上海大夏大学。该校于1932年便开设电影教育课程,重点内容包括电影编剧、导演、摄影、表演技巧等原理及其在教育中的应用;电影与儿童睡眠;教育电影剧本编制等。主讲教授是当时电影界知名人士和电影教育积极倡导者徐公美先生。1936年,大夏大学引进美国一些大学的教学模式,以举办电影教育系列讲座的形式,进一步充实电化教育课程的内容,主题包括:电影教育、电影编剧法、电影导演法、电影摄影法、戏剧概论、电影演技研究、电影放映法等。

1936年,江苏省立教育学院(无锡)创办电影电播专修科,培养电影教育专业人才。这是我国历史上第一个电化教育专业。电影电播专修科开设的主要课程包括电影、播音教学的理论和技术课程,偏重于无线电技术。

1938年,南京金陵大学理学院开办电影与播音专修科(后来改成影音专修科),培养电影制作和放映专业人才。电影与播音专修科开始的课程主要包括电影摄制、摄影化学、无线电广播等。1948年该专业还招收了研究生。

1941年,苏州国立社会教育学院成立伊始便设电化教育专修科。这是第一个以电化教育命名的专业。1945年苏州国立社会教育学院建立电化教育学系,下设电影教育组和播音教育组,分别招生。课程内容包括技术、艺术、教育三大类。电化教育学系的培养目标是使学生能制造、修理、使用科学的工具。

20世纪40年代后期,北京师范大学、南京中央大学师范学院、北京燕京大学等许多院校的教育系开设电化教育课程,讲授电化教育技术和方法。

教育部1935年首次举办电化教育人员短期培训班《全国中等学校及民众教育馆无线电收音指导员培训班》。1935至1938年之间每年举办一次培训班,由各省市选派人员入班训练,培训结束后回到原省市从事电化教育工作。每一届培训班都分电影和播音两个培训组,分别培训电影教育和播音教育工作人员。此外,教育部鼓励各省市开展电化教育培训,培养收音、放映、修理人才。教育部制订了《各省市电化教育人员训练办法大纲》,于1941年颁布实行。

新中国成立后,于1952年进行全国院校调整。在调整中压缩、合并了部分系科和院校。专门培养电教人才的专业在院校调整中被取消了,一些原有的电化教育系科合并到北京电影学院的前身——中央电影学校。调整以后,有些院校的教育系仍然保留部分电化教育科目。"文化大革命"开始后,电化教育课程完全取消。

1978年以后电化教育人才培训开始恢复。1978到1980年期间,中央电教馆举办了五期电化教育人员培训班,培训电教技术和教材编制人才。各省市也以各种形式开展电教人员培训。

1979年开始,许多高等和中等师范院校开设了电化教育课或讲座。例如华南师范大学在物理系本科第四年开始教育电视选修课。还有一些学校试办两年制的电教专修科。1979年华南师范学院(后来改名为华南师范大学)创办了新中国第一个电化教育硕士研究生专业——现代教育技术专业。当时该专业隶属于物理系。

1981年,中央电教局建议各高等院校和中等师范学校开设电化教育课程,并拟定了高等师范院校和中等师范学校使用的电化教育教学大纲草案。1983 年教育部批准华南师范大学设四年制本科电化教育系。这是新中国第一批培养电化教育本科专业人才的学系。此后各地许多师范院校开始设立电化教育专业或电化教育系。

1986 年经国家教委批准，上海外国语学院传播系开设教育传播与技术专业。这是新中国成立后第一个在非教育院、系正式开设的电化教育专业。该专业学制为三年，培养目标是电教软件人才。主要课程内容包括英语、教育理论、传播理论、软件制作技术等。

据统计，到 1986 年，全国有 22 所大专院校开设电化教育专业。其中华南师范大学、河北大学、北京师范大学拥有电化教育专业硕士授予权。1986年国家教委把这 3 所大学的电化教育硕士专业的名称定为"教育技术学"，属教育科学学科。

中国电化教育人才培训的起点早。电化教育开始后有关部门就关注和实施电教人才培训，中途电教人才培训的中断主要与电化教育的发展受阻有关。20 世纪 70 年代后，电教人才培训重新起步后发展速度很快，电化教育正式成为教育领域中的一门学科。重新起步后的人才培训与早期人才培训相比，特点阵容齐，层次多。人才知识机构的发展趋势是从专于一门向一专多能发展，从注重实用技术向理论和技术相结合发展。

第四节　电化教育的名称问题

创新推广研究表明，人们对创新特性的看法对创新推广的结果起决定性的影响。其中包括人们对创新的优越性、兼容性、复杂性、可试性、可见性的判断。语言是人沟通、思考的工具，词语是传播和思考内容的信息基本单元。一个创新的名称是人们感知该创新的第一个信息单元，所以，创新的名称对人们关于创新的看法以及对其特性的判断有先入为主的暗示、导向作用。

根据文字资料记载，"电化教育"一词是 1933 年由时任教育部社会教育司司长陈礼江首先提出来的，指的是电影和无线电广播教育。1936 年教育部与金陵大学联合举办的电影、播音人员培训班定名为"电化教育人员训练班",这是第一次在正式场合使用"电化教育"这一名词。此后,这个提法被广为使用。1940年教育部社会教育司出版了《电化教育》一书,书中做了这样的解释:"电化教育,为运用电气之动力,以实施各种教育,能以最短之时间,支配最广之空间,以最少之物质,发挥最大之力量。其内容分别为电影和播音两种。"(教育部社会教育司,1940)

综合分析有关史料,可以概括电化教育这一名词产生的两个主要原因。第一,在提出这个名词的年代语境中,这个名词所指代的事物主要包括电影教育和播音教育。这两者都以电为动力,所以有了"电化教育"之称,意思是电气化的教育。第二,20世纪30年代,电代表现代化和先进技术。当时在中国,电还是一个稀罕和万能之物,因此,电化教育就是先进的和万能的教育。这样一个既能准确表达其所指代的事物,又能迎合人们热切要求改革旧的教育方式的愿望的名词,一提出来很快就被广为采用(Guo,1993)(p226)。

实际上对教育冠之以"电气化"并不是中国首创。20世纪30年代,在美国也有"电化教育"的提法。在有声电影出现以前,美国教育界把利用图片、模型、幻灯、无声电影等直观教具进行的教育称作视觉教育(Visual Education)。30年代开始采用有声电影辅助教学以及后来无线电广播、电视的发明及其在教育中的应用,使人们感到"视觉教育"一词已无法确切反映新的媒体技术了,因此把"视觉"教育改为"视听"(Audio-Visual)教育。30年代初,美国联邦教育署的《学校生活》杂志提出用"电气化教育"(Electrifying Education)名称。最终并没有被采纳,因为美国有关教学媒体的教科书和学术论文多数采用视听教育的提法。当年陈礼江先生提出使用"电化教育"一词是否与《学校生活》杂志有关则无从考证。

电化教育的名称问题在中国也并非毫无异议。早在20世纪三四十年代,电化教育工作者在实践中就已经发现使用"电化教育"这个名词的不便之处。概括起来主要有三个缺陷(Guo,1993)(p226-227)。

(1)音韵问题:"电化"和"电话"音韵相同,因此,局外人容易把"电化教育"和"电话教育"相混淆。

(2)含义问题:电化教育中起到教育作用的并不是"电",而是"影"(图像)和"音"(声音)。电化教育强调了形式"电",却没有反映出其核心内容"影"和"音",词不达意。

(3)推广问题:20 世纪三四十年代对于平民百姓来说，电是一种神奇、昂贵、奢侈的事物，因此"电化教育"在政府官员和社会人士心目中是一项高深莫测或耗资巨大或空洞无物的事物,不利于推广。

对 20 世纪三四十年代的电化教育文献进行内容分析结果表明,40 年代末，教育界展开了一次关于是否对电化教育改名的讨论(Guo,1993)(p227)。1947 年,金陵大学的孙明经先生撰文对"电化教育"一词提出异议,建议改为"影音教育"。同年在美国访学的杜维涛先生组织中国部分旅美教育界学者就电化教育名称问题进行讨论。继此之后,在《影音》《中华教育界》等电化教育和教育刊物上陆续刊登了学界讨论电化教育名称问题的文章。当时提出来的代换名称包括:电影播音教育、影音教育、影声教育、视觉教育、视听教育、形声教育、视听教学、视听教具等,但始终没能找到一个可以得到大多数人赞同的代替名称。1948 年 6 月,中国教育学会电影与播音教育研究委员会第二次会议上对当时电化教育的名称问题进行讨论并决定:(1)使用中有错误者应予废止;(2)有不妥而沿用已久者,先暂与合理名词并同试用，相当时期后再予决定。电化教育属于第二类情况,即"有不妥但沿用已久",所以被暂时保留使用(Guo,1993)(p227-228)。

20 世纪 80 年代以后,电化教育的名称问题又被提出来讨论。主要有三个观点:暂用观、沿用观、改名观(Guo,1993)(p228-229)。

(1)暂用观:认为电化教育一词未能反映事物本质,应该更改。但是当时还没有一个能够被普遍接受的新名称，所以建议暂时使用"电化教育"一词,等有适当机会审定学术名词时再选择替换名称。

(2)沿用观:认为电化教育名称没有原则性问题,可以继续使用。支持这个观点的理由包括:①事物的名称不一定能够完整地反映事物的本质。②对"电化"二字的解读可以从"电气化"发展为"电子化",因此,电化教育仍然不失其先进性。③名称问题不是原则问题,只要大家都能领会其所代表的事物和含义就行,不必花太多精力在更改名称的问题上。

(3)改名观:认为电化教育有诸多问题,继续沿用不利于进一步发展。支持这个观点的理由包括:①"电化教育"一词没有表达其所指代的事物的本质。"电"并不是电化教育的本质特征。②"电化教育"与其所指代的事物的内容不一致。80 年代所言之电化教育的内容已经远远超过 30 年代的电影和播音教育。现代的电化教育涉及的不只是媒体技术的使用,也包括教学信息、教学传播、教学环境、教学系统的设计。③"电化教育"一词已经失去先进性,人类社会已经进入信息时代,"电"已经不再是先进技术的象征。④"电化教育"掩盖了其所指代的事物的社会性,它会让人产生误解,把电化教育看成是教育界的事情。而实际上,电化教育涉及的不仅是教育活动,同时也包括研究和生产的过程。所以,电化教育是一个与社会各个领域相关的事业。⑤"电化教育"会造成与"传统"教育的对立。电化教育会使人产生一种错觉,把它与传统的教育对立起来,割断电化教育与传统教育之间的有机联系。⑥"电化教育"的提法不利于国际交流。电化教育的英文翻译是一个难题,直译"Electrifying Education",在国外相关领域里不是一个专业名词,令人费解。

持改名观点的学者提出名称有:视听教育、媒介教育、信息媒介教育、现代化教学手段、教育媒体、教育传播、教育技术、教育传播与技术、现代化教育技术、教育工艺等。80年代的改名讨论最终还是未能得出一个被普遍认可的、更合适的名称。

考察中国电化教育创新推广历程中关于电化教育名称问题的争议,可以发现创新命名需要遵循的若干规律。

(1)名称的音韵问题

创新名称的音韵性指名称叫起来顺口好记。19世纪心理学家莫林格和迈耶(Meringer和Mayer)关于口误(Slips of Tongue)的研究证明了词语的音韵对人们记忆效果产生影响(Freud,1975)(p11–12)。这个规律早就为中外文人领悟并在许许多多经典名著的历久不衰流传中得到印证。例如,中国古典启蒙教材《三字经》数百年来得以广泛传诵,除了其内容的丰富性和教育性之外,其音韵朗朗上口的优势也是一个重要原因。"电化教育"叫起来音韵上顺口,四个字也与成语的组成规律相吻合,所以电化教育提出来后很快就被采用,后来虽然曾出现过争议,但至今仍然还在被采用。音韵的另一个方面是同音词的问题。同音词可以引起对创新含义的混淆而对创新推广带来负面影响。例如,"电化教育"与"电话教育"同音,有些人误认为"电化教育"是使用电话的"电话教育"。这是人们提出停止使用"电化教育"这个名称的一个原因。但是同音词也可以加以利用而促进创新推广。例如,美国的饮料品牌 Pepsi 在中国被翻译成"百事可乐",这是一个很好利用同音词对产品命名的例子。

(2)名称的含义问题

创新名称的含义性指其能够确切和充分地表达创新本质特征的程度。语言心理学研究表明,人类感知的最突出特点是人们倾向于用尽可能最高的组织层次的语言去梳理和表达对世界的感知(Bever,1973)(p149)。语言是人们组织和传达对世界的感知的主要工具。思考和传播是人类组织和传达对世界的感知的活动。词语是人们用以进行这些活动的基本单元。语言塑造和表达人们对世界的感知,但语言不是客观世界本身,而是客观世界的抽象。哥伦比亚大学语言心理学家伯弗尔(Thomas G. Berver)指出,仅仅把关于事物方方面面的感知拼凑到一起并不可能完成对事物整体的感知, 这就是语言心理学中整体大于各部分之和的原理(Bever,1973)(p150)。这个原理通常用一个对三角形描述的例子进行解释。一个平面上有三个点,人们可以从不同角度去感知这三个点。例如,想象用三条线段把它们连起来,这是一个三角形;或者就把它们看成互相之间没有联系的三个点。如果在三个点之间画上连接它们的线段,那么展现出来的就是一个三角形。从图形上无法否认它是一个三角形的事实,但如果用语言去描述,仍然存在不同的描述方法。一种描述方法是:一个平面上有三条线段,每一条线段的两端分别与另外两条线段的一端连接;另外一种描述方法是:一个平面上的一个三角形。第一种描述方法面面俱到,详细且准确地把事物的每一个部分都描述出来了。从描述的技巧上来说这个描述是准确的,但这个描述中没有点出图形的整体本质——三角形。所以,从感知的意义上来说,是失败的。第二个描述方法略去各个部分,点出三角形的整体性质。"三角形"这个抽象化的描述,既反映了图形的本质,又给感知者留下联想和想象的空间。一个创新的名称,应该能够充分反映创新的精髓内容,而不是把创新的方方面面都罗列出来。否则,非但不能道出创新的本质含义,反而会束缚人们对创新本质特征的理解。

(3)名称的普及性问题

创新名称的普及性指名称能够被潜在创新采纳者中大多数人所理解和接受的程度。语言是人与人之间交流和分享关于世界的感知的媒介。给创新起名称是为了便于在人群中传播和分享创新。名称的普及性包括两个方面的考虑：第一个方面是创新名称本身的普及性。创新名称对于潜在的采纳者来说应该有意义，可理解。名称的普及性问题主要是从创新采纳者的角度而言。失败的创新名称例子有很多是把创新的生化名称或化学成分直接作为创新的名称。例如"2，4-D 除草剂""IR-20 稻种"等。这些名称对于创新研发者和业内人员而言，很好理解，科学意义明确，但对于创新的采纳者中教育程度不高的农民来说，这些名称费解，不好记，而且容易产生歧义(Rogers，1995)(p236)。第二个方面是创新名称寓意的普及性。创新的名称应该与社会系统的规范、价值体系相兼容。例如，20 世纪 70 年代韩国的计划生育运动中推广一种宫内避孕器，直接采用了西方的叫法："铜 T"避孕器(Copper T)(Rogers，1995)(p236)。这个命名存在两个问题。其一，韩国文化中铜是一种粗劣金属，"铜 T"听上去有便宜货的感觉；其二，韩国拼音中没有"T"这个字母，名称中暗指"T 字形"的含义不容易被韩国普通老百姓所领会。所以，这种避孕器在韩国推广的失败从起名时就已经注定了。

第五节　创新推广规律和过程五环节模式

本节概括讨论通过对 20 世纪 30 至 80 年代中国电化教育创新推广研究得出的创新推广规律和创新推广过程五环节模式。

一、中国电化教育创新推广规律

从 20 世纪 30 至 80 年代中国电化教育创新推广的实践中可以总结出下面五条规律(Rogers，1995)(p325-326)。

1. 社会系统的环境对在其中进行的创新推广的方式和效果起重要作用。中国电化教育创新推广过程中社会系统的政治环境和经济环境起了重要作用。

2. 创新推广者、推广代理的行政地位和社会身份对创新推广效果产生重要影响。中国电化教育历史上持续时间较长的第一次创新推广(20 世纪 30 到 40 年代末)和第三次创新推广(1978 年以后)都有健全的中央一级的电化教育管理机构介入创新推广。在这两次创新推广中,电化教育的发展都在国家财政计划之中。持续时间较短的第二次创新推广(1959—1962 年)主要由各地方政府推动。中国电化教育的管理体制都属于中央权力集中模式,即通过计划调节和行政控制实现管理。这与中国电化教育有史以来国家的教育管理体制都是中央集权性的特点有关。这种管理体制也决定了电化教育的发展与国家的政治环境关系密切。

3. 创新特性如与采纳者需求不相符,有两种结果:创新被拒绝和出现再创新。创新推广研究证明,一个创新的成功推广跟它是否具备与社会系统的兼容性有关。研究表明,如果不相吻合,人们除了做出拒绝的决定外,还有一种可能,就是对创新部分采纳或再创新。人们对创新的采纳不是在实践中对创新的单纯复制。即使创新的兼容性在创新设计完成时就已经基本确定了,推广、采纳过程中,创新推广者、创新代理以及创新采纳者还是可以在一定范围内对创新进行再创新,弥补其兼容性的缺陷。例如,20 世纪 20 年代,在杜威实用主义教育思想影响下,中国教育界发起了以工人、农民为主要对象的平民教育运动。平民教育最初的目标是一场全民扫盲运动,在城市里的开展普遍很成功。统计数据显示 1934 年底全国共有 30000多所"平民教育学校",有许多"平民读书处"和"平民问字处"等各种为人们读书认字提供帮助的咨询中心(Guo, 1993)(p219-220)。但平民教育运动在农村推广起步阶段进展缓慢。其主要原因包括:其一,创新推广方式与农村实际情况不兼容。平民教育学校、读书处、问字处在人口分布稀疏、交通不便的农村根本就行不通。其二,创新内容没有反映农村地区的迫切需要。20 世纪 20 年代中国农村虽然面临着严重的文盲问题,但农民们同时面对着更加迫切和严重的经济问题(Guo, 1993)(p221)。在温饱问题尚无法解决的情况下,以推广读书认字为主的平民教育就难以得到重视。针对农村遇到的问题,平民教育运动根据各地农村特殊情况对平民教育的推广方式和内容做了调整,加入了农业技术、科学知识的普及教育,农业合作社、乡村自主管理等教育内容(Guo, 1993)(P221)。例如 1929 年河北定县成立了"平民教育试验区",针对农村"贫、愚、弱、私"问题开展教育活动(辞海编辑委员会,1980)(p21)。通过对推广方式和创新内容的再创新,使平民运动在许多农村的推广顺利进行(Guo,1993)(p202)。

4. 在不同情况下，权力集中和下放的组织方式恰当配合可使创新推广达到更快速、持久的采纳效果。创新推广者或创新代理是创新推广的主心骨，他们在创新推广中对创新的包装、推广过程策略的设计和实施，以及社会各相关部门的协调起关键作用。研究证明一个能够有效发挥作用、达到持久创新采纳效果的创新推广机构应该是一个既有权力集中式系统的组织效率，又有权力下放、地方自主的灵活性，还有专业知识指导和支持的网络系统，包括国家一级的机构、地方一级的机构、学术研究机构。国家级机构的介入给创新推广提供体制上和政策性的必要支持；地方机构是实施创新推广蓝图的重要保障；学术研究机构在技术性和专业性的创新推广中对创新采纳的效果和持久性起关键性的作用。

5. 创新采纳的中断类型有代替性中断和解咒性中断。代替性中断指采纳者因为采纳了另外的创新而决定不再继续原先采纳的创新；解咒性中断指采纳者一段时间后因为对创新有不满之处而决定中断。

二、创新推广过程五环节模式

考察一个传播过程，可以从两个角度分析：一是构成传播过程的元素之间相联系的规律；二是过程中的信息处理和流通的规律。从信息处理和流通的角度对中国电化教育创新推广50多年的历史进行分析，可以总结出创新推广过程信息处理和流通的五个关键环节。

1. 设计

设计环节是创新推广者对创新内容、推广信息的策划和设计。充分考虑创新的优越性、兼容性、复杂性、可试性、可见性对创新采纳的影响。

信息策划和设计须建立在诚信的基本职业道德基础上，提供真实、准确、完全的信息。弄虚作假的信息包装对创新采纳的持续性无济于事，而过分夸大创新的优势，则在采纳者心目中造成不符合实际的期望，结果会导致更大的采纳中断可能性。

创新内容和推广信息的设计包括三个内容。一是分析、研究社会系统的具体情况，了解社会系统相关规范和价值观体系，锁定创新所要解决的问题,确立创新推广的目标;二是根据所确定的创新推广目标策划、设计创新的内容;三是根据社会系统的规范、价值观体系、推广目标,设计创新信息内容和传播渠道。

2. 试验

创新推广的试验是在小样本范围内对创新和创新推广信息的设计进行试验的过程,主要作用包括:一是测量创新和创新推广信息设计在具体的社会系统中是否合适、有效,及时发现谬误或不足。包括信息渠道的可达性、信息内容的可理解性、信息渠道信息内容与社会系统的兼容性;二是获取创新推广的经验,发现创新推广代理或意见领袖;三是树立创新采纳的榜样,示范创新效果。

一个创新可能在实验室或其他社会系统已经证明是可行有效的,但在将要进行推广的社会系统是否同样可行有效却是一个未知数。采用小样本试验是消除不确定性的经济而又有效的方法。首先,小样本试验在创新设计失败的情况下所遭受的损失比全面铺开推广后才发现失败的损失小。其次,小样本试验为研究人员提供了细致分析和评估创新和创新推广信息设计的便利。小样本试验可以探索一个创新在特定的社会系统的推广和采纳经验。创新推广者可能不乏精通创新专业知识的专业人员,但对于在特定社会系统中推广和实践这个创新来说,他们仍然是新手。小样本试验提供的经验可以促进后面大规模创新推广的效果,帮助创新推广者进一步了解社会系统,发现和选出创新推广代理或意见领袖。

3. 调整

创新和创新推广信息的调整是对创新或创新推广信息进行必要的修改,使其更确切地反映当地社会和人们的实际情况、需要、愿望的过程,是一个动态、反复循环的过程。调整的依据主要来源于大规模推广前的小样本试验结果和大规模推广过程中的观察等反馈信息。

实用主义传播学理论认为,越是能够满足人的各种需要的传播,对人的态度和行为的影响就越大。成功的创新推广必须具有适应社会系统中人们需要的多元性、动态性、灵活性的调整机制。创新推广过程的调整机制可以起两个方面的作用,一是纠正创新和创新推广信息设计中存在的偏差;二是使创新推广能够针对社会系统的动态变化做出及时和适当的反应。

4. 推广

从创新推广的结果而言,创新推广是一种社会的变革。创新推广不是机械化地把一个创新从推销员手中传到采纳者手中的传递活动,而是一个通过改变人的思想、态度、行为,对一个社会系统的结构和功能进行改变的社会过程。创新推广的过程涉及一系列由创新推广者和采纳者为主体的认知,决策和实践活动。创新推广的活动包括三个步骤:宣传,说服和采纳。

5. 反馈

创新推广的反馈是收集、传送之前创新推广活动的结果,为创新推广的调整提供事实依据的过程。反馈环节有两个主要功能。一是帮助创新推广者及时洞察推广的状况和社会系统的发展动态, 为创新推广的应变决策提供事实依据;二是增进创新推广者与社会系统成员之间的相互了解、信任,减少二者之间的相互猜疑和敌意,建立和维持他们之间的良好关系。反馈形式包括正式的阶段性总结、评估和非正式随时进行的实地观察、交谈。

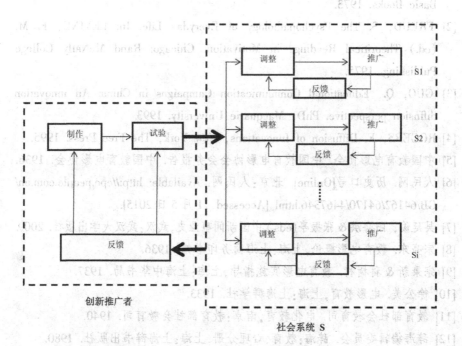

图5-4　创新推广五环节模式

本章介绍了有关中国电化教育创新推广的研究发现。中国电化教育创新推广包括三方面的特性。第一是社会系统的特性。中国电化教育创新推广的 50 余年中,虽然中国经历了国家制度的变革,但总的来说,这 50 年间的体制主要是中央政府权力集中式,所以,政府的介入和政治因素对创新推广的影响很显著。第二是创新的特性。电化教育是一个涉及专业知识和技术的创新。现有的创新推广研究已经表明,技术性的创新推广和非技术性创新推广(例如化妆新产品)体现出不同的规律。第三是采纳的特性。中国电化教育的采纳主要是机构/集体层次的采纳。现有创新推广研究表明,机构/集体层次的采纳与个人或家庭层次的采纳体现出不同的规律。中国电化教育创新推广研究总结出来的规律对今后的创新推广有启示作用。

【参考文献】

[1] BEVER, T. G. Language and Perception" Psychologyical Perspectives. In: MILLER, G. A. (ed.)Communication, Language, and Meaning. New York: Basic Books. 1973.

[2] FREUD, S. The Psychopathology of Everyday Life. In: LEVINE, F. M. (ed.) Theoritical Readings in Motivation. Chicago: Rand McNally College Publishing. 1975.

[3] GUO, Q. Educational Communication Campaigns in China: An innovation diffusion perspective. PhD, Macquarie University. 1993.

[4] ROGERS, E. Diffusion of Innovations, New York, The Free Press. 1995.

[5] 中国教育电影协会. 中国教育电影协会会务报告. 中国教育电影协会. 1936.

[6] 人民网. 历史口号[Online]. 北京:人民网. Available: http://cpc.people.com.cn/GB/64162/64170/4467346.html [Accessed 11 月 5 日 2015].

[7] 吴廷俊, 阳海洪 & 张振亭(eds.).中国新闻事业史,武汉:武汉大学出版社. 2009.

[8] 宗亮东. 教育电影概论,上海:上海商务印书馆. 1936.

[9] 宗秉新 & 蒋树村. 教育电影实施指导,上海:上海中华书局. 1937.

[10] 徐公美. 电影教育,上海:上海群学社. 1933.

[11] 教育部社会教育司. 电化教育,南京:教育部社会教育司. 1940.

[12] 辞海编辑委员会. 辞海:教育、心理分册,上海:上海辞书出版社. 1980.

[13] 陈友兰. 电影教育论,上海:上海商务印书馆. 1938.

第六章 社会市场营销

社会市场营销是 20 世纪 70 年代发展起来的传播理念,提出后很快在发展传播领域中得到广泛应用。70 年代以前,发展传播项目多数采用传者占主动地位、受者处于被动,以改变受者行为和态度为目标的单向推广模式。社会市场营销理念和技巧在发展传播中的应用,不仅重视行为和态度的改变,还提出了改变受者价值观念和知识的目标。社会市场营销是对商业市场营销的扩展,把在商业推销中发展形成的一系列市场营销理论和技巧应用到社会变革的推广中。本章先介绍市场营销的基本概念,在此基础上讨论社会市场营销的主要理论和策略,最后讨论社会市场营销在发展传播中最常用的娱乐教育策略。

第一节 市场营销

市场营销的历史可以追溯到 20 世纪初。美国是市场营销理论和研究的发源地。一个多世纪以来,市场营销领域伴随着社会的发展在研究内容、取向、方法上都经历了巨大变化,从一个经济学领域的分支发展成为一个具有深厚理论基础的独立学科。

一、市场营销研究的发展

一些市场营销历史研究学者把市场营销理论和研究在美国的发展历史分为四个发展时期(Wilkie and Moore,2012)(p54-58)。

1. 学科领域奠基时期(1900—1920)

进入 20 年代世纪以后,市场营销开始成为一个专门的研究领域。在此之前,有关市场的研究属于经济学领域中的一个方面。因为经济学家们的注意力更多地投入社会经济活动中的"生产"的环节,所以,关注市场中"传播"环节的市场营销理念的提出和研究是在 1900 年以后才开始的。这个时期市场营销的理念是以经销为核心的市场营销（Market Distribution）,把市场营销活动定义为从经济学领域引申出来的一个经济学的机制。

进入 20 世纪以后,在学科建设方面,市场营销开始向建设学科理论体系、建成一门独立学科的方向发展。在理论建设上,提出了三个在后来的市场营销理论中被广泛应用的研究取向：⑴关注对某一特定商品类型所涉及的各种市场营销活动的"商品取向"；⑵关注某一类型的专业市场营销机构运作的"机构取向"；⑶关注各种市场营销活动目标的"功能取向"。在专业教育上,美国一些大学从 20 世纪初就开设有关市场营销的课程。早期的课程包括"产品营销"(the marketing of products)、"经销产业"(distributive industries)、"农产品市场营销方法"(methods of marketing farm products)等。

2. 学科领域形成时期(1920—1950)

20 世纪 20 到 50 年代是市场营销学科领域快速发展的 30 年。在这期间,市场营销从一个新概念发展成一门活力四射的学术领域。韦奇和莫尔(William Wikie and Elizabeth Moore)认为,市场营销的迅速发展与这段时期美国社会的一些重大变化、科技发展带来的一系列新产品以及消费者选择机会的明显增多等因素有关（Wilkie and Moore,2012）(p54)。30 至40 年代是一个社会动荡的年代。这期间美国遭遇了经济大萧条,紧接着是第二次世界大战的爆发以及 40 年代的战后建设等。这个年代也是科技快速发展,开发出一系列创新产品的年代,例如民用供电的普及以及各种电气新产品的推出等。市场供应方面,新的更方便的包装技术和新的零售方式(例如超级市场)等使消费者的选择迅猛扩展。社会系统、新产品、消费者选择机会的变化对市场营销系统提出了发展的要求。社会变化带来的大规模生产的需要,要求更复杂、多样化的经销系统和更全面和深刻地掌握影响大众消费需求的方法。

1920—1950 期间,市场营销学科的主要发展包括成立市场营销专业学术机构,定期召开专业学术会议,出版专业学术刊物。例如:1925 年

Journal of Retailing 创刊；1936—1937 年间成立了目前在国际市场营销领域具有领导地位的美国市场营销协会（American Marketing Association）；1936 年 *Journal of Marketing* 创刊以及出版一系列有关市场营销原理的专著和教科书。这期间提出的理论主要涉及商品的流通和交换规律，包括市场供应功能原理；开发交流机会的功能原理；辅助和促进功能原理等。

3. 学科主流思想转变时期(1950—1980)

这个时期是市场营销领域在研究深度、广度以及方向、方法都发生了巨大变化的时期。推动市场营销领域的发展和变化的动力包括 1950—20 世纪 80 年代市场快速发展，迎来了大规模市场主导的新的市场系统，以及在这段时间内高等教育商科课程招生的迅速膨胀。二战结束后，战时对消费品的控制而遗留下来的消费需求反弹，战后的人口爆炸，基础设施的发展建设(如高速公路网的发展)，新媒体技术(如电视和计算机技术)的发展、普及等，使美国市场朝全国性大规模化的方向以前所未有的速度发展。市场结构和规模的剧烈变化对市场营销及其研究提供了发展的机会，也提出了改变的要求。在这 30 年间，市场营销领域的主要发展包括两个方面。第一，市场营销科学化。与同时期其他学科在方法上定量化的发展趋势相类似，市场营销实践、研究开始提倡采纳数学与统计分析的科学方法，最突出的表现是行为科学和定量方法在市场营销领域中的应用。第二，研究出发点向公司管理层的视角转移。此前的市场营销研究主要是研究者从学者的角度探索市场营销的原理，新的研究取向从公司经理或管理层角度出发，研究如何帮助他们成功地开展市场营销项目。

促成市场营销研究向以管理者角度为出发点的转移主要有两个原因。一是这个研究视角的转移迎合了公司管理人员在市场规模、结构发生剧烈变化形势下的知识需求，以及应运而生的各种公司管理人员培训课程内容的需要；二是市场营销领域内一些学者从学科发展和建设的角度出发，提出从原来过多地对市场营销的描述性研究向更深入的理论型研究发展的呼吁。这个时期提出的许多概念和理论至今还在使用。其中包括：市场营销的概念、市场分层的管理策略、市场营销组合的概念、市场营销的 4-P 模式、品牌形象的概念等。

促进市场营销科学化转变的动力来自市场营销领域外部和内部因素。

外部因素主要有两个,第一个因素是 20 世纪 50 年代开始,美国全国范围内出现的商科院校在课程中引入数学和统计内容的趋势。科学化转变的倡导者们认为,原有的市场营销研究多数是描述性的研究。研究的结果只是再现过去发生过的事物,并不能预测未来。许多老一辈市场营销学者停留在描述性研究层次的原因是因为他们没有接受过适当的理科教育,所以不具备开展具有预见性的科学研究。在商科课程中引进数学和统计内容为实现市场营销科学化做好人才储备。第二个因素是这个时期迅速发展和普及的计算机技术为市场营销研究的定量化分析提供了有力的工具。促进科学化转变的内部因素是市场营销领域的人才和知识结构的变化。50 年代开始的商科课程内容改革为市场营销领域培养造就了掌握理科知识和方法的新一代人才,同时也促使原有的市场营销领域的教师、研究者通过培训、自学等方式更新知识,市场营销领域的知识结构发生了巨大变化。

4. 学科主流思想转变强化时期(1980 至今)

经过前一段时期的主流思想转变,市场营销领域以崭新的面貌迈进 20 世纪 80 年代。1950—1980 年间的主流思想转变的影响持续并进一步延伸到 1980 年以后。80 年代后的市场营销领域具有三个主要特点。

第一个特点是学术气氛浓郁,学术发表量剧增。据统计,从 1980 到 1984 年,在美国国内出版的市场营销学术刊物数量翻了一番,从 7 份增加到 15 份(Wilkie and Moore,2012)(p58)。

第二个特点是市场营销研究的专业细分化。在市场营销领域中进一步分类,深入研究市场营销的每一个环节。例如在受众研究中细分为个体受众和团体受众的研究。又例如,美国市场营销协会的组织结构采取"特殊兴趣小组"形式,组织专业细分的专题研讨会,与专业细分化趋势相呼应。

第三个特点是市场营销领域发展的国际化。1980 年以前,市场营销领域的学术发展主要以美国为基地。进入 80 年代以后,随着市场营销的理论和实践在世界各国的开展,以及国际化教育和互联网的畅通,越来越多的美国以外的各国学者加入市场营销领域知识的开发和创造之中。其中最突出的是在美国接受教育的海外学者把各国的理论和实践经验引进市场营销的理论体系。全球化进程对市场营销领域发展的另一个影响体现在市场的结构和市场营销实践中。物理空间不再是市场和市场营销范围的必然分界变量,人们面对的市场和市场营销问题往往是跨越国界的问题,所以,市场营销的国际化既是历史的需要,也是历史的必然。

二、市场营销的定义

美国市场营销协会 1935 年对市场营销给出的定义是最早的一个官方定义。此后,美国市场营销协会分别在 1985 年和 2004 年对这个定义做了修改。市场营销的定义规定了市场营销的本质、目标、手段。市场营销定义的变化反映了其研究和实践的内容、导向的变化,理解这些变化可以帮助我们更好地理解、掌握市场营销的理论和方法。

1. 1935 年的定义:市场营销是控制从生产者流向消费者的商品或服务的流动的商业活动(Wilkie and Moore,2012)(p63)。1935 年的定义也称为市场营销的传统的定义。从传统定义的角度,市场营销本质上是一个商业活动,其目标是使消费者接受商家提供的商品或服务。实现这个目标的手段是通过对商品或服务的流通过程进行控制。这个定义反映了前面讨论的 1920—1950 年时期市场营销研究关注商品流通的规律和市场营销促进商品流通的功能的特点。这个定义的表达纯粹是站在一个市场营销局外人的角度对市场营销做出的表述。

2. 1985 年的定义:市场营销是为了满足个人或组织目标的交换而进行的对某些观念、商品、服务的概念化、定价、宣传、经销的规划以及实施过程。有些教科书把 1985 年的定义叫作市场营销的现代的定义。现代的定义从管理者角度描述市场营销的本质、目标、手段。从现代定义的角度看,市场营销本质上是一个规划和实施规划的过程,其目标是促成产生满足特定目标的交换。现代定义引用市场营销的 4-P 组合模式描述实现市场营销目标的手段,明确指出市场营销包括规划和实施两个组成部分,说明这个定义重视市场营销的战略性和实效性。定义中有关消费者(个人)和商家(组织)的目标的满足的表述,改变了传统定义中从商家到消费者的单向控制(英文原文是 Direct)的提法,采用“交换”(Exchange)这个具有双向交流含义的提法。说明 20 世纪 80 年代后,市场营销除了考察商家如何控制商品的流动之外,也关注消费者的态度、看法。

3. 2004年的定义:市场营销是一个组织功能以及一系列为了给消费者创造、分享、提供价值、有效处理消费者关系从而达到该组织与其所有利益相关者共赢的过程。2004年的定义是目前还在使用中的定义,定义指出市场营销作为一个机构组织功能和机构运作过程的两重性。市场营销作为一个组织功能,表明市场营销服务于组织机构的宗旨和组织目标。作为一个过程,市场营销担负着两个任务:一是为消费者创造、分享、提供价值;另一个是处理消费者关系,即市场营销同时也服务于消费者的愿望、需求、利益。

市场营销的目标是商家、消费者以及其他所有利益相关者的共赢。这里有两个值得注意的词,一个是"共赢",另一个是"所有利益相关者"。这个提法把市场营销关注的范围扩大到除了商家和消费者之外的第三者,并且其目标不只是商家的盈利,而是商家、消费者及其他相关的人们的共赢。这个提法表明当代企业传播中备受关注的"企业社会责任"问题也在市场营销考虑范围之内。

新的定义提出市场营销通过两个过程达到其目标。一个是消费者关系的过程,另一个是为消费者的价值创造、分享、传递过程。强调消费者关系和价值的提法,要求市场营销跳出"销售"的局限,重视与消费者以及其他利益相关者建立和维持长期关系,采取传者和受者双向平衡沟通与公共关系整合的关系市场营销。

市场营销的定义从传统的强调商品经销的商业过程,发展到现代强调消费者关系、面向消费者价值、谋取商家与社会共赢的机构系统功能和过程,反映了市场营销理念的转变。这种以建立和维持商家、消费者以及其他社会成员之间的关系为中心的市场营销理念被称为关系市场营销。从关系市场营销的角度,市场营销的过程包括五个步骤(Kotler et al.,2013)(p5):了解市场和消费者需求;设计以消费者为中心的市场营销策略;形成一个以提供优越价值为目标的营销整合计划;营建良好的商家和消费者关系;从消费者获取产生利润的价值,同时也兑现给消费者的价值。

三、市场营销的基本概念

1. 需要与需求

了解市场和消费者的需要、需求是市场营销过程的第一步。需要、需求是两个不同的概念。

需要是一种感觉到缺失的心理状态。人类有各种层次的生理、心理、社会的需要。心理学家马斯洛提出的人类需要之塔是经典的人类需要分类模型,他把人类的需要分成生理需要、安全需要、爱和归属的需要、尊重的需要、自我实现的需要五个层次(Maslow, 1975)(p358–380)。

一个人的需要,其表现受个人和文化的因素影响而有所不同。这种带上了个人和文化烙印的需要的表现就是需求。例如爱是人类共有的需要,但不同的人表现出对爱的需求就不尽相同了。此外,一个人所需要的不一定是他所需求的。例如,人需要多种维生素以维持正常的生理过程。但不是每个人都自觉地产生对多种维生素的需求。需要是一种客观存在,需求是一种主观意识。正确区分需要与需求之间的差异,对市场营销的设计和实施具有重要意义。但是实际生活中把这两者混为一谈的例子比比皆是,例如有些学术论文和书籍把马斯洛的人类需要之塔叫作人类需求之塔。这是不严谨的提法。

2. 价值

创造、分享、提供价值是市场营销过程的一个主要任务。价值是消费者从使用商家提供的产品中得到的利益和他为此而付出的代价之差,也就是通常所说的性价比。理解价值这个概念需要掌握两个要点。第一,客观上价值的大小由消费者从产品中得到的利益和所付出的代价决定。得到的利益越大,付出的代价越小,价值就越高;第二,消费者对价值的评估是一个主观的判断。除了客观上的收益和付出之外,消费者对价值的评估还受到其他个人和环境因素的影响,例如个人的爱好、动机、他人的意见、媒体的评论等。市场营销者的任务就是向消费者和潜在消费者证明你所提供的产品的价值。

3. 产品

产品是市场营销中向市场推出的能够满足使用者某种需要或需求的东西。传统市场营销中产品主要涉及商家推出有形的物品和无形的服务,而现代市场营销中产品的概念包括任何向市场推出的有形的或无形的事物,包括物品、服务、地方(例如旅游业市场营销)、人(例如影视市场营销)、机构或某种观念等。

4. 交换

交换是人们通过给出某些(或某种)东西,从他人那里获得自己想要的东西的行为。交换是市场存在的必要条件,现代市场营销不仅限于商品的销售。广义来说,市场营销者的目标是在人群中引起对推出市场的产品产生回应,这种回应包括但不限于购买行为。例如,政客的市场营销目标是获得选票;学校的市场营销目标是招收学生;环境保护运动的市场营销目标是人们接受环保的观念。交换是市场活动过程的核心,市场活动过程存在的必要条件是市场中存在两个或两个以上的愿意交换者拥有可以交换的东西,并且能够进行交换。

5. 市场

市场指某一产品的用户和潜在用户构成的集合。这些用户存在某种通过交换可以得到满足的共同需要或需求。当人们决定通过交换满足自己的需要或需求时,市场就存在了。用户和潜在用户构成的集合的大小代表了产品的潜在市场的大小。市场的实际大小取决于在那些有需要的人当中,有资源和资格进行交换以及愿意用这些资源进行交换的人数。市场的实际大小决定了市场对产品的需求量。成功的市场营销可以提升产品的吸引力,从而提高市场的需求量。

四、市场营销手段

经过一个多世纪的实践和研究,人们已经摸索出一系列有效的市场营销手段。市场营销 4-P 模式把形形色色的营销手段概括为四大类: 产品(Product)、价格(Price)、地点(Place)、推广(Promotion)(Belch and Belch, 2007)(p9)。市场营销通过分析研究人们的需要或需求,开发一个能够满足这些需要或需求的产品,给出一个定价,通过某些渠道或地点,用一系列的宣传和推广方式把这个产品推介给人们。

1. 产品

产品是向市场推出的能够满足特定市场需要或需求的东西。市场营销的目标是引起人们对产品的注意、接受、使用或消费。现代市场上,对应于某一特定的市场需要或需求,总是有多于一种的产品存在。所以,能够满足需求的产品并不一定可以在市场上成功推出。在市场竞争中,市场营销的任务不只是告诉潜在消费者有关产品的功能,更重要的是告诉人们你的产品与其他产品的区别,并且向他们证明你说的是事实。人们对一个产品能够给他们带来利益的判断在很大程度上决定他们关于该产品的价值评估。对产品利益的判断主要包括三个方面的因素。第一个方面是产品能够带来的功能性利益,是关于产品具有哪些用处、能够满足什么需求的问题。这种类型的利益是有形的,可见的。例如,汽车作为交通工具的功能。第二个方面是产品能够带来的体验性的利益,这是关于产品的使用可以给人什么样的经验感受的问题。这种类型的利益不一定可以看得见,但可以感觉到。例如,好车开起来平稳、噪音小等。第三个方面是产品能够带来的心理上的利益,这是关于这个产品能够给人提供什么样的心理感受的问题。这种类型的利益完全由消费者主观感觉决定。例如开豪华名车对一些人来说是某种身份的象征。在三种类型的利益中,心理利益主观性最强。

2. 价格

当一个产品能够提供的利益确定后,产品的价格就是决定产品价值的主要因素。价格指消费者采用产品所需的付出,包括金钱、时间、精力等方面的付出。例如,用惯了 ThinkPad 的人改用 MacBook 需要时间和精力上的额外付出,反之亦然。

3. 地点

地点包括向消费者提供产品的地理位置、供应渠道、提供方法以及其他后勤因素。有些教科书用"分销"(Distribution)一词代替"地点"(Place)。分销更能确切地表达这个环节的含义。使用"地点"的提法主要是与这个模式的名称 4-P 相契合。地点环节对价格产生很大影响。一方面,合理的分销规划可以降低产品的成本;另一方面可以为消费者获取产品提供更大的便利。分销网络也关系到产品与其他相似产品在区域市场上的竞争策略。

4. 推广

推广是市场营销者告知、说服、提醒潜在消费者有关某一产品的信息,从而影响他们的态度或在他们中间引起回应的传播行为(Summers et al., 2003)(p313)。推广环节是市场营销的传播环节,其主要工作是系统地运用各种营销传播工具,把产品的价值传播给目标潜在消费者。这个环节也称为市场营销传播环节。市场营销采用的传播工具主要包括广告、公共关系、个人直销以及促销活动等。

⑴广告:指通过大众传播媒体进行的宣传推广活动。其主要目标包括:

①塑造品牌形象:通过广告结合优秀的产品质量打造公司和产品的品牌。优秀品牌的特征是两个"第一":第一提及率和消费者的第一选择。第一提及率也就是产品的知名度,指在没有提示的情况下进行提名调查,某品牌被消费者首先提到的比率。例如要求消费者列出首先想到的西式快餐店的品牌,可能麦当劳、肯德基都会登上榜首。消费者的第一选择指在同类产品中最受欢迎和推崇的品牌。一个优秀的品牌形象可以创造品牌价值,使产品突出于其他类似产品,成为消费者的首选。

②提供有关产品的详细信息、供应时间、地点、渠道等:展示产品的优越性和采用产品的利益(或不采用产品的害处)以说服人们对产品做出商家期望的回应。

③配合支持其他市场营销传播活动:除了宣传推广品牌和产品之外,广告的另一个推广内容是有关其他市场营销活动的信息。例如在报纸上刊登有关某个公关活动的广告;配合某个促销活动的专题包装广告等。

④促成行动:以改变消费者行为,鼓励他们立即采取行动为目标。例如许多电视广告在屏幕下方显示二维码,提示观众马上扫描参与;有的广告提示观众在给定时间内拨打某个电话可以得大奖等。

广告的五个目标并不是相互孤立的,成功的广告是能够把这些目标或其中的某些目标结合起来一起实现。

⑵公共关系:指以提高公司、产品或品牌知名度,建立和维持公司与公众之间的良好关系为目标的市场营销活动。公共关系活动可以结合其他市场营销进行,但是公共关系活动本身不以销售为直接目标。公共关系的目标受众除了潜在的消费者之外,还包括媒体、政府相关部门和广大的公众。例如向媒体提供产品或公司重大发展的新闻稿;向政府相关部门或公众通报某个新项目的信息、征求反馈意见等活动,都属于公共关系的范围。

⑶个人直销:是一种针对特定目标群体进行的个性化的推销活动。现代的大数据技术在很大程度上提高了个人直销的针对性、准确性和效率。常用的方法有电话推销、电子邮件推销、邮寄信件推销。个人直销利用从消费积分卡、信用卡、各种会员卡以及其他各种渠道获得的消费者的信息,分析消费者的消费习惯和需求,然后为消费者提供量身定做的有关某种产品

(如为接近退休年龄的高薪人士提供退休金管理服务),某个产品促销(如圣诞节度假计划),某类产品目录(如新书目录),预约确认(如汽车定期保养通知)等推销信息。个人直销有两个主要目标,一个是直接达成销售;另一个是作为此后直销行动或促销活动的先行步骤。

(4)促销活动:是除了广告、个人直销、公共关系以外的市场营销活动。促销活动是通过各种刺激消费的方法达到提高销售量,向潜在消费者提供新产品的信息,塑造品牌或公司形象等目的。分发优惠券、举行现场促销活动、赠送产品样品、赠送公司形象纪念品等都是促销活动的例子。

20世纪70年代初,美国市场营销部分学者开始探讨把市场营销理念的应用延伸到商业领域以外的可能性。最先的尝试是把市场营销的理念、过程、概念应用到各种非营利机构中,包括大学、医院、表演艺术等事业机构。80年代开始,越来越多的学者关注市场营销在各种社会发展项目中的应用(Goldberg et al.,1997)(p4)。目前,市场营销的应用除了传统的商业市场营销之外,在政府机构和非政府机构开展的政治传播、各类推动社会改革的传播中也得到广泛应用。

第二节 社会市场营销的主要概念

20世纪70年代以前,发展传播领域中存在一个普遍认同的假设,认为知识欠缺是社会发展项目所推广的服务和观念未能被人们采纳的原因(Melkote,2001)(p127)。从这种观点出发,社会发展传播多数遵循以传者主导传递信息,受众被动接收信息的指导思想,认为只要目标受众接收到信源传送的信息,就会自然而然地产生效果。传播项目主要采用从信息源向大众散发信息的单向的、从上向下的信息传递模式,利用意见领袖、创新代理以及报刊和无线电广播等大众传播媒体说服受众改变态度和行为。从20世纪70年代开始,社会市场营销的原理和策略在计划生育和公共卫生等涉及社会发展传播的传播项目中得到广泛的应用,改变了社会发展传播中以传递知识为主的局面,开始关注对受众的需求和社会变革给人们带来的价值的研究。

一、社会市场营销概念的提出

社会市场营销是首先在商业商品推广中发展起来的市场营销在社会发展项目中的应用。20 世纪 70 年代是市场营销走出商业推广的局限,在社会各个领域找到用武之地的开端。学界公认的率先提出社会市场营销概念的市场营销学者科托勒(Philip Kotler)早在 1969 年就提出拓展市场营销概念的呼吁。他指出:市场营销是一种无处不在的社会活动。它的存在远远超出推销牙膏和肥皂等商品的范围。政界的竞争活动使我们看到竞选人就像肥皂一样被推销;大学招生活动是对高等教育的推销活动;以某个理想为由进行的募捐活动实质上是对这个理想的推销 (Kotler and Levy,1969)(p10)。虽然市场营销的现象普遍存在于社会各个领域,但是在学界还没有引起足够的重视。直到科托勒在 70 年代提出社会市场营销的概念之前, 人们习惯从公共关系或者宣传的角度看待商业以外的推销活动。没有人尝试去探索这些新的市场营销类型中的产品开发、定价、分销和传播的规律。

在 1969 年发表的题为"拓展市场营销的概念"文章中,科托勒把商业界以外各种社会机构的市场营销叫作机构市场营销 (Organizational Marketing),论述了机构市场营销是人类社会发展的产物的原理。科托勒指出,人类社会脱离了衣食短缺的历史阶段后,许多其他之前被置于一边的社会问题开始浮现出来,引起人们的关注。在这个新的历史阶段,商业机构仍然是人类社会的一个主要的机构,但是其他社会机构的显著性和影响力正在提升, 它们对市场营销的需求也与日俱增 (Kotler and Levy,1969)(p10-12)。社会市场营销就是应商业机构以外的其他社会机构对市场营销的需求产生的。

有关社会市场营销发展的研究表明,1971 年科托勒正式给出社会市场营销的定义以来,社会市场营销在许多领域的学者和工作者中间引起越来越多的关注。社会市场营销在许多领域中取得了成功。这些领域包括:卫生、通讯与交通、环境保护、可持续发展、旅游和娱乐等(Truong,2014)(p16)。社会市场营销的实践中出现过两个主要的取向。第一个取向把重点放在通过对信息的阐释去影响人们的态度和行为。这个取向叫作社会广告取向。第二个取向重视利用个性化的推销以及媒体舆论的支持去影响人们的态度和行为。这个取向叫作社会传播和推广取向。科托勒和他的同事1980年对社会市场营销第一个10年进行的研究表明社会市场营销的取向发生了从社会广告向社会传播和推广转移(Truong, 2014)(p16)。

特鲁恩于2014年发表的关于1998—2012年社会市场营销论文发表数量的特级研究报告指出,20世纪90年代以来关于社会市场营销的研究呈持续上升的趋势;这段时间内,社会市场营销的主要应用领域是公共卫生;关于社会市场营销的研究主要集中在通过社会市场营销改变个人行为的层面上(Truong, 2014)(p29)。

二、社会市场营销的定义

1971年,科托勒和扎特曼(Kotler and Zaltman)在美国市场营销的权威刊物 *Journal of Marketing* 发表了题为 Social Marketing: An Approach to Planned Social Change 的文章,提出社会市场营销的概念,并给出了关于社会市场营销的第一个定义:社会市场营销是对以影响某些社会想法的可接受性为目标的项目的设计、实施和控制,其中涉及产品规划、定价、传播、分销和市场研究等方面的考量(Kotler and Zaltman, 1971)(p12)。这个定义表达了两个要点:其一,社会市场营销是市场营销在对社会观念的推行中的应用,社会市场营销的产品是各种社会观念和想法;其二,社会市场营销采用的策略与传统市场营销的策略相同。继科托勒1971年的定义之后,许多社会市场营销界的学者和机构对社会市场营销的概念从各种不同的角度做了进一步的阐述。

2006年,英国社会市场营销中心给出的社会市场营销定义是:系统地运用市场营销概念和技巧去达到有益于社会的特定的行为目标(Dann, 2010)(p148)。

2008年,科托勒和他的同事(Nancy Lee)把社会市场营销定义为:应用市场营销原理和技巧去设计、传播和传递价值,从而影响目标受众的行为使社会和目标受众收益的过程(Dann, 2010)(p148)。

2013 年,科托勒在《市场营销》书中论及社会市场营销时把社会市场营销定义为:应用商业市场营销工艺去分析、规划、实施和评估旨在影响目标受众的自愿行为, 从而改善目标受众个人的和社会的状况的项目(Kotler et al.,2013)(p5)。这个定义是目前被学界普遍采纳的定义。综合这些有关社会市场营销的定义表述可以概括社会市场营销概念的要点如下:

(1)社会市场营销目前还不是一个自成一体的理论。它是市场营销的知识、策略和技巧在社会改革的推广项目中的应用。

(2)社会市场营销的目标是影响和改变行为。它不是单纯的广告和宣传。

(3)社会市场营销的目标受众包括社会系统中的个体成员、社会成员组成的集体和整个社会系统。一个社会市场营销项目的目标受众可以包括所有这三个类别,或者其中的一种或者两种类别。

(4)社会市场营销的方法包括市场营销的各种方法。它综合运用各种市场营销的工具和技巧去设计、实施、评估其运作过程和目标。

(5)社会市场营销的功能机制是一个系统化的过程。其中包括研究、规划、设计、实施和评估等环节。

三、社会市场营销成功的条件

早在 20 世纪 40 年代,当人们都在感叹大众传播媒体影响人的态度和行为的威力时,拉兹菲尔德和莫顿(Lazarsfeld and Merton)就指出人们夸大了媒体的宣传作用。他们认为大众传播媒体的宣传效果取决于三个条件(Kotler and Zaltman,1971)(p5)。

(1)真实的或者心理上的媒体垄断。也就是说,社会系统中不存在任何反宣传的理想状态。这个条件在现代社会中很难实现。

(2)疏导渠道。疏导渠道指社会系统中存在的有助于接纳传者所宣传的观念的意识和文化基础。有疏导渠道存在的情况下,宣传成功的胜算就大。对于商业市场营销来说,疏导渠道存在的可能性比较大。多数商业市场营销并不需要完全改变人们的既有习惯和观念。例如,对一个牙膏品牌的市场营销,并不需要改变人们原有的口腔卫生习惯。人们刷牙习惯是一个已经存在的有利于推销牙膏这个产品的疏导渠道,商家在这个基础上说服人们使用某一品牌。

(3)补充性。补充性指传播过程中存在人际传播对大众传播的支持。成功的宣传除了大众传播之外,还需要人际传播的辅助。两种不同的传播渠道相结合,相辅相成,可以促进市场营销的效果。

20世纪50年代初,心理学家维比(G. D. Wiebe)的研究为媒体宣传的成功条件学说提供了进一步的依据。维比从受众经验的角度提出了影响宣传效果的五个因素(Kotler and Zaltman, 1971)(p6)。

(1)动力:受众在接收宣传信息之前的状态和接收到的信息刺激的综合结果所产生的实现特定目标的动机强度。

(2)导向:有关如何以及到何处去完成他的动机的知识。

(3)机制:有某个人或者机构可以帮助他把动机落实到行动上。

(4)充分和兼容:帮助受众实现动机到行动的转变的人或者机构具有充分的和与特定宣传任务相匹配的工作能力,并且可以发挥这些能力实现所预期的效果。

(5)性价比:受众对完成动机所需要的付出和能够获取的利益之间差距的判断。

现代社会市场营销策略中的4-P模式反映和应用了拉兹菲尔德和维比有关社会系统环境和受众经验对宣传效果的影响的知识和原理。在社会市场营销的语境中,市场营销需要解决的问题是如何开发出合适的产品,加以合适的促销包装,以一个合适的价格,投放到合适的地点,创造和实现社会价值。

第三节　社会市场营销规划

社会市场营销与商业市场营销具有相似性,因此,采用在商业市场营销中总结出来的基本原理和技巧可以促进对社会有益的观念的推广效果,更好地服务和造福社会。但是社会市场营销和商业营销之间存在某些明显的差别,在运用市场营销知识和原理的过程中需要充分考虑社会市场营销的特殊性。社会市场营销具有下列特点。

⑴社会市场营销的性质决定了它所面对的问题多数都涉及社会系统中根深蒂固的习惯和传统观念。而商业市场营销通常涉及比较浅显的个人爱好和选择问题。因此,商业市场营销比较容易找到疏导渠道。而社会市场营销则需要更深入细致的研究才能找到有助于营销效果的疏导渠道。

⑵社会市场营销的产品不一定给采纳者带来直接或者明显可见的利益。例如多数的环保项目在性价比上都处于劣势,因此增加了推广的难度。社会市场营销者需要付出更多的努力去设计产品和产品的包装,从其他方面补偿性价比的不足。

⑶触及社会系统核心价值和观念的社会市场营销,可能在社会中引起争议,遭受排斥和抵制。在社会市场营销的研究和规划阶段需要做细致的调查、研究和分析。

⑷社会市场营销多数是属于公益性质。经费问题往往是社会市场营销者面对的额外挑战。许多公益性的社会营销项目都通过招募志愿者降低成本。招募志愿者需要考虑候选人是否具备充分和恰当的能力去胜任其所承担的工作,必要时需要对志愿者进行培训。

社会市场营销的特点要求市场营销者进行认真细致的研究和规划。科托勒把社会市场营销的规划系统分为五个组成部分:环境、改革促进机构(改革促进者)、规划变量、渠道和市场。社会市场营销过程中;改革促进机构不断地从外部环境中收集信息,研究和规划;产生产品和相关信息;通过各种渠道把产品和信息传给受众;市场营销的结果反馈回改革促进机构(Kotler and Zaltman,1971)(p10)。

(1)环境——社会系统

环境指社会市场营销在其中进行的社会系统。对社会市场营销产生影响的环境因素包括社会系统的政治、经济、技术、文化等方面,以及社会系统中存在的竞争对手的影响因素。社会市场营销的环境规定了营销项目的背景条件,对营销规划产生影响。

(2)改革促进机构和促进者——市场营销者

市场营销者是社会市场营销的核心,包括两个主要组成部分:研究部门和规划部门。研究部门负责收集和分析环境、市场的背景信息与动态信息,对规划部门的工作提供准确、全面、及时的情报和建议。规划部门在研究部门的支持下制订市场营销目标,进行市场分层,确定目标市场;运用市场营销的专业知识、原理和工艺,设计、产生各个规划变量的长期和短期规划。规划的变量包括市场营销的4-P组合。

(3)规划变量——市场营销规划

规划变量指市场营销规划的组成部分,包括产品、推广(传播)、地点(分销)和价格。

产品:社会市场营销中的产品的形式包括想法、观念、行为或者物品。从产品的目的而言, 社会市场营销的产品主要包括社会奉献 (如志愿献血)、社会改良(如环境保护)和个人获益(如戒烟)三种类型。前面讨论社会市场营销特点时已经指出, 多数社会市场营销的产品本身不具备吸引力。市场营销者在产品和产品信息的规划中需要综合运用环境、市场的信息以及市场营销专业知识对产品进行开发、设计和包装。现代社会市场营销中产品的开发一般不是开发单一产品,而是开发一系列产品供消费者选择。这种提供一系列产品供潜在用户选择的取向叫 "市场营销取向" (Marketing Approach),而传统地守着一个产品进行推销的取向叫作"推销取向"(Sales Approach)(Melkote,2001)(p128)。

传播:推广(传播)变量包括社会市场营销的传播策略和手段的规划和设计。市场营销目标、传播策略和传播手段三者之间具有明确的逻辑联系。传播策略是实现市场营销目标的纲要性措施;传播手段是实现传播策略的具体行动计划。社会市场营销的主要传播活动包括广告、人际推销、宣传(除了广告以外的宣传,例如分发传单、给媒体提供新闻稿、接受媒体采访等)以及促销活动(组织主题活动,赠送纪念品等)。推广变量的规划和设计需要研究特定社会系统的媒体条件和人们使用媒体的习惯,选取适当的媒体渠道,综合运用不同类型的媒体(例如大众传播媒体和人际传播媒体相结合)以达到优化效果。

分销:地点(分销)变量包括给人们提供产品、产品信息、使用产品的支持和咨询服务的时间、地点和渠道。分销变量的规划和设计的重要原则是提供清晰的信息和尽可能大的便利性。社会市场营销许多失败或者效果不佳的原因都与分销变量的设计有误有关系。例如志愿献血活动中采血的地点位于交通不方便的地方,会影响人们前往献血的积极性。

价格:价格变量是采用产品所需付出的代价,包括金钱、时间、体力、脑力和心理等方面的付出。例如,采用绿色能源产品的代价主要是金钱上的代价;而戒烟的代价则包含了很大程度的心理代价。虽然对于一个给定的产品,其价格基本上就确定了。但是,市场营销者可以通过组织培训、提供辅导和支持等手段在一定范围内降低价格。价格变量影响性价比,从而影响营销效果。提供适当的激励(例如提供有限期的优惠价可以刺激人们采用产品的动机)可以补偿部分代价,提升产生动机的机会。

渠道:渠道是市场营销者把产品和信息输入市场的通道。即社会市场营销的传播通道。社会市场营销采用的主要传播渠道包括专业化的大众传播媒体(例如电视、报纸、杂志)、社交媒体、推销员、志愿者和社群人际传播网络。推销员和志愿者的区别是推销员是有薪的,而且一般都经过推销的专业训练,而志愿者不领薪酬,且不一定经过专业训练。

有关各类传播渠道的传播效果比较,本章第五节有详细讨论。

市场:市场是一个产品的实际的和潜在的采用者的集合 (Kotler and Zaltman,1971)(p9)。市场是社会市场营销产品的目的地,而对市场的分析是社会市场营销规划的起点。社会市场营销的目的是通过各种营销手段操作市场,实现理想的市场交换。

市场营销中处理市场差异的操作策略主要有三种:无差异市场营销、差异市场营销、集中市场营销(Brown,1981)(p111)。无差异市场营销着眼于市场的共性,在整个市场范围内实施统一的市场营销策略。无差异市场营销的策略以所有实际的和潜在的采用者的(或者多数人的)共同需要和需求为出发点,设计和实施市场营销。差异性市场营销在市场的各个部分或某些部分中开展营销,针对不同市场分层的特点,设计和实施不同的营销计划。集中市场营销重点面向市场中的某一(或者少数)部分开展市场营销。一般来说,市场分层越细,营销设计的分层化越具体明确,营销成功的可能性就越大。但是营销设计分层化的程度越高,营销成本也高。所以,市场营销分层与否以及分层的程度需综合考虑项目的需要和可能性。有关市场分层的方法,本章第四节有详细讨论。

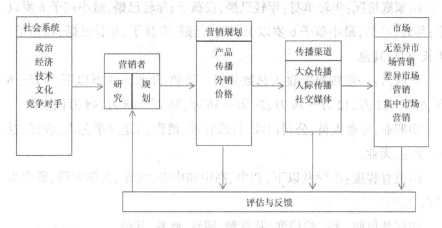

图6-1 市场营销规划和流程

第四节 社会市场营销市场分层

市场分层是社会市场营销规划的重要组成部分。市场分层与市场营销的目标相互联系,是决定市场营销规划中的产品、地点、推广和价格等四个要素的一个主要依据。市场营销的分层方法依营销内容、市场特性以及营销者的经费等具体条件的不同,可以有许多不同的选择。社会市场营销的主要分层变量类别包括:人口特征、消费心态特征、地理特征和消费行为特征(Brown,1981,Kotler et al.,2013,Clow and Baack,2010)。

一、人口特征

人口特征分层类别按照人口统计学变量对市场分层。人口特征分层是最常用的分层方法。其主要变量包括以下几个方面。

(1)年龄:6岁以下、7~11岁、12~19岁、20~34岁、35~49岁、50~64岁、65岁以上。

(2)性别:男、女。

(3)家庭规模:1~2人、3~4人、5人以上。

(4)家庭情况:年轻单身;年轻已婚,没孩子;年轻已婚,最小孩子 6 岁以下;年轻,已婚,最小孩子 6 岁以上;年长已婚,有孩子;年长已婚,没孩子;年长单身;其他。

(5)收入:一般按照年收入总数分组。例如:年收入 3 万以下、3 万～6万、6 万～12 万、12 万～24 万、24 万～36 万、36 万～48 万、48 万以上。

(6)职业:专业人员、公司白领、行政管理、销售、工艺 / 手艺人、农民、退休、学生、无业。

(7)教育程度:小学及以下、初中、高中和中专、大专、大学本科、研究生及以上。

(8)宗教信仰:无宗教信仰、基督教、回教、佛教、其他。

(9)民族:汉族、壮族、回族、满族、苗族、维吾尔族、藏族、彝族等。

(10)国籍:中国籍、外国籍。

人口特征相对比较明显,容易界定。人口特征对人的采纳行为产生一定的影响。但是有些采纳行为并不能从人口特征上得到完整的解释,市场营销研究发现有些采纳行为与人口特征无关。因此,在市场营销研究中通常把人口特征与其他特征相结合进行分析。

二、消费心态特征

消费心态特征分层按照人的生活方式、社会地位和个性特点对市场分层。消费心态特征分层建立在人对事物反应的行为、兴趣和观点的规律基础上。决定消费心态特征的主要变量包括以下几个方面。

(1)社会经济地位:按照社会经济地位量表[①]的等级分组。

(2)生活方式:传统、时尚、超前;保守、自由、激进等。

(3)价值观:个人主义、集体主义;个人、家庭、国家等。

(4)个性特点:社交性、独裁性、强迫性、雄心欲望、领导素质等方面的测量。

---

① 社会经济地位量表是一个综合经济收入、职业声望、职业声望、教育程度等指标计算出来的衡量一个人的社会经济地位的综合指标。各个国家具体情况不同(例如人们对职业声望的判断不同),所以各国的社会经济地位量表可能出现很大的差别。

三、地理特征

地理特征分层按照地理单位对市场分层,其主要分层变量包括以下几个方面:

(1)地区:华南、华北、华东、华中、西部。

(2)人口规模:100万以下、100万~500万、500万~1000万、1000万以上。

(3)地理经济:按农村地区和城市地区分组。

(4)气候因素:例如南方、北方;山区、平原等。

通过市场地理特征分层,市场营销者可以选择在某些特定的地理分层内开展营销,或者在全面营销中考虑各地理分层的具体情况和需要,采取不同的营销方案。

四、消费行为特征

消费行为特征分层根据人们对产品的知识、态度和使用特点进行分组。其主要分层变量包括以下几个方面。

(1)消费量:大量、中量、小量。

(2)追求价值:例如产品质量、服务质量、经济实惠等。

(3)用户状态:常客、首次使用、潜在用户、以前的用户、非用户。

(4)品牌忠诚度:强、中、弱。

(5)网购行为:浏览习惯、购买习惯、信息分享等。

(6)产品认知程度:不知道产品、知道产品、感兴趣、准备购买。

(7)对产品的态度:热衷、正面态度、无动于衷、负面态度、厌恶。

第五节　社会市场营销传播媒体

对传播媒体的选择和设计是市场营销规划的重要组成部分, 是 4-P 组合中推广(Promotion)要素的核心内容。随着信息传播科技的发展,可供市场营销使用的传播媒体在不断地增加。传播学理论和市场营销实践证明综合运用两个或者两个以上的媒体可以收到比任何一个媒体单独使用所能得到的更佳的效果。这种个原理叫作媒体的放大效应原理。有效整合运用各种传播媒体是提高营销效果的重要条件。

一、社会市场营销的主要传播媒体

目前社会市场营销中采用的传播媒体主要包括：电视、广播、杂志、报纸、互联网。

1. 电视

电视是现代社会市场营销中最受欢迎的一个传播媒体。电视的特点是覆盖面大，受众类型范围广。虽然一个电视广告的费用比其他媒体的费用要高得多，但是，其所能送达的受众数和范围之大，使得电视至今仍然是各类市场营销的主要媒体(参见表6-2)。由于可能送达的受众数目大，昂贵的电视广告费折算成送达每个受众的广告费用率（广告费／送达受众总数）却不一定比其他媒体高。这就是为什么美国职业橄榄球锦标赛 Super Bowl 每30秒钟广告收费300万美元的价格仍然那么抢手的原因。

电视肥皂剧系列是一种成功的社会市场营销手段。它利用娱乐的媒体运载教育的信息，是一种观众喜闻乐见的社会教育手段。

电视在视听效果上具有的侵入效应是一个突出的优势。侵入效应指媒体在受众非自愿的情况下可以抓住受众注意力的可能性。电视可以运用音乐、音响、颜色、图像等元素产生侵入效应，达到传递信息的目的。

2. 广播

在商业性市场营销中，广播已经不是一个主要的传播媒体，但在社会市场营销中仍然大有作为。无线电广播的优势是收听成本低。例如，购买一个收音机的费用远比买一台电脑低，而且学会使用收音机所需要花的时间和努力比学会使用电脑所需要的付出要低得多。这一点对于经济比较落后的国家和地区来说是一个很重要的优势。社会市场营销中利用无线电广播的成功例子包括一些非洲和拉丁美洲国家利用广播肥皂系列剧开展公共卫生教育(参见第八章的发展传播案例)；欧美国家利用无线电广播在乡村地区进行农业市场营销等。

广播只能传递声音讯息的特点既造就了它的优势,也造就了它的劣势。使用单一的信息信号通道让受众可一心多用。例如司机可以一边开车一边收听广播;家庭主妇可以一边做家务一边收听广播;农民可以一边干活一边收听广播。另外一个优势是加以适当设计的广播内容,有效运用音乐、音响和播音等元素,可以给听众提供更广的想象空间,激发更高的受众参与度。

在信息技术高度发达的今天,无线电广播的受众范围非常有限。所以采用广播进行社会市场营销对传播设计的创造性提出更大的挑战。传播规划中整合应用各种媒体和信息传播渠道的重要性,对于广播在社会市场营销中充分发挥作用显得更为突出。

3. 杂志

总的来说,杂志不算是很热门的社会市场营销工具,但它具有一些其他媒体不具备的特点,如果应用得当同样可以取得出色的效果。一个以美国商业市场营销广告为研究对象的媒体使用效益研究显示,杂志广告的经济效益比其他媒体的平均效益高。每一美元的杂志广告投入可以产生平均8.23美元的销售,而其他类型的媒体的平均广告效益是每一美元产生3.52美元的销售(Clow and Baack,2010)(p250)。杂志广告经济效益的良好表现主要是因为杂志的受众分层相对其他媒体明确,所以有利于设计目标受众更加明确的广告信息。

杂志的主要优势包括:其一,市场分层比较清晰。杂志一般都有明确的主题内容,例如时事政治、卫生保健、儿童教育、汽车、时装、园艺等。因此,一般来说杂志的受众覆盖面比较窄,但某一类杂志的读者通常都有某些相同的特征。例如兴趣、社会经济地位、年龄等。清晰的市场分层使传播者可以针对特定读者群的特点选择和设计信息内容,从而达到好的传播效果。因为人们往往会关注他们感兴趣的事物的广告(例如阅读儿童教育杂志的妈妈们可能会留意儿童益智玩具的广告),所以选择合适的杂志刊登广告可以收到更好的效果。其二,杂志方便收藏,读者可以随时重复阅读其中的信息内容。这个特点是其他媒体不具备的。

4. 报纸

报纸是历史最悠久的市场营销工具。目前报纸仍然是市场营销的一个主要媒体手段。报纸的最大特点是其发行具有比较明确的地域性,方便传播者对传播方法和内容做相应处理。例如利用全国发行的报纸覆盖面广的特点刊登普及性的信息内容,扩大市场营销的影响面;而利用地方报纸刊登针对当地具体情况的信息内容。报纸的另一个特点是时效性和灵活性高。现代排版和印刷技术在很大程度上压缩了报纸制作时间,提高报纸信息传播的时效性。报纸一般是每日出版,所以提供了更新信息的灵活性。此外,报纸具有较高的可信度 (Clow and Baack, 2010)(p253)。报纸的采、写、编过程专业化,因此,相对于网上消息,人们对报纸的信任高一些。

报纸的弱点是其使用周期短,受众类型不明确。通常读者不会重翻旧报纸。报纸虽然有明确的地域性,但是除了专业类报纸之外,受众类型难以预测。

5. 互联网

互联网是 20 世纪发展起来的最具革命性的技术创新。互联网已经渗透人类社会的各个角落,成为人类生活的一部分。据中国互联网络信息中心《第 35 次中国互联网络发展状况统计报告》提供的统计数据,截至 2014 年 12 月, 中国的互联网网民规模达到 6.49 亿, 网民普及率 47.9% (CNNIC, 2015)(p25)。互联网为市场营销提供了一个崭新的传播手段。互联网在社会市场营销中的应用功能主要包括:信息功能、公共关系功能和社交功能。信息功能:通过组织机构的官方网页和社会市场营销的专题网页,向公众发布有关项目和项目内容的信息;公共关系功能:通过各种社交媒体与公众进行对话,交流信息和分享信息,从而增进营销者和公众之间的相互理解,建立和维持良好的互惠关系;社交功能:通过各种社交媒体引导和激发受众之间就特定事物 / 问题进行讨论,分享采纳新事物的经验和心得。

互联网的特点是它的全球连接性、多方向平衡传播性和即时反馈性。在传播效果上,互联网媒体具有整合文字、声音、图片和运动图像等多种信息符号的功能,为受众 24 小时全天候提供信息。它的主要弱点是对技术和设备有一定的要求。例如,使用者必须有上网的设施,并且具备上网的能力。另外,在传播效果上,互联网信息主动吸引受众注意的功能有限,容易被受众过滤掉,而且在受众心目中互联网信息的可信度比传统的电视和报纸杂志低,所以说服效果差(参见本节有关市场营销媒体说服效果的比较研究的讨论)。根据互联网的技术和传播特点,它在吸引受众和说服方面不具备优势,但是对于对产品已经产生兴趣,进入了积极主动的搜寻信息和在同类产品之间进行比较的准备阶段的受众,以及进入试用和使用阶段的采纳者来说,互联网是一个重要的提供信息和支持的传播渠道。

总而言之,市场营销中不存在一个全能的超级媒体。每一类媒体都有其特定的优势和局限性。优秀的市场营销设计是能有效地整合各种媒体的功能为特定的市场营销目标服务。

二、市场营销媒体的选择决定因素

做出适当的媒体选择决策是市场营销传播规划的关键。各种类型的机构组织由于市场营销的目标和内容不同,表现出不同的媒体使用倾向。表6-1是2007年美国各主要行业市场营销中各种媒体费用的统计数据。表中数据可以看出,不同行业的市场营销传播媒体组合选择存在一定的差别。餐饮业使用电视的分量(78.4%)明显高于使用其他媒体的分量;服装行业则侧重使用杂志(75.1%);零售业是使用报纸的冠军(35.4%)(Clow and Baack,2010)(p254)。

各国使用媒体的倾向总体上呈相似的趋势,但是也存在一定的差距。表6-2是2007年美国、欧洲和日本的市场营销传播媒体使用状况的统计数据。表6-2的数据表明,总体而言,电视是市场营销的主要传播工具。2007年互联网在美国和日本的普及率已经超过70%[1],但是互联网在三个国家和地区的市场营销中的使用率都很低。在日本,使用电视的分量(46%)明显比其他媒体的分量高。电视在其他国家的市场营销中也是使用率最高的媒体,但没有在日本那样明显。印刷媒体(杂志和报纸)在欧洲的使用率比在美国和日本高。在欧洲的市场营销中杂志、报纸两项总和占所有媒体费用的51.5%。户外广告在美国的使用率最低,占所有媒体费用的

---

[1] 2007年美国和日本的互联网普及率分别达到75%和74.3%。欧洲各国的互联网普及率参差不齐:德国75.16%、英国75.09%、法国60.09%、意大利40.79%、西班牙55.11%(http://www.internetlivestats.com/internet-users/)。

3.1% (Clow and Baack,2010)(p257)。

各种媒体的搭配具有创造性,但是也遵循一定的逻辑规律。媒体选择考虑的主要因素包括:市场、产品、讯息内容、目的和预算的许可条件。

⑴市场:媒体是营销者和市场之间进行信息传播的渠道。媒体的选择必须与市场的情况相匹配。市场因素的变量主要包括:①市场的规模,包括:本地、地区、全国、国际等层次;②受众特征,包括人口统计特征、地理特征、消费心理特征、社会经济地位特征、媒体使用习惯等内容。

⑵产品:根据产品的特征选择不同的媒体和媒体搭配。例如,如果需要传送详细信息内容的产品,选择印刷媒体或者互联网比较合适;如果产品的外观是营销的重点,那么就不适合使用广播。

⑶讯息内容:根据传播的内容和目的选择合适的媒体和媒体组合。例如,如果需要传递的讯息是某个即将发生的事件的消息,目的是引起公众对该事件的关注,选择电视、广播和报纸等大众覆盖面较广的媒体比较合适。如果讯息内容是关于产品的功能和其他技术性信息,目的是使受众理解和掌握这些知识,那么印刷媒体、互联网和现场演示比较合适。

⑷预算:预算是每一个市场营销者必须面对的一个问题。因为社会市场营销的项目多数是非营利的项目,经费问题通常比一般的商业市场营销严峻。选择媒体和媒体组合必须在预算许可范围内考虑。

表6-1 美国各主要行业市场营销中各种媒体费用统计数据(2007 年)

行业	总费用	杂志	报纸	室外广告	电视	广播	互联网
汽车	$19.80	11.00%	25.40%	1.70%	50.40%	7.80%	3.70%
零售	$19.11	11.00%	35.40%	2.00%	33.80%	11.20%	6.60%
电讯	$10.95	8.20%	19.80%	2.50%	48.70%	7.10%	13.60%
金融服务	$8.69	13.70%	21.80%	2.80%	36.30%	8.30%	17.00%
食品	$7.23	27.60%	0.70%	1.10%	64.20%	4.50%	1.80%
餐饮	$5.29	2.50%	3.50%	4.50%	78.40%	10.10%	0.90%
时装	$2.91	75.10%	2.00%	1.00%	19.80%	0.70%	1.30%

数据来源:(Clow and Baack, 2010)(p254)

表6-2 美国、欧洲和日本的市场营销传播媒体使用状况统计数据(2007年)

国家/地区	杂志	报纸	室外广告	电视	广播	互联网
美国	10.30%	30.70%	3.10%	38.80%	12.40%	4.60%
欧洲	17.00%	34.50%	6.10%	35.70%	5.80%	3.90%
日本	9.40%	25.10%	11.60%	46.00%	4.20%	4.10%

数据来源:(Clow and Baack, 2010)(p257)

三、介绍一个市场营销媒体效果的比较研究

2011年达纳赫(Peter J. Danaher)和罗西特(John R. Rossiter)采用情景模拟的方法,对受众和市场营销经理有关市场营销中各种媒体效果的看法进行比较研究。研究结果发现,虽然电子邮件的应用已经很广泛,成为人生活的一部分,但电视、广播、报纸和邮寄信件等传统传播渠道仍然保持在市场营销中的重要地位。受众们认为电视、广播、报纸和邮寄信件的可信性和可靠性比较高,因此说服效果好。年轻人虽然在生活中已经习惯使用电子邮件和短信,但是作为市场营销中的受众,他们对市场营销媒体渠道的选择和效果的评价与老年组没有明显差别。传统的媒体在年轻人中间也是更受欢迎的市场营销传播渠道。下面是该研究的一些主要发现(Danaher and Rossiter, 2011)(p6—35)。

1. 不同媒体的说服效果比较

研究发现各种媒体在市场营销中产生不同的说服效果。广播、杂志和报纸等大众传播媒体的说服效果最好;广告单张、点名的邮寄信件和普通的邮件广告信件等印刷媒体居第二;说服效果最差的是电话、电子邮件、手机短信和上门推销。这个结果在不同年龄组之间没有差别。

2. 受众对媒体渠道效果的看法

⑴受众对传播渠道的感觉会影响市场营销的效果。采用让人感到享受的、娱乐的、恰当的和不令人反感的传播渠道产生成功说服效果的可能性更大一些。

⑵在受众心目中可靠性程度高的传播渠道可以产生成功的效果。

⑶传播信息能否产生效果与受众对该信息的看法有关。被受众认为重要的传播信息,更有可能成功地产生效果。

⑷受众对媒体渠道产生效果的看法与他们的年龄和性别没有明显关系。

⑸受众对某一传播渠道传送的信息量存在一个"刺激阈"。刺激阈是市场营销理论中的一个假说。它指受众对从某一个传播渠道传送的关于某一产品的信息量的最大忍受值。一个传播渠道传送的信息达到刺激阈以后,受众对该传播渠道传送的信息产生反感,所以达到刺激阈后,从这个媒体渠道传送出来的关于同一个产品的信息越多,其说服效果越差。达纳赫和罗西特的研究印证了刺激阈的假说。刺激阈的概念可以用说服认知理论中的信息重复原理进行解释(参见第七章相关内容)。

3. 传者对媒体渠道效果的看法

研究采用与受众问卷相似的问题,调查传者(市场营销经理)对传播渠道的看法。研究结果发现接受调查访问的市场营销经理们认为让受众感到享受和娱乐的传播渠道可以产生较好的传播效果;但是他们忽略了传播信息的重要性和传播渠道的名声(可信性和可靠性)对传播效果的影响。

4. 传者看法与受众看法的对比

市场营销经理们的看法反映了目前市场营销实践的趋势。对市场营销经理们的看法和受众看法的比较可以找出市场营销实践趋势与实际市场需求之间的差距。研究发现市场营销经理们的看法与受众的看法之间有相当大的一部分是相吻合的,但是也存在某些差距。

市场营销经理们和受众一致同意印刷直接媒体(包括广告单张、点名和不点名的邮寄信件)、电视、广播、报纸和杂志的传播效果比电话、电子邮件和手机短信推销好。但是在对报纸的评价方面,经理们和受众的看法存在差距。经理们认为报纸的效果比其他大众传播媒体(电视、广播、杂志)的效果好,而受众则认为报纸的效果和其他大众传播媒体的效果相当。

四、市场营销媒体效果原理

半个世纪以前,麦克鲁汉在著名的《理解媒体:人类的延伸》中论述了媒体实现对人类感官的延伸功能的原理。他把人和媒体之间的关系比喻成伴侣之间的爱情关系，认为人对媒体的爱是媒体产生效果的条件（McLuhan,1964）(p56)。人对媒体的爱和接纳是实现媒体对人感官的延伸功能的先决条件。也就是说，只有受众所接受和喜爱的媒体，才会被采用从而实现其对人感官的延伸。而媒体通过以更快的速度，在更大的范围、以更好的质量帮助受众实现获取信息的愿望和需求回报受众的爱。市场营销媒体的选择和媒体组合的设计必须遵循媒体效果原理，选择受众喜爱的和乐意接受的媒体。

1. 受众喜爱的媒体可以获得好的传播效果

电视、广播、报纸、杂志、广告单张、邮寄信件等传统市场营销渠道仍然是受众喜爱的，而且能产生好的传播效果的传播渠道。电子邮件、手机短信、电话等现代化的传播渠道，虽然是人们日常生活中的重要传播渠道，但不是人们喜爱的市场营销传播渠道，所以其市场营销效果有限。

2. 传播渠道的声誉对其传播效果产生影响

传播渠道的技术特征决定其传播功能特征，是决定市场营销媒体选择的重要考虑因素。传播渠道的声誉影响受众对该渠道和它传送的信息的看法，所以也是市场营销媒体选择的一个重要考虑因素。受众心目中可信性高的传播渠道传播效果好。

3. 传播信息内容的重要性的判断对传播效果产生影响

信息时代的市场是僧多粥少的市场，营销者是僧，潜在用户是粥。市场营销者往往发现自己在与不止一个竞争者争夺有限的市场。市场营销面对的主要挑战不是生产信息，而是吸引受众。受众心目中重要性高，能引起受众兴趣的信息内容，可以产生好的传播效果。市场营销规划的关键是通过细致和深入的研究，了解受众的价值观念、需要和需求，以及受众对各种需要和需求的轻重缓急判断，从受众的角度出发规划市场营销。

4. 传播渠道传递的信息不是越多越好

重复呈现某一信息可以提升记忆效果，但另一方面，受众对重复信息有一定的忍耐极限。信息传播的刺激阈原理挑战市场营销设计的科学性和创造性。好的策划需要掌握各种媒体的功能特征和受众行为改变的阶段性特征，有效地设计相应的媒体组合和讯息诉求策略。

5. 整合多种传播渠道的市场营销可以优化传播效果

根据媒体效果放大原理,整合两个或者两个以上的传播渠道可以优化传播效果。从受众的角度看,各种传统的市场营销传播渠道的说服效果不存在明显差别。媒体的整合策略主要考虑市场、产品、讯息内容与目的和预算的许可条件等因素。

第六节　娱乐教育

娱乐教育是设计和应用教育性和娱乐性兼备的媒体内容,从而使受众增长知识、改变态度、改变行为的一种方法,是一种在媒体作品中推销对社会有益的观念的独特社会市场营销方法。发展传播的研究和实践证明娱乐教育策略可以直接或者间接地促进社会变革的效果。第八章介绍的两个发展传播案例,都采用了娱乐教育的方法。罗杰斯和辛格霍(Arvind Singhal)的研究表明:从个人的层面上,娱乐教育对受众关于某特定事物的感知、注意和行为产生影响;从受众所在的社群的层面上,娱乐教育起到了设定议程、影响公众舆论和决策的作用(Melkote,2001)(p140)。

一、娱乐教育的历史

寓教于乐并不是一个新的概念。从我国古代开始就盛行利用故事、小说、连环画册、戏剧等媒体传播教育信息。《三字经》以儿歌和故事的形式进行道德礼仪教育,是一部经世不衰的娱乐教育的经典作品。

美国的卡通连环画《大力水手》(Popeye the Sailor Man)是现代社会市场营销娱乐教育的一个成功案例。《大力水手》于 1929 年 1 月 17 日首次面世, 刊登在美国卡通连环画册 Thimble Theatre (http://popeye.com/history/)。"大力水手"的出名除了它是 20 世纪 30 年代美国最受欢迎的卡通人物之外,画册中的主角"大力水手"在美国德州"菠菜之都"水晶城(Crystal City)促进经济发展的社会营销中做出的贡献更是让它的名气大增。

大力水手的一个主要特征是吃菠菜可以令他能量剧增。有研究表明大力水手在美国观众中树立了吃菠菜的榜样,在它的影响下许多孩子都喜欢吃菠菜了。20 世纪 30 年代,美国经历经济大萧条时期,以种植菠菜为主要经济来源的水晶城利用大力水手吃菠菜的形象特征,进行菠菜的市场营销,使菠菜销售增长 33%(Hemer and Tufte,2005)(p159)。1937 年,水晶城建造了一座大力水手的塑像,纪念《大力水手》在 30 年代经济萧条期间为水晶城立下的汗马功劳。大力水手的故事远比人们认识"娱乐教育"这个概念还要早。它是一个利用娱乐媒体促进人们行为改变的例子,也是一个商业和公共卫生市场营销相结合的成功的市场营销例子。这个例子告诉我们,商业和社会市场营销可以相结合,取得既有利于企业,又造福社会的双赢效果(Hemer and Tufte,2005)(p160)。从它的诞生至今,已经经历了 80 多个春秋,七代作者的更替,《大力水手》还活着,故事还在延续。所不同的是借助于现代信息传播技术和全球化发展的东风,大力水手的故事传得更远更精彩。今天的《大力水手》已经被翻译成多种语言,以连环画、广播、电影、电视、电子游戏等多种媒体的形式流传到不同的国家。直到今天,大力水手仍然是市场营销的宠儿,常常被用作与菠菜、糖果以及健康饮食等相关产品的形象大使。

二、萨比杜娱乐教育方法

拉美肥皂剧作家萨比杜(Miguel Sabido)是应用娱乐教育进行社会市场营销的先驱。1975 至 1985 年间,他所创作的七个植入社会教育信息的肥皂剧系列在墨西哥播出并获得成功。这些电视系列剧的内容多数与卫生行为相关。萨比杜的娱乐教育方法奠定了社会市场营销娱乐教育的基本思路:通过电视剧和广播剧等娱乐性的大众媒体,进行大众教育,从而实现传播知识、促进感知、改变行为的目标(Hemer and Tufte,2005)(p163)。萨比杜的方法包括三个主要步骤:明确主题思想,塑造正面人物榜样及其他人物模型,文字稿本创作和节目制作(Melkote,2001)(p140–143)。

1. 明确主题思想

娱乐教育的第一步是明确节目要传送的主要信息和核心思想,同时确认相关的价值观念。例如创作一个反对家庭暴力的娱乐教育节目,确定了反家暴的核心思想后,进一步找出与这个核心思想有关的价值观念。例如:家庭和谐、家庭成员之间的沟通、孩子的健康成长等。决定节目所要表达的教育内容时需记住,娱乐教育节目不是一般的教育节目,而是娱乐和教育的联姻。从普通观众的角度出发,大众传播媒体的主要功能是娱乐。所以利用大众传播媒体进行的娱乐教育,应该姓"娱"。也就是说,娱乐是主体信息,教育内容是植入的信息。植入的教育信息如果太多,就有喧宾夺主的反作用,造成收视(收听)率的损失,导致教育效果落空。

2. 塑造人物模型

娱乐教育的理论基础是社会学习理论。社会学习理论最早由邦杜拉(Albert Bandura)在 1960 年提出来,解释电视对儿童暴力行为的影响。根据社会学习理论,观众在收看节目的过程中通过观察各种人物模型,学习正确的行为 (McQuail, 2002)(p401)。娱乐教育节目的主要人物模型有三种:正面人物、反面人物和未确定立场的人物。节目故事的铺设应该表达明确的是非观,鼓励正确行为,明确表达不正确行为的不良后果。

3. 文字稿本和节目制作

娱乐教育节目的质量与节目内容一样重要,制作质量粗劣的节目,内容再好也达不到预期效果。萨比杜认为,娱乐教育节目应该请专业水平高的制作者制作。

罗杰斯和辛格霍的研究表明,墨西哥的娱乐教育肥皂剧促进了观众知识和价值观的学习和发展,帮助他们更好地理解他们所面对的问题并促使他们寻求解决问题的办法。在墨西哥娱乐教育成功经验的鼓励下,印度在 1984—1985 年间进行了利用电视剧进行家庭计划主题的娱乐教育的试验。节目取得很大成功,广受观众喜爱。1985 年试验结束,节目停播时还引起了观众的抗议示威(Melkote, 2001)(p141)。

三、坦赞尼亚的《让我们与时俱进》娱乐教育

20 世纪 80 年代到 90 年代是娱乐教育快速发展的阶段。这个阶段中各国开展的娱乐教育运动多数是以公共卫生和家庭计划为主题,采用的媒体形式主要是广播剧和电视系列剧。坦赞尼亚 1993 年开始播出的艾滋病

预防娱乐教育广播剧《让我们与时俱进》是一个公认的比较成功的节目。

坦赞尼亚是位于东非的一个国家。20世纪90年代,坦赞尼亚人口是3000万,大约占世界人口的2%,但艾滋病患者人数占世界艾滋病患者总数的将近50%。当时坦赞尼亚的艾滋病毒携带者达到140万,是世界上艾滋病毒感染率最高的国家之一。调查数据显示,大约90%的艾滋病毒感染是由没有保护的异性性交交互传染造成;继发性感染主要渠道是胎儿期受母体传染和输血感染。同性性交和毒品静脉注射感染比发达国家少(McPhail,2009)(p38)。

《让我们与时俱进》(Twende Na Wakati)是一个广播肥皂剧。1993年在坦赞尼亚开播,主要目标有两个:一个是介绍对付常见的艾滋病问题的各种方法;另一个是介绍家庭计划的一些技巧。其设计具有生动、真实、引人入胜、启发思考和讨论的特点。剧中的人物塑造逼真,每一个人物都能够在普通老百姓中找到原型,剧情以当地的实际情况为背景。节目使人感觉就像在听邻家故事一样,没有生硬创作的痕迹。

节目播出后,吸引了许多研究者的注意。研究表明《让我们与时俱进》在其设定的两个目标上都取得了明显效果。节目通过提高人们对艾滋病传染的认识和有关预防艾滋病感染的知识,提供正确行为的榜样,以及引导人们就艾滋病问题开展讨论等方法,影响人们的行为。节目取得的主要效果是在男女成年人中减少了性伙伴的数目;增加了避孕套的使用率(McPhail,2009)(p38-39)。

《让我们与时俱进》通过剧中人物对话,讨论艾滋病问题,目的在启发和引导听众之间进行相关讨论。剧中人物包括反面人物、改变中的人物和正面人物三种角色模型。反面人物提供有艾滋病感染风险的行为样板。这些反面行为都来自实际生活,是当地生活中不少见的行为,因此起了很好的教育作用。例如其中一个主要的反面人物常常泡吧,与多个女人发生性关系,最后染上艾滋病。根据后来的传播效果评估发现,这个节目引起的主要效果之一就是人们的性伙伴数目减少了。

《让我们与时俱进》对当地家庭计划产生影响。1992年坦赞尼亚的人口增长率是3.5%,如果按照这个增长率发展的话,20年后坦赞尼亚的人口就会翻一番(McPhail,2009)(p39)。所以政府希望这个节目在促进艾滋病预防效果之外能够对家庭计划也起作用。就当地人们对家庭计划的知识和态度而言,坦赞尼亚政府在《让我们与时俱进》播出之前的宣传活动已经取得一定效果。许多坦赞尼亚人都已经知道人口增长对国家、个人和家庭的不良影响,但是人们的知识和行动之间存在一个 KAP 鸿沟(参见下面有关 KAP 的概念解释)。《让我们与时俱进》在宣传安全性行为的同时,也为人们提供了家庭计划的行为榜样,促进人们采取行动保护自己,同时也创造一个更加幸福的家庭。

沃恩(Peter W. Vaughan)和罗杰斯 2000 年对坦赞尼亚的艾滋病预防娱乐教育肥皂剧的研究分析了这个节目影响之所以成功的四个主要原因。

⑴对人动之以情的传播讯息可以增强娱乐教育节目的娱乐诉求,从而吸引受众接收节目和与节目互动,所以产生影响。

⑵通过设计使传播讯息强调某种原来的行为的不良后果(例如不采用家庭计划措施的风险)可能比强调新的正确行为的好处(例如采用家庭计划措施的好处)更具有说服力。使用否定式(参见第七章有关恐惧诉求的讨论)表达一个讯息也可能比肯定式表达的讯息能够更有效地帮助受众建立对自己有说服力的信念。《让我们与时俱进》剧中既塑造了家庭计划的正面榜样,也塑造了反面形象,所以得以成功。

⑶《让我们与时俱进》采用激励的而不是纯粹报告式的讯息有助于缩小坦赞尼亚家庭计划运动中的 KAP 鸿沟。研究结果表明,采用节目的实验组的家庭计划效果（生育的胎数和一个妇女两胎之间的间距）比未采用节目的控制组好。在此之前的家庭计划教育活动注重认知性的讯息,增加人们有关避孕的知识。这些运动收到增加知识和形成赞成态度的效果,但是多数没能引起行为的变化。采用娱乐教育策略的运动能够强化情感的部分,并且通过提供与受众各方面都相似的行为榜样引导受众之间开展讨论。

⑷《让我们与时俱进》通过受众之间的讨论,在他们自己的社会语境中印证大众传播媒体的讯息。在此之前坦赞尼亚许多人都误认为他们的配偶不赞同家庭计划。研究发现,受众讨论家庭计划越经常,他们越能准确地了解自己配偶关于家庭计划的看法。《让我们与时俱进》引导配偶之间讨论家庭计划,促进他们之间的沟通。

四、娱乐教育的传播效果阶段模型

沃恩和罗杰斯 2000 年运用传播效果之塔理论、变化阶段论、社会学习理论和创新推广理论分析坦赞尼亚的《让我们与时俱进》项目的经验,总结了娱乐教育的传播效果阶段模型。

1. 传播效果之塔

传播效果之塔 (Hierarchy of Effects,HOE) 是 1989 年麦克奎尔 (McGuire) 提出来的描述大众传播中受众知识、态度和行为的变化差距 (KAP)的模型,包含以下三个要点。

⑴大众传播过程中受众接触到大众传播信息后会引起一系列相继发生的事件:受众对传播讯息的感知(知识);带来与讯息内容相关的态度改变;影响受众改变行为的倾向;发生明显的行为改变。

⑵在这个传播效果的层次体系中,层次越高,效果越大。越往下走,效果越小。

⑶受众具有改变行为的能力,外界因素无法阻止受众的行为变化。

根据传播效果之塔原理, 大众传播中对受众的知识产生较大的影响,对他们的行为的影响相对较小。传播效果之塔提出来之后,在许多传播实践的研究中得到印证。事实上,早在 20 世纪 40 年代,拉兹菲尔德对大众传媒效果的研究就已经得出类似的结论,指出:大众传媒运动对知识和态度产生较大的影响, 而在改变行为上的影响有限 (Vaughan and Rogers, 2000)(p204)。这种大众传播对人的知识、态度和行为变化产生的影响的差距被称为 KAP 鸿沟。

但是也有传播实践证明大众传播媒体可以对受众的行为改变产生很大的影响。这种传播效果之塔预测不到的大众传播对行为产生的大影响在采用娱乐教育策略的传播运动中尤其普遍。传播效果之塔的局限性源于它忽略了大众传播运动中激发的除了大众传播媒体之外的其他信息渠道和过程对人的知识、态度、行动产生的影响。例如前面介绍的坦赞尼亚《让我们与时俱进》的艾滋病预防娱乐教育运动中,电视系列剧引起受众之间的人际传播对促进这场运动的传播效果起了重要作用。娱乐教育运动的传播策略设计中,广播肥皂剧除了传播核心思想之外,剧中人物对话和剧情着意激发听众之间的讨论。在受众之间的人际传播过程中,大众传播信息内容得到进一步的理解和印证,从而产生更有效的影响。

2. 变化阶段论

变化阶段论(Stages of Change,SOC)是普罗查斯卡(Prochaska)等人在 20 世纪 80 年代提出来的有关人类行为变化的理论。变化阶段理论用一个五阶段模型描述人的行为变化。这个行为变化模式主要建立在对酗酒、吸毒等成瘾行为的研究基础上(Vaughan and Rogers,2000)(p205)。后来这个理论在家庭计划等公共卫生运动中得到广泛应用。变化阶段理论和传播效果之塔有许多相似之处,也有其不同的特点。变化阶段理论和传播效果之塔的主要区别包括:它更偏向心理学方向,关注人的行为变化过程中人的内在变量的变化规律;它认为行为变化过程不一定是线性过程;它把过程的变化与行为变化相联系;它不是专门从大众传播媒体所引起的效果的角度讨论人的行为变化过程,而是从人的内心活动去分析行为变化过程。引起这些变化的因素包括大众传播以及其他渠道的传播。变化阶段理论把一个人的行为变化过程分为五个阶段:

⑴思考前阶段:还没有开始考虑是否改变行为,可能还没有意识到改变行为的需要。

⑵思考阶段:已经意识到问题的存在,开始衡量改变行为的得失。

⑶准备阶段:产生了改变行为的倾向。

⑷行动阶段:实施改变的想法,积极主动地采取改变的行动。

⑸保持阶段:已经实现行为的改变。新的行为成为生活的一部分,并且有意识地避免旧行为的重新出现。

在考虑是否采纳一个新行为时,人们会对其他待选行为进行对比,权衡利弊。在行为变化过程中,当人们从一个阶段向另一个阶段前进时,他们对正在考虑中的行为好处的评判在提升,而对其坏处的评判在下降。类似于传播效果之塔对人进行改变的能力的肯定,变化阶段理论把人能够完成特定的任务的能力称为自我效验原理。自我效验原理坚定地预示人的行为改变的趋势,以及随着变化阶段的推进,人的行为改变趋势会逐渐增强。因此,进入了行动阶段的人们相对处于思考阶段者而言,他们相信新的行为带来的好处更多，坏处少些；他们对自己实现行为改变的能力信心更足（Vaughan and Rogers,2000)(p206)。

有关行为变化阶段的研究还发现，人的行为变化不一定是一个线性的过程。人们可能在五个阶段中循环发展，直到最后达到平衡的保持阶段。

普罗查斯卡还提出了成瘾行为变化过程(Process of Change)的概念，认为综合应用行为变化阶段和变化过程的原理可以提高促进人们行为改变的效果(Vaughan and Rogers,2000)(p206)。20世纪80年代末，普罗查斯卡和他的同事通过对戒烟行为的研究提出并且验证了关于行为变化的十个过程的假说(Prochaska and Velicer,1988)(p520-528)。普罗查斯卡等人认为，一个人的行为变化包括体验和行为两个因素，两者之间相互关联，相互影响，不可切割。因此，行为变化的任何一个阶段往往同时包括体验和行为的过程。

人的行为变化的体验因素包括：

(1)感知：了解有关行为变化的信息，增加有关知识，如了解戒烟的知识和方法。

(2)情感：产生和增加关于行为变化的情感反应，如对戒烟的提醒表示赞同。

(3)环境反思：结合对行为变化的认知和态度，判断个人行为对环境的影响，从社会环境的角度审视行为变化。其中也包括对自己作为他人的正面榜样或者反面榜样的认知，例如：考虑到吸烟危害他人的健康、亲人的感受、自己吸烟给孩子树立了一个不好的榜样等。

(4)社会支持：社会对行为的改变提供支持，如越来越多的公共场合禁止吸烟。

(5)自我反思：结合对行为变化的认知和态度审视自己的行为，如对自己吸烟感到惭愧。

人的行为变化的行为部分包括：

(1)控制诱惑：有意避免让旧习复发的诱惑，如把烟灰缸、打火机等对吸烟有提醒作用的物品收掉。

(2)支持：行为改变过程中的支持和帮助，如在需要的时候有人可以提供帮助，例如亲人的鼓励等。

(3)替代:学习替代旧习的方法,如嚼香口胶可以抑制吸烟的冲动。

(4)强化:奖励行为改变过程中取得的进步,巩固行为改变进程。如:给自己买个小礼物庆祝成功戒烟一星期。

(5)自我解放:坚定改变行为的信念,实现改变行为的行动,如相信自己可以成功戒烟,开始戒烟行动。

3. 社会学习论

社会学习理论认为人们可以通过观摩他人的榜样学习新的行为。榜样通常是人们日常生活中或者工作中的人际网络中相识的人,也可以是媒体塑造的人物。榜样在行为改变过程中主要起两个方面的作用。第一个作用是提供某种行为的示范;第二个作用是传递和增强人们改变行为的信心(Vaughan and Rogers,2000)(p206)。

社会学习过程中,学习者通过观察榜样行为后果强化自己的学习过程。榜样的行为取得有益的效果,对学习者的学习起正强化作用,反之亦然。例如:朋友戒烟后身体更健康,夫妻感情也更加融洽,可以激励学习者向采取戒烟行动的方向发展。而如果朋友戒烟后出现不良反应,则会使学习者却步。所以,学习者对榜样的行为和行为后果的观察是一个学习者间接体验新行为的过程。

邦杜拉关于人类行为受到三个因素之间的相互作用影响的学说(Vaughan and Rogers,2000)(p206)对社会学习过程做出进一步的诠释。邦杜拉认为人的行为、内在状态和外在条件三者之间相互联系,相互影响。

(1)内在状态:指人的认知和情感状态,包括人的知识、观念和态度。

(2)外在条件:指人的物质、社会和文化环境。

(3)外在行为:指人的某一特定的外在行为的变化。

以一个有关家庭计划的社会市场营销为例,所期望的外在行为变化是使人们采纳家庭计划的方法。从内在状态的角度来说,营销的目的是使人的认知方面达到:(1)接受晚婚、晚育和小家庭的观念;(2)知道家庭计划的各种方法,并且相信这些方法的安全性和有效性;(3)懂得如何采用家庭计划的方法。在情感方面使人们建立在家庭计划方面的自我效验态度,包括相信自己与配偶协商家庭计划事宜的能力和自己对要多少个孩子做决定的能力。就外在条件而言,它包括:(1)当地家庭计划服务设施的完备性和质量；(2)接触市场营销者及公共卫生工作者提供的有关家庭计划的信息；(3)配偶及其他家庭成员对家庭计划的态度；(4)意见领袖以及家庭计划相关行为的榜样；(5)当地文化对家庭计划观念的兼容性。

4. 创新推广理论

创新推广理论把人们对创新(包括新的行为)的采纳定义为：一个创新通过社会人际传播网络循一定规律，经过一段时间在某个社会系统中的扩散。意见领袖是社会人际传播网络中被人们信任的，其观点和行为对他人具有影响力的人。创新推广理论认为意见领袖对人们决定是否采纳创新起重要作用。创新推广理论认同社会学习理论中关于人际网络和社会环境对人的行为产生影响的观点，认为人际传播网络渠道是人们做出采纳或者拒绝创新的决策的重要决定因素。

创新推广理论提出把创新决定过程分为五个步骤(获知、说服、决定、实施、确认)的模式。这个模式与传播效果之塔、变化阶段理论有异曲同工之处。创新决定过程模式强调人际传播渠道在创新推广中激励创新采纳的重要作用。

5. 娱乐教育效果六阶段模式

娱乐教育效果六阶段模式是沃恩和罗杰斯在传播效果之塔、变化阶段理论、社会学习理论、创新推广理论的基础上，结合娱乐教育的实践提出来的有关娱乐教育对人的行为变化产生影响的理论模型。他们把传播过程中人的行为变化分为：思考前阶段、思考阶段、准备阶段、印证阶段、行动阶段和持续阶段(Vaughan and Rogers，2000)(p207)。前三个阶段是人的内在心理活动的阶段，涉及认知和情感因素。后三个阶段发生在人的外在环境，涉及人与社会系统中的其他成员之间的信息传播和分享。受众接触媒体信息是产生传播效果的先决条件。受众对这些信息的接触在不同阶段起不同的作用。接触信息的作用可以体现在认知、情感、榜样以及受众与社会系统其他成员之间的传播等方面。下面以家庭计划娱乐教育为例讨论娱乐教育效果模式。

(1)思考前阶段：处于思考前阶段的人们可能处于两种状态。第一种状态是对家庭计划方法一无所知；第二种状态是不认为家庭计划的方法跟像自己这样的人有关系。

处于思考前阶段的人们接触到的家庭计划相关信息对他们起作用的第一个途径是在他们的内心激起一个认知过程。通过信息内容的理性表达和论证,使受众开始进入学习过程,从而了解和理解家庭计划信息内容,产生知识的变化。思考前阶段的人们接触到的家庭计划的信息对他们产生作用的另一个途径是在他们内心引起情感过程。通过认同的情感过程,使人们相信家庭计划的信息与自己这样的人有关系。认同是一个人在其他人身上看到自己,并且对那个人所处的情景产生同感的过程(Vaughan and Rogers,2000)(p209)。娱乐教育节目中的与受众具有相似之处的人物可以促进受众的认同过程。取材于当地真实生活的人物和故事可以使娱乐教育信息更加贴近受众,教育信息更加生动和真实,从而更容易被受众认同。

思考前阶段的传播的认知效果目标主要是使受众了解和理解教育内容,并且发生知识的变化。这个阶段传播的情感效果目标是使受众意识到传播信息内容与自己有关系。当人们对家庭计划产生了认识,并且认为家庭计划与自己有关的时候,就意味着他们已经迈进了第二个阶段。

(2)思考阶段:进入思考阶段的人们在认知方面对家庭计划已经有所了解;在情感方面承认家庭计划与自己相关,但对家庭计划仍然存在一定的疑虑。例如相信有关家庭计划方法副作用的一些不真实的传言、没有真正领会采用家庭计划方法的结果或者不采用家庭计划方法的后果等。另外,他们往往缺乏采纳家庭计划所需要的自我效验。

在娱乐教育中,一个信息被人们理解了之后,传播媒体的下一个目标就是说服人们相信这个信息,并且认识到信息的内容对自己是有益的。例如相信家庭计划的方法安全可靠,认识到采用家庭计划方法可以为本人和家庭的健康、经济带来好处。对处于思考阶段的人们,需要说服他们有关采纳教育信息内容的好处和不采用教育信息内容的坏处,帮助他们对采纳与否的利弊关系做出正确的判断。

娱乐教育期望达到的一种理想效果是,观众投入剧情当中,与剧中人物形成某种想象的关系和互动。这种想象的互动关系叫作类社会性互动,类社会性互动可以强化榜样行为的效果。在思考阶段,大众传播媒体信息可以利用类社会性互动,通过情感过程起作用。娱乐教育节目中,利用跟受众相似的人物榜样,可以对受众产生影响。人物榜样使受众看到与他们一样的其他人在跟他们一样的情况下可以成功地采纳教育内容。这样的人物榜样策略,可以提升受众对自己成功采纳榜样行为的自信心以及对榜样行为跟社会兼容性(或者社会对榜样行为的接纳性)的信心。

观众可以通过四种方式与娱乐教育节目互动,从而产生类社会性互动。第一种方式是把剧中人物想象成现实生活中的真人;第二种方式是跟剧中人物交谈;第三种方式是移情代入,把自己想象成剧中人;第四种是给剧中人物写信。例如 20 世纪 80 年代,印度进行了为期一年的娱乐教育电视肥皂剧实验。实验期间剧中的人物收到 40 多万封观众来信。在受众与媒体内容互动增加的同时,媒体信息的效果也随之增大。

思考阶段中传播的情感效果主要目标是提升受众对自己成功采纳榜样行为的自信心。这个阶段中的人们常常征询他们的伙伴或者意见领袖的看法,从而降低他们对新事物的不确定性;确认新事物的好处;确认社会和本土文化对新事物的接受性(Vaughan and Rogers, 2000)(p210)。大众传播可以通过三种方式激发受众之间的人际传播。第一种方式是通过节目中的榜样人物示范如何跟不同的人讨论敏感性话题;第二种方式是通过榜样人物示范,提升人们对与他人讨论敏感性话题的自信;第三种方式是为受众之间的讨论提供话题。

(3)准备阶段:进入准备阶段的人们已经产生采纳新事物的倾向。他们具有两个主要特点。第一,他们相信新事物的优越性,例如他们相信家庭计划的好处;第二,他们具有一定程度的关于新事物的自我效验,例如他们对自己成功采纳家庭计划的能力有充分的信心。这个阶段的传播效果目标是强化受众已经形成的知识和态度,为他们进入下一阶段提供帮助。在家庭计划的例子中,这个阶段的一个主要任务是鼓励和支持他们与配偶以及其他家庭成员讨论自己的决定,获取配偶和家庭的支持。

(4)印证阶段:进入印证阶段的人们已经做好采纳新事物的准备,但还没有正式采取行动。与配偶和家庭其他成员的沟通在这个阶段仍然是关键环节。前面介绍坦赞尼亚的家庭计划娱乐教育提到,许多坦赞尼亚的夫妇对自己配偶关于家庭计划的态度存在误解。调查数据表明在没有采纳家庭计划方法的人里面 20%称"配偶反对采纳"是他们没有采纳家庭计划的原因。许多人认为他们的配偶反对家庭计划,而事实上他们从来都没有跟自己的配偶讨论过家庭计划的事情(Vaughan and Rogers,2000)(p211)。配偶之间进行家庭计划的讨论,一方面可以使双方相互之间准确了解对方的态度;另一方面通过讨论可以促进双方对家庭计划的思考和理解,乃至采取家庭计划的行动。

⑸行动阶段:进入行动阶段的人们已经顺利通过前面几个阶段的思考、准备和印证,决定采纳新行为,并且与推销者接触,获取采纳新行为、新产品的必要信息和材料。这个阶段大众传播的主要目标是为采纳者采纳新行为和新产品提供支持。娱乐教育可以通过两个途径促进实现这个目标。第一个途径是通过剧中人物示范和传达准确使用方法,解答常见问题;第二个途径是通过剧中人物示范,激发受众主动向推销者(例如家庭计划服务中心)寻求帮助,以及在受众之间进行讨论,交流采用的经验和心得。

⑹持续阶段:持续阶段是娱乐教育的最终目的。持续阶段有两个特征:采纳者稳定地施行新行为;采纳者体会到新行为给自己生活带来的好处。

这是一个建立在前人提出的理论基础上结合娱乐教育实践经验提出来的理论模型。传播效果六阶段模型采纳了传播效果之塔有关 KAP 鸿沟的观点,沿用了行为变化阶段理论和社会学习理论考察行为变化的内外因的视角,在行为变化阶段理论五个阶段的基础上增加"印证"的阶段。这个模型反映了娱乐教育影响受众行为改变的规律,对其他类型的社会市场营销也具有指导意义。

【参考文献】

[1] BELCH,G. E. & BELCH, M. A. *Advertising and Promotion*, Boston, McGraw Hill. 2007.

[2] BROWN, L. A. *Innovation Diffusion: A new perspective*, London, Methuen. 1981.

[3] CLOW, K. E. & BAACK, D. *Integrated Advertising, Promotion, and Marketing Communication*, Boston, Pearson. 2010.

[4] CNNIC 第 35 次中国互联网络发展状况统计报告. 北京：中国互联网络信息中心. 2015.

[5] DANAHER, P. J. & ROSSITER, J. R. Comparing perceptions of marketing communication channels. 45, 37. 2011.

[6] DANN, S. Redefining social marketing with contemporary commercial marketing definitions. *Journal of Business Research,* 63, 7. 2010.

[7] GOLDBERG, M. E., FISHBEIN, M. & MIDDLESTADT, S. E. *Social Marketing: Theoretical and Practical Perspectives,* New Jersey, Lawernce Erlbaum Associates. 1997.

[8] HEMER, O. & TUFTE, T. (eds.) *Media and Glocal Change: Rethinking Communication for Development,* Goteborg: Nordicom. 2005.

[9] KOTLER, P., BURTON, S., DEANS, K., BROWN, L. & ARMSTRONG, G. Marketing, Sydney, Pearson Australia. 2013.

[10] KOTLER, P. & LEVY, S. J. Broadening the Concept of Marketing. *Journal of Marketing,* 33, 6. 1969.

[11] KOTLER, P. & ZALTMAN, G. Social Marketing: An Approach to Planned Social Change. *Journal of Marketing,* 35, 10. 1971.

[12] MASLOW, A. A theory of human motivation. *Theoretical Readings in Motivation.* Chicago: Ran McNally College Publishing. 1975.

[13] MCLUHAN, M. *Understanding Media: The Extensions of Man,* London, Routledge & Kegan Paul Ltd. 1964.

[14] MCPHAIL, T. L. E. *Development Communication – Reframing the Role of the Media,* West Sussex, Blackwell Publishing. 2009.

[15] MCQUAIL, D. *McQuail's Reader in Mass Communication Theory,* London, Sage Publications. 2002.

[16] MELKOTE, S. R. A. H. L. S. *Communication for Development in the Third World: Theory and Practice for Empowerment,* New Delhi, Sage Publications. 2001.

[17] PROCHASKA, J.O. & VELICER W. F. Measuring Processes of Change: Applications to the Cessation of Smoking. *Journal of Coun sulting and*

Clinical Psychology, 56,4. 1988.

[18] SUMMERS, J., GARDINER, M., LAMB, C. W., HAIR, J. F. & MCDANIEL, C. *Essentials of Marketing,* Southbank, Thomson. 2003.

[19] TRUONG, V. D. Social Marketing: A Systematic Review of Research 1998–2012. S*ocial Marketing Quarterly,* 20, 20. 2014.

[20] VAUGHAN, P. W. & ROGERS, E. M. A Staged Model of Communication Effects: Evidence from an Entertainment–Education Radio Soap Opera in Tanzania. *Journal of Health Communication,* 5, 25. 2000.

[21] WILKIE, W. L. & MOORE, E. S. Expanding our understanding of marketing in society. *Journal of the Academy of Marketing Science,* 40, 21. 2012.

第七章　传播与说服

人类的传播活动大多数都属于说服性的传播活动。我们告诉别人一个讯息时,希望说服对方相信这个讯息是真的;我们与别人分享一个想法时,希望说服对方接受这个想法;我们进行发展传播时,希望说服人们采纳我们的提议,改变态度,采取行动,改善现状。因此本章将讨论说服的概念和基本原理。

第一节　亚里士多德关于说服的论述

亚里士多德(Aristotle)是说服理论的奠基人。最早的一个有关说服的定义是亚里士多德在公元前300多年提出的。他把说服定义为使人们做他们通常不会主动去做的事情的艺术(Borg,2004)(p4)。亚里士多德所处的年代,说服主要以演讲的形式进行,所以他的说服理论建立在演讲的语境下。亚里士多德的《修辞术》是最早的一部对说服艺术进行系统论述的说服理论经典著作,完成于公元前322年,1909年被译成英文以书名 *Rhetoric* 出版。书中论述的说服原理奠定了现代说服理论的基石。

一、说服的方式

亚里士多德把说服的形式分为三种:第一种形式是利用说服者的个人魅力的说服;第二种形式是通过语言引导听众进入某种心境达到的说服;第三种形式是通过事实证据进行说服。说服者通过语言表达或者展示证据进行说服(Aristotle,367-322BC)(p1329)。

第一种形式的说服中，说服者必须在传播过程中展现自己的魅力，让听众对自己产生信任，相信自己说的是真的。我们往往会相信那些"可信"的人所说的话。当我们所面对的问题难以验证而又众说纷纭时，这种形式的说服成功率就更高了。在说服艺术的语境下，这种形式中的"魅力"的概念指说服者通过语言表达（传播）而产生的魅力，并不是在传播之前就具有的既有魅力。

第二种形式的说服中，说服者通过语言在听众内心唤起某种情感反应，达到说服效果。在不同的心境下，人们对事物的判断会有所不同。一个人在感到高兴、对对方有好感的心境下做出的决定与他感到不开心、对对方有敌意的心境下所做出的决定可能截然不同。一个成功的说服者具备能够在听众内心唤起有助于说服效果的情感反应。

第三种形式的说服主要靠传播的内容实现。说服者必须通过有效地组织论据和相应的充实的论证，去证明所提出的论点。

通过对三种说服形式的阐释，亚里士多德概括了一个成功的说服者必须具备的素质：(1)具备逻辑推理的能力；(2)理解人们所欣赏的各种魅力和优良品质及其各种表现形式；(3)对情感有深入的理解，不仅知道各种情感的名称，而且懂得如何描述它们，理解它们产生的原因，掌握在人们心中激起这些情感的有效办法（Aristotle，367–322BC）（p1330）。

二、说服的社会价值

亚里士多德的说服理论中的说服不是诡辩，而是用修辞艺术捍卫事实的学问。说服对于以社会性作为一个本质特征的人类来说，是日常生活的一部分。人每一天的生活里都在进行各种说服活动。亚里士多德认为说服包括四个方面的社会价值（Morreale et al.，2007）（p372）：(1)说服可以防止欺诈和不公义。在一个民主公正的社会中，人们除了需要知道是非对错之外，还需要知道并且能解释是非对错的原因；(2)说服是社会教育的有效方法。欺骗和强制的手段不能获得民心，只有通过讲道理摆事实的说服艺术，才能使人们信服；(3)说服帮助人们从事物的正反两个方面去看待和理解问题。通过说服使人们自己做出是非对错的判断，通过说服达到的改变是可持续的改变;(4)说服是用说理的方式保卫自己。说服使人们能开展理性的讨论,捍卫自己以及自己认为正确的事物和观念。

必须强调指出,任何一门学问的社会价值都是由使用者决定的。对说服的社会价值给出这四点评估的前提是说服是建立在事实依据基础上,用事实说话,以理服人的讲究道德准则的传播沟通过程。现实世界中,有不少例子是运用说服原理和技巧进行诡辩,使说服的学问成为欺诈的工具。例如,本章第二节将讨论的布什就美国2003年发动伊拉克战争的演讲就是一个利用说服技巧迷惑受众的例子。

三、说服和修辞学的区别

修辞学和说服是两个不同的概念。亚里士多德把修辞学定义为:探索给出的任意案例的说服方法的学问(Aristotle,367–322BC)(p1329)。修辞学不属于任何特定的学科或者领域,它具有为属于任何领域的题目提供说服方法的功能,是一门普适性的学问。这是其他任何学问不具备的功能。其他的学问只局限于一定的学科, 只能对本领域的题目提供解答(Aristotle, 367–322BC)(p1329)。例如,医学理论只能论述医学方面的题目,物理学只能解答物理的问题。修辞学研究说服的方法;说服是实践修辞学的艺术,但说服的方法并不一定都属于修辞学的范畴。不属于修辞学范畴的说服的方法指那些不是通过说服者的言谈提供的说服方法,而是本身就存在的说服手段,例如法庭上的证人、供词、物证等。这些手段已经存在,只待说服者加以利用、展示就可以产生说服的效果。属于修辞学范畴的说服方法则有赖于说服者的创造。

说服是一种证明,因为当人们认为事情已经得到证明的时候,他们就完全被说服了。或者反过来说,当人们被说服的时候,就是他们认为事情已经得到证明了。亚里士多德指出有两种证明的方法:一种是例证的归纳方法,另一种是三段法的演绎方法。例证的归纳方法是把证明命题的证据建立在一系列相似的例子基础上的方法。例证的方法包括历史的和创造的例证。历史的例证利用历史上的类似案例作为支持命题的证据;创造的例证包括援引旁证例证和虚构想象的例证(Aristotle,367–322BC)(p1322)。

亚里士多德认为采用演绎推理三段法的证明是最有说服力的证明（Aristotle,367–322BC）(p1327)。三段法主要包括证明式三段法和反驳式三段法。证明式三段法通过联结互相一致的命题演绎推理；反驳式三段法通过联结互相矛盾的命题演绎推理。利用众所周知的格言和常理也是一种三段法，但是不完全的三段法。亚里士多德认为反驳式三段法比证明式三段法更有说服力，因为反驳式三段法推导出两个互相矛盾的论点，把两个不同的论点放在一起比较，可以更清楚地说明问题（Aristotle,367–322BC）(p1428)。

亚里士多德对演绎推理方法的推崇显然有其时代的局限性。古希腊时代公众传播的主要渠道是演讲。无论是采用例证法还是三段法，都有赖于演讲者的口头表达。相对于用一些人们看不见摸不着的例子证明的结论而言，建立在人们普遍认同的常理基础上，通过逻辑推导得出来的结论显得更有说服力。现代信息传播技术完全改变了传播的情景，向受众提供丰富而生动的实例完全不成问题。对于大多数的受众来说，生动形象的例证法效果比抽象的演绎推理更具吸引力，也更容易理解。

四、幸福最大化是选择的根本准则

说服的目的是使受众做出说服者所期望的选择。人们的选择可以基于各种不同的目的。亚里士多德认为，人的选择归根到底就是出自一个目的。这个决定人的选择的最终目的就是幸福及幸福的构成部分的最大化。人在考虑做某件事情或者避免某件事情的时候，最根本的考虑就是这件事情对他的幸福的影响：选择做能够增加幸福或者增加幸福的某方面的事情，而避免损害幸福或者对幸福的某个构成部分不利的事情。亚里斯多德认为，作为决定人的选择的根本准则，幸福是一个含义广泛的概念，包括良好愿望的实现、独立的生活、最大程度的享受快乐、身体或财产的良好状态以及对它们的使用等（Aristotle,367–322BC）(p1339)。从这个幸福的定义出发，亚里士多德推导出构成幸福的组成部分包括：一个好的出身、许多朋友、拥有好朋友、富有、孩子孝顺有出息、许多孩子、快乐的晚年、健康、美貌、身材健美、良好的性格、好运气、优良品质等。总而言之，亚里士多德在这里所说的幸福的概念指的就是人的价值观,而幸福的构成部分就是人们认为美好的东西。人们选择做符合自己价值观或能够实现自己的美好愿望的事情。

五、说服中的情感因素

亚里士多德的说服理论中一个重要原理就是有效地在受众内心激发某种情感可以促进说服效果。情感指那些会对人的判断和决定产生影响的内心的感觉, 这些感觉与疼痛和快感相伴随 (Aristotle, 367-322BC) (p1380)。许多情感是成对的,例如:平静与生气、友好与敌意、信心与恐惧、羞愧与自大、仁慈与刻薄等;此外还有怜悯、愤慨、羡慕和上进等情感对说服都能产生影响。

说服者可以从三个角度把握受众的情感 (Aristotle, 367-322BC) (p1380):⑴某种情感产生时人的内心状态呈现什么特点? 例如,当一个人生气的时候其心态有什么特点? ⑵这种情感在什么样的情况下容易出现? 例如,什么样的人和什么样的人在一起容易生气? ⑶什么原因会引发这种情感? 例如,什么原因会引起他们对那些人生气?

六、期望的行为和实际的行为

人类社会之所以能够维持一定的秩序正常地运作,是因为每一个社会都有一套为大多数社会成员所共同认可、遵守的社会规范和价值观。社会规范和价值观为我们提供行为的准则,使我们知道如何做是对的,同时也提供了预测他人行为的依据,使我们能够预测在一定的情况下,他人可能做出的行为。例如,行人在悉尼如果需要过马路,他会找有斑马线的地方过, 因为在有斑马线的地方司机礼让行人是悉尼的人们普遍遵守的规则。如果在北京过马路,即使有斑马线也无济于事,因为北京还没有形成在斑马线的区域让行人先过的行为规范。但即便是成为规范的行为,也不一定被践行。被社会成员普遍认可的规范和被社会成员普遍践行的行为并不一定相一致。所以,即使是在悉尼,在有斑马线的地方过马路也需要留意。

亚里士多德指出:人们公开赞许的不一定是他们私底下认同的。公开的赞许只是出于对社会正义和美德的崇尚与支持;私底下的认同则出于人们自身的利益(Aristotle,367–322BC)(p1424)。这个原理对说服传播有两个重要价值。第一,运用这个原理可以反驳所谓"大多数人都这么说"的论点;第二,这个原理提醒我们,在强调社会观念和价值观对人的行为产生影响的同时,必须认识到观念和价值观跟行动之间的差距。这个观点与现代传播学理论中的 KAP(知识、态度、实际行动)鸿沟原理是一致的。

第二节　说服的类型和方法

现代说服研究关注说服对人的态度、信念、价值观和行为的影响,把说服定义为通过信息传播塑造、增强或者改变他人的反应的过程(Stiff and Mongeau,2003)(p40)。说服是通过传播的方式,使受众从原始的 A 点状态向目标状态 B 转变。每一个点上的状态由四个变量决定:态度、信念、价值观和行为。说服的效果是 A、B 两点状态之差。

说服 = A(态度 a、信念 a、价值观 a、行为 a)→B(态度 b、信念 b、价值观 b、行为 b)

说服效果 = B–A (态度 b–a、信念 b–a、价值观 b–a、行为 b–a)

说服者采取各种说服方法, 向受众证明说服者传播的信息是重要的、真实的和正确的,从而使受众实现从 A 点到 B 点的转变。

一、说服的类型

根据说服传播的目的,可以把说服分为:巩固态度、改变态度和改变行为等三种类型。

1. 巩固态度

巩固态度的说服目的在于通过信息传播以及利用受众普遍存在的有意寻求和乐于接受跟他们原有态度、信念、价值观相契合的信息的心理倾向优势,巩固受众已经持有的态度、信念和价值观。传播学理论中的受众选择性原理表明,大多数的受众会选择关注和接受与他们的态度、观点相一致的信息。受众的这种心理倾向为巩固态度的说服提供了以改变为目的的说服所没有的优势。但这并不等于巩固态度的说服就可以一帆风顺，没有任何挑战。以巩固态度为目的的说服主要面对两个挑战。第一个挑战是使受众认识到相关议题的重要性和紧迫性；第二个挑战是提升受众的态度和认识水平。

受众可能同意说服者的观点和立场，但是缺乏对当前议题的紧迫性的认识。以节约用电的议题为例，节约用电议题涉及的态度是"支持节约用电"；其相关的信念是"浪费电损害环境，不利己"；与此相联系的价值观包括"每一个人都有为环境保护做贡献的义务"。受众中可能很多人都同意这些态度、观念和价值观，但并没有认识到这个议题在自己生活中的紧迫性，或者与自己的密切相关性。说服传播的任务是在加强受众已有的认识和态度的同时，提高他们对节约用电的紧迫性以及与他们密切相关性的认识。

2. 改变态度

改变态度的说服目的是通过信息传播改变受众对某一事物的态度、信念和价值观。所期望的改变包括，态度的改变：从赞同变成不赞同，或者从不赞同变成赞同；信念的改变：从认为该事物是对的变成认为它是不对的，或者从认为该事物是错的变成认为它是对的；从认为该事物是重要的变成认为它是不重要的，或者从认为该事物是不重要的变成认为它是重要。

实现态度的改变的第一步是向受众提供信息，使他们愿意进一步接触信息。这是关键的一步，也是最困难的一步。根据受众的选择性接触原理，在传播过程中，受众会有意回避与自己原有立场和观点相悖的信息。只有首先突破受众选择的防线，传播才能进行，才有说服效果可言。鉴于受众选择性接触传播信息的原理，可以从与受众现有观点相契合的方面入手，与受众建立沟通关系，在这个基础上增进相互之间的了解和友好关系，循序渐进地引进新的观点。例如：你的说服传播目的是使受众改变原来赞成死刑的态度，可以从受众原有的不赞同草菅人命的犯罪行为入手，逐渐把讨论引入尊重生命的态度，在适当的时机表达有关反对死刑的论点，进入核心议题的说服。

改变人的信念的一个有效的途径是采用例证法，用例子和事实支持你的论点。人的信念是建立在过往经验(直接经验和间接经验)基础上的。改变人的原有信念，需要给他们提供足够的新的经验，在推翻他们原有信念经验基础的同时,建立新信念的经验基础。说服的核心是向受众证明你所说的是真的和正确的。事实是最有说服力的证明,而采用来自受众所信任的信息源提供的例子和相关信息,以及说服者在传播过程中在受众心目中建立起来的可信赖形象都有助于增进说服效果。

3. 改变行为

改变行为的说服目的是通过信息传播影响受众的行为,使他们采纳某个新的行为或者中断某个原来的行为。例如,环境保护活动中呼吁人们垃圾分类、竞选中拉选票、学校开放日向学生推荐本校课程等说服传播,是使受众采纳一个新行为的说服;爱国卫生活动中呼吁人们不要随地扔垃圾、戒烟活动中宣传戒烟等,是使受众中断一个原有行为的说服。

人的行为受其态度、信念和价值观的影响。如果一个人对刻苦读书持赞同的态度,相信入读名校是孩子走向成功的必由之路,认为孩子的学业成功是头等大事,那么他很可能就会表现出送孩子参加各种各样的补习班,千方百计地让孩子进名校,敦促孩子拼命读书等行为。

因为行为和态度、信念、价值观之间的联系,对行为的改变首先必须考虑受众的态度、信念和价值观的因素。难以想象一个一心一意望子成龙的"虎妈"会在三言两语之下就改变行为。着眼于态度、信念和价值观对行为的影响,改变行为的说服有两个入手点。

改变行为的第一个入手点是对受众现有的态度、信念和价值观表示赞同,但应指出他们的行为与他们的态度、信念和价值观之间的矛盾之处。多数人都相信自己所作所为与自己的态度、信念和价值观相符合,然而事实上并非如此。如果说服者能够找出并且证明受众的行为与他们的态度、信念和价值观不一致的地方,就很有可能达到说服的效果。

改变行为的第二个入手点是首先设法改变受众的态度和信念,然后再改变行为。显然,这个改变工程就比第一个入手点要大得多。

在这里有必要再一次强调传播过程中的 KAP 鸿沟原理。人们所做的不一定是他们所说的、所相信的、所支持的。一个人的行为可以是他遵循自己的立场和观点在理性判断基础上产生的,也可以是他在某种情感的支配下做出,还可以是一种不假思索的习惯造成的。说服者必须洞察这些差别和原因,采取适当的传播策略应对。

二、说服的诉求方法

根据亚里士多德关于说服方式的论述,现代说服理论提出三种主要的说服诉求方法:逻辑诉求、情感诉求和信任诉求。

1. 逻辑诉求

逻辑诉求有赖于说服者的知识和推理的技巧。说服者运用知识和信息,按照人思考的规律向受众证明自己所传达的信息的重要性、真实性和正确性,使受众从 A 状态向 B 状态移动。逻辑诉求讲究事实证据和理性分析,适合具有一定知识和分析能力的受众。逻辑诉求的基本原理是提出论点,呈现证据,启发受众从所展现的信息中推导出结论。说服者遣词造句的能力,编辑、展现、运用信息的能力和逻辑分析的能力,决定逻辑诉求的成败。逻辑诉求的说服包括两种推理方法:演绎和归纳。

演绎的逻辑推理利用一组前提推导出特定的结论。最简捷的推理包括一个大前提和一个小前提,借此导出特定的结论。所提出的大前提和小前提都是显而易见的事实或者常理,如果受众接受大前提和小前提是真的,那么他们也必须接受结论也是真的。这种三部曲形式的简捷演绎推理也叫作三段法。例如:

大前提:人都有情感;

小前提:李先生是人;

结论:李先生有情感。

归纳的逻辑推理运用一系列实例和范例推导出特定的结论。其原理是如果受众接受所举出的例子是真的,那么他们也必须接受结论是真的。归纳逻辑推理方法建立在所列举的例子基础上,所以归纳法也叫例证法。所列举的例子越充分和可信,所归纳出来的结论就越有说服力,如用例证法推导中国留学生在课堂上发言较少的结论。

例一:我教过的班里中国来的留学生一般很少发言。

例二:我的同事告诉我,他班上的中国留学生也不怎么爱发言。

例三:学期末教学总结会上常常有老师提出中国留学生课堂参与积极性不高的问题。

例四：在一次国际教育学术会议上，XX博士指出总体来说来自中国的留学生在课堂上发言比来自西欧国家的留学生发言少。

结论：中国留学生在课堂上发言较少。

2. 情感诉求

情感诉求建立在受众的心理和激情基础上。心理学研究证明，虽然人类具有发达的思维能力，但是人并不总是理性地思考。亚里士多德指出，人的情感影响人做出的判断。人在冷静心态下做出的判断和在生气的心态下做出的决定完全不相同。成功的说服者能够根据具体的说服目的，在受众内心激起一定的情感以增强说服的效果。

情感诉求可以建立在任何情感的基础上，如爱、恨、悲、乐和恐惧等。恐惧是最常用的一种情感诉求，建立在通过信息传播在受众内心引起对未来可能发生的某种事件的忧虑的基础上。政治家用恐惧情感诉求的手段操纵民意，推动原本不受欢迎的议题。例如2003年3月美国总统布什就美国出兵伊拉克做的演讲中采用恐惧情感诉求的手法，说服美国人民支持美国对伊拉克的入侵。在发展传播中，恐惧情感诉求常常用在预防性的说服传播。例如预防疾病的公共卫生教育、保护自然资源的教育等。本章第三节专门对恐惧情感诉求详细讨论。

在实际应用中，情感诉求和逻辑诉求相结合可以达到很好的说服效果。受众的注意力容易被情感诉求所吸引。而逻辑诉求的长处是可以引导受众自己推导出说服者想要的结论。情感诉求和逻辑诉求相结合，可以首先通过情感诉求吸引受众的注意力，在此基础上引导受众进行逻辑推理。

3. 信任诉求

信任诉求建立在受众对说服者的名声、声望和权威的看法基础上。因此，信任诉求的成功应用有赖于说服者对自己和信息来源的可信性的建立。说服者在受众心目中的可信形象包括说服者原有的名气和声望、通过当前的传播过程建立起来的形象以及与受众之间的关系。例如，名人们往往在大众心目中已经有了一定的形象定势，除了有助于说服效果之外，可以提升对受众注意力的吸引。商业广告、企业公关以及发展传播的推广宣传中邀请名人参与的一个原因，就是利用他们原有名气、声望提升传播的吸引力和效果。

说服者的可信性的主要来源是说服者本身。说服者在受众心目中建立起来的形象决定于外在的因素、内在的因素和过程的因素。外在的因素指说服者的外在形象,包括说服者的外表形象、着装、举止谈吐等;内在的因素指说服者的个性,例如幽默风趣、善解人意、诚恳豁达等个性都有利于在说服者和受众之间建立良好的沟通关系,从而增加相互之间的信任关系;过程的关系指传播过程中说服者表现出来的沟通技巧,例如运用语言和非语言符号的能力,与受众的互动能力等。

说服者在受众心目中的形象包括专业性、可靠性和个人魅力三个主要方面。

专业性是受众心目中对说服者在议题相关领域中的专业知识和能力的认可程度。专业性的形象决定于说服者的内在因素,并且通过过程因素予以体现。说服者在说服别人之前,必须先说服自己。树立专业性形象要求说服者对议题及其涉及的相关领域有充分的了解和理解,能够用自己的经验现身说法,并且能够熟练地引用来自可靠信息源的信息佐证自己的论点。例如戒烟活动的演讲,如果演讲者自己是一个成功的戒烟者,那么他的成功戒烟经历可以提升其说服的可信性。

可靠性是受众心目中对说服者的人品的认可程度。人们会觉得"好人"的话可靠性更高一些。对可靠性产生影响的主要品质包括真挚、坦率和客观等。可靠性形象主要由说服者的内在因素和过程因素决定。诚实、善良、坦率的人说的话让人觉得可信些。而表述自己观点的过程中,能够坦承不同观点的存在,并且客观地对不同的观点进行比较,可以使听众更加信服。反之,片面强调自己的观点的正确性,对不同观点要么全盘否定,要么一字不提,非但掩盖不了事实,反而会给人留下不诚实和不客观的印象,从而使受众对传播信息的可靠性产生怀疑。

魅力是受众感觉到的说服者对他们的吸引力。魅力是在说服者和受众之间建立信任关系的很有效力的润滑剂。一个说服者的魅力形象在很大程度上取决于他的外在因素,但是也与其内在和过程因素相关。历史上著名的演说家外表英俊、风流倜傥者不少,例如克林顿、布莱尔之流。但外表普通靠技巧取胜者也大有人在,例如希特勒、萨达姆。相对于专业性和可信性,魅力显得更加主观。一个人对某些受众可能很有魅力,对另一些受众却可能魅力全无。例如,克林顿固然有许多粉丝,对他吐槽者也不少。其貌不扬的希特勒是给世界带来了一场噩梦的臭名昭著的恶魔,可他的演说吸引了成千上万甘心情愿为他所导演的噩梦献出生命的青年人。

亚里士多德指出,说服者不仅需要使自己的演说显得有理有据,值得信任,而且还需要让自己的人格显得无懈可击,并且使他的听众进入适当的心态(Aristotle,367–322BC)(p137)。三种说服诉求方法各有特长。最佳的说服效果有赖于说服者根据具体的客观环境、议题的性质和受众的特点做出判断,对三种说法诉求作有效的综合利用。下面以布什在美国发动对伊拉克的战争做的一个演讲为例,讨论各种说服诉求方法的应用。

2003 年 3 月 20 日,美国政府以伊拉克拥有大规模杀伤性武器为由,不顾联合国安理会的阻止发动了伊拉克战争。出兵当天,布什总统在白宫发表演讲,说服美国人民支持这场颇具争议性的战争。以下是布什演讲的摘译。

> 我的公民同胞们,此时此刻,美国和联军部队开始了让伊拉克放下武器、解放伊拉克人民和保护世界免遭一场重大灾难的军事行动。
> ……
> 我的公民同胞们,我们国家和世界面临的危险最终会被战胜。我们将渡过这个艰难的时期,继续我们的和平使命。我们将捍卫我们的自由。我们将给他人带来和平,我们一定会胜利。

表 7-1 布什伊战演讲诉求方法分析

说服诉求方法	例句	结论/效果
逻辑诉求	让伊拉克放下武器,解放伊拉克人民,保护世界、和平使命,捍卫我们的自由,给他人带来和平,一定会胜利	这是一场正义的战争、必要的战争和必胜的战争
情感诉求	重大灾难,国家和世界面临的危险,一定会胜利	危险的忧虑和胜利的希望
信任诉求	我的公民同胞们、我们国家、我们一定会胜利	我们是同一条战壕的战友,我们的利益是一致的

这场由美国领头的对伊拉克的入侵战争是在 2001 年"9·11"事件背景下,以伊拉克拥有大规模杀伤性武器为由发动的。美国政府宣称这场战争的三个目的是:⑴摧毁伊拉克的大规模杀伤性武器;⑵结束萨达姆对恐怖主义分子的支持;⑶解放伊拉克人民。然而,相信这些摆在桌面上的说辞的人并不多。亚里士多德早在 2000 多年前就指出,人们公开宣称的和私底下奉行的不一定保持一致。摆在桌面上的理由正义凛然,堂皇冠冕,是给别人看的;私底下奉行的才是真实的,往往是为自己的利益着想的。对于这场战争的真实目的,人们有不同的猜测,其中包括美国政府为了转移美国人民对政府未能阻止 2001 年"9·11"灾难发生的不满情绪和为了争夺中东的石油资源等。虽然对于伊战的真实原因众说纷纭,有许多不同的貌似有理的解答,其中有一点可以肯定的就是事实证明美国政府所宣称的那些目的不是真实的目的。事实上,美国出兵之前,国内和国际上就存在许多反战的呼声。执意开战的美国政府必须让人们相信这场战争是必要的、正义的、是可以取得胜利的战争。布什的演讲是当年美国政府做出的许许多多的说服努力之一。以上面给出的演讲稿片断为例,可以找出逻辑诉求、情感诉求和信任诉求三种说服诉求的元素。

　　逻辑诉求:面对当时国内外存在的对这场战争的猜疑、反对和对战争后果的担忧,美国政府必须证明这场战争的必要性、正义性和可行性。布什在演讲中列举了:让伊拉克放下武器、解放伊拉克人民和保护世界、履行和平使命、捍卫美国人民的自由并且为其他国家的人民带来和平等普世公认的正义公理,推导出这是一场正义的和必要的战争的结论。

　　情感诉求:伊战是一场跑到人家家里去打的战争,美其名曰先发制人的战争。其情感诉求与保家卫国的战争不可能相同。例如当年的抗日战争是日本军国主义者跑到我们的国土上烧杀掳掠,每一个有骨气有正义的中国人都会对国耻家仇的愤慨之情有深刻的体验。为了说服人们赞同跑到人家家里去挑起战争,美国政府诉求的主要情感是"恐惧"。恐惧是一种对未来的危机感觉到害怕的心态,亚里士多德把它定义为:由于内心想象的未来可能出现的毁灭或痛苦而引起的疼痛或者不安 (Aristotle,367–322BC) (p1389)。布什的演讲中用假设的手法描述未来的"重大灾难、国家和世界面临的危险",在人们心中引起对不采取行动的后果的恐惧想象。另一方面,演讲中对战争的胜利给出了希望,承诺战争一定会胜利,目的在激起动机。通过对不采取军事行动的灾难性后果对受众的恐惧情感诉求,又通过战争结果必胜的预测对受众的乐观情感诉求,以求增强说服效果。

信任诉求:演讲中,布什采取了一系列的手法拉近和听众的关系,力求在听众心目中建立一个亲和可信的形象。例如,他特意降低自己的社会地位,让自己与听众成为平等的美国公民同胞,"我的公民同胞们",拉近与听众的心理距离,表现他的亲和态度;使用"我们"这个包容性的代词,把听众纳入自己的阵营,表示对听众信任,以期得到相应的回报;给出一个"我们一定会胜利"的承诺,树立自信可靠的形象等。

演讲稿综合运用了逻辑诉求、情感诉求和信任诉求的技巧,硬是把一场建立在谎言上的战争描述成一场自卫和捍卫世界和平的正义战争。从道德上来讲,这是不可取的。不过,撇开其道德上的缺陷,从这个演讲对各种说服诉求方法的应用来说,它是一个成功的例子。

第三节　恐惧诉求

恐惧诉求属于情感诉求中的一种类型。恐惧诉求通常用在预防性以及与安全有关的说服。例如多数戒烟宣传都包括有关吸烟可能引起的危害的信息,试图在受众内心引起恐惧的感觉,从而达到说服效果;又例如交通安全和工作场所安全的宣传教育中对不采用安全措施可能导致的后果加以描述,引起人们对采用安全措施的重要性的认识等。

一、恐惧诉求的概念

有关恐惧诉求的定义有许多不同的具体表述。从信息内容的角度,恐惧诉求可以定义为包含恐惧内容的信息。例如戒烟广告中吸烟者肺部布满黑色斑块的图片就是这样定义下的恐惧诉求的例子。从这个角度出发,人们对恐惧诉求的研究重点在对传播信息内容的选择和设计方面。也有的定义从受众对信息的反应的角度对恐惧诉求下定义:恐惧诉求是在受众心里引起相当大程度的恐惧的信息。从受众反应的角度出发,研究关注对信息在受众心理上引起恐惧感觉的程度的测量。一个被普遍采用的定义是综合考虑信息的内容和该内容在受众心理上引起的反应。即恐惧诉求是一个首先通过描绘与个人相关的,并且重大的潜在威胁,在受众心里引起惧怕的情感,然后提出一个排除这种威胁的建议的说服信息。恐惧诉求包含两个必要的组成部分。一是对潜在威胁的描述;二是排除潜在威胁的建议。

这个综合性的定义中包含了三个有关恐惧诉求在受众心理上产生的影响的重要概念:惧怕的感觉、感知的威胁和感知的效用。惧怕的感觉是一种通常伴随着高度生理激活水平的负效价的情感;感知的威胁是由外在刺激在受众中引起的, 受众对自己可能会遭受到的负面境遇或者后果的印象;感知的效用指受众所相信的,说服信息中提出的建议能够排除说服信息中描述的威胁的作用。

二、适度恐惧诉求假说

恐惧诉求研究的一个重点问题是恐惧诉求信息中对感知威胁的描述的程度对说服效果的影响。詹尼斯(Janis)和费斯巴卡(Feshbach)20世纪50年代率先就这个问题提出了他们的"适度恐惧诉求假说"。詹尼斯和费斯巴卡认为,通过情感诉求引起的受众情感紧张状态可以使受众具有更强的接受说服信息中推荐的建议的动机,但过强的情感紧张可能会导致受众内在保护性机制的激活,其结果是削弱说服信息的说服效果。例如,在高度惧怕的情况下,受众可能会有意回避说服信息,借以缓解由于信息所引起的焦虑程度。因此,詹尼斯和费斯巴卡认为适度的恐惧可以达到最佳的说服效果(Stiff and Mongeau,2003)(p149),而超过了适当程度的恐惧就失去说服效果。

为了印证这个假说,詹尼斯和费斯巴卡对200个中学生进行了相关实验,让他们接触包含不同程度恐惧内容的有关口腔卫生的说服信息。高强度的恐惧内容包括口腔卫生信息和图文并茂,栩栩如生地描述由于不良的口腔卫生习惯引起的蛀牙、牙周炎等各种疼痛以及看牙医进行处理等后果的恐怖场面；适度恐惧内容包含同样的口腔卫生信息，但是在画面上对不良口腔卫生习惯造成的后果的描述比较收敛；低强度恐惧内容包含同样的口腔卫生信息，但是没怎么描述不良口腔卫生习惯的可怕后果。每一个信息同时配以与文字信息内容的恐惧程度相对应的幻灯片，对参加实验的学生播放。在实验前一个星期和实验后一个星期对实验的参与者进行有关他们的口腔卫生习惯的问卷调查。

对实验参与者的问卷调查结果表明，低强度恐惧内容的说服信息达到的说服效果最高，高强度恐惧内容的说服效果最差，适度恐惧内容的说服效果居中。这个实验结果表明说服效果与说服信息内容的恐惧强度成反比。

虽然他们的实验并没有证明恐惧诉求的说服效果，但是这个研究得出的与人们直觉相矛盾的结果引起了学界的广泛关注，激励更多研究者投入进一步的有关恐惧诉求的说服效果研究，寻求对恐惧诉求说服影响机制的解释。

三、恐惧诉求的动力假说

动力假说是关于恐惧诉求的最早的一个解释（Stiff and Mongeau，2003）（p150）。动力假说提出恐惧诉求产生说服效果的过程是：恐惧诉求在受众心中引起对潜在的威胁的恐惧，这种对潜在威胁的恐惧形成一种心理驱动倾向。采纳说服信息推荐的建议可以降低这种恐惧及其相应的心理驱动，从而强化态度和行为的改变。因此，恐惧诉求包含两个成分，一个是在受众中引起恐惧感的信息，另一个是关于减弱恐惧感的建议的信息。但是，受众并不一定完全被动地接受说服信息。他们可以通过否认说服信息中有关潜在威胁的观点，达到降低恐惧感觉。例如吸烟者可以用身边某个有吸烟习惯的长者活得好好的没有患肺癌的事实依据，否定说服信息的说法。对说服信息恐惧内容的否定同样可以降低受众的恐惧感和相应的心理驱动，但其结果强化了吸烟者原来的态度和行为。

与适度恐惧诉求假说类似，恐惧诉求动力假说认为一个信息所引起的恐惧水平与该信息的采纳率呈倒 V 形状。根据恐惧诉求动力假说，未能引起恐惧的信息不会产生说服效果,因为人们对这样的信息无动于衷;中强度的恐惧信息可以在受众中引起心理驱动倾向,导致他们对说服信息的采纳;高强度恐惧的信息会在受众心理上引起保护性的回避反应,人们会回避或者否定说服信息中所描述的威胁。所以,恐惧诉求动力假说的结论是引起适度恐惧的信息比引起高强度恐惧和低强度恐惧的信息都更加有效。虽然恐惧诉求动力假说和适度恐惧诉求假说从理论上都得到解释,却未能在实验中得到印证。

四、平行反应假说

20世纪50到60年代期间,恐惧诉求研究中关于信息引起的恐惧强度与信息的采纳率的研究产生了各种不同结果。有些研究表明信息恐惧强度与信息采纳率成反比,另一些发现信息恐惧强度与信息采纳率成正比,还有一些证明信息采纳率与信息恐惧强度没有明显相关。

1970年,莱文萨尔(Leventhal)提出了平行反应假说试图对恐惧诉求研究中出现的各种相互矛盾的结果进行解释(Stiff and Mongeau,2003)(p152),认为恐惧诉求的说服在受众中引起两个平行的反应过程,一个是恐惧抑制过程,另一个是威胁抑制过程。

恐惧抑制过程是在内在暗示引导下,试图降低由于恐惧而引起的不愉快感觉的一系列的反应。因此,这个过程遵循恐惧诉求动力假说所描述的规律。威胁抑制过程中,受众对各种能够避免说服信息中描述的威胁的可能反应进行评估和选择。

恐惧抑制过程和威胁抑制过程之间最明显的区别是他们在情感、认知上的不同侧重。恐惧抑制过程主要是一个情感反应过程,而威胁抑制过程是一个认知过程。恐惧抑制过程跟随内心情感暗示对恐惧诉求做出反应,消除恐惧的感觉;威胁抑制过程对所能接触到的信息进行理性分析,选择避免威胁感觉的反应。恐惧抑制过程产生的结果可能是采纳说服信息,产生态度和行为的改变,也可能是启动内在保护机制,回避或者否定说服信息描述的威胁,拒绝采纳说服信息。威胁抑制过程的结果是改变态度和行为避免威胁的发生。

根据恐惧诉求的平行反应假说,可以对恐惧诉求研究中产生的各种不同结果进行解释:恐惧诉求在受众中引起威胁抑制和恐惧抑制两个平行的反应过程;研究中观察到的恐惧诉求引起态度和行为变化的采纳性反应由威胁抑制过程产生;恐惧诉求引起对潜在威胁的否认或者最小化的抵制性反应由恐惧抑制过程产生。

除了对恐惧诉求研究的不同结果给出解释之外,平行反应假说对恐惧诉求研究的最大贡献是拓宽了恐惧诉求研究的视野。平行反应假说改变了之前恐惧诉求研究以恐惧为中心的取向,把威胁的概念引进恐惧诉求研究的注意中心;改变了之前从情感的角度出发,着重关注恐惧诉求的情感过程的视角,引进认知的研究角度,开始对恐惧诉求的认知过程的探索。

五、主观期望利用学说

主观期望利用学说指一系列用以描述人类的行为的模式。主观期望利用学说的各种模式采用的一个共同原理是关于人类行为的理性观,认为人的行为以奖赏最大化和惩罚最小化为原则。根据主观期望利用学说,当一个人面对两个或两个以上的行动过程选择时,他会选取其中能够给他带来最大的主观期望利用的那个过程。一个行动过程的"主观期望利用"指一个人对跟这个行动过程相关的结果的主观价值(利用)和这个行动过程产生该结果的可能性(期望)的乘积:

主观期望利用=利用×期望=结果的主观价值×结果产生的可能性

保护动机理论是主观期望利用学说在恐惧诉求研究中的应用。根据保护动机理论,一个恐惧诉求的效果取决于这个诉求在受众中引起产生三个印象的能力。这三个印象是:(1)对潜在威胁的严重性的感知和产生不喜欢的感觉;(2)有关自身对该潜在威胁的易受侵害性的认识;(3)有关说服信息中推荐的应对方法能有效地减小或者消除该潜在威胁的认识。

20世纪70年代,罗吉士(R. W. Rogers)首次提出保护动机理论的时候把恐惧诉求在受众中引起和产生的这三个印象当作有效的恐惧诉求的必要组成部分,即:受众采纳某个行为的倾向是他所认识到的对相关威胁

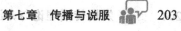

的不喜欢程度、易受侵害性和应对方法的效用的乘积。

采纳倾向=对威胁的不喜欢程度×对威胁的易受侵害性×应对方法的效用

1983 年,在总结了人们对这个模式的批评和改进建议的基础上,罗吉士提出了修改版的保护动机理论,在原有的三个要素中增加了第四个元素:自我效用。自我效用指受众对自己能够成功实施所推荐的应对方法避免或者降低威胁的认识。

六、扩展平行处理模式

扩展平行处理模式是 20 世纪 90 年代由威特(Witte)提出来的有关恐惧诉求效果的理论模式。这个模式试图整合前面提到的各个恐惧诉求学说和模式,提出一个能够更加有效地描述恐惧诉求说服的综合性模式。扩展平行处理模式采纳了莱文萨尔的平行反应学说中恐惧抑制和威胁抑制的概念、罗吉士的保护动机理论的威胁和效用的概念。

扩展平行处理模式的主要论点包括:(1)如果一个信息对潜在威胁只是轻描淡写,不足以在受众中引起采取应对措施的动机,因此,也就没有态度或者行为的改变;(2)如果信息包含对重大的潜在威胁和有效的应对措施的描述,受众就会进入威胁抑制的过程,因此会产生明显的态度和行为的变化;(3)如果信息描述了一个重大的潜在危机,但是所推荐的应对措施的效用不明显,受众就会进入恐惧抑制过程,包括否认信息对威胁的描述、启动自我保护回避机制或抵制说服信息等,其结果是没有态度或行为的改变发生。

威特指出,说服信息中描述潜在威胁的部分促动受众采取应对行动,而信息中描述应对措施效用的部分决定了该应对措施的性质。这是有效的恐惧诉求的基本要素。威胁和效用以乘积的关系产生态度、行为改变,也就是说,只有高强度的威胁和高效用的应对措施才能产生高程度的态度和行为变化。其他等级的威胁和效用的各种组合都不会产生态度、行为变化。

在过去的 60 多年中,有关恐惧诉求的研究提出了许多不同的假说和模式。这些假说和模式中没有一个能够对所有恐惧诉求做出完美的解释,多数模式肯定恐惧诉求的强度和态度、行为倾向以及行为之间存在正相关关系。恐惧诉求效果研究历程的曲折迂回证明恐惧诉求对受众产生影响的机制的复杂性。虽然对恐惧诉求产生影响的确切机制还有待于进一步的研究,但并不妨碍恐惧诉求方法在各种说服传播中的广泛应用。

第四节　说服中的倾听

到目前为止,我们的讨论重点一直都放在说服者的"说"字上面。实际上,说服并不是只靠说。成功的说服者不仅是一个优秀的表达者,同时也是一个优秀的倾听者。即使在演说这样的以演讲者为中心的说服语境下,演讲者都必须通过各种方式(例如与听众的目光接触和观察听众反应表情),与听众之间保持一定的互动。许多说服的失败并不是因为说服者的表达能力不够好,而是因为他的倾听能力的缺陷。有些学者认为强有力的说服来自倾听的能力(Borg,2004)(p13)。

一、倾听的概念

虽然倾听对于传播如此重要,但是,现实生活中能说又爱说的人远远比愿意倾听也能够倾听的人多。我们常常听到人们抱怨找不到可以听他们倾诉的人,却很少听到有人抱怨找不到可以说给他们倾听的人。我们常常看到讨论进行到激烈之时,大家都急于发表自己的看法,大家都希望被倾听,结果是人们竞相提高声音的分贝,观点的辩论变成了声音分贝值的竞赛。直到大家都精疲力尽地停下来时,发现都仍然停留在原点上,谁也没有说服谁,而最糟糕的是谁也没有听对方说了些什么。

倾听显然是安静下来让对方说话,但倾听远远不止是安静下来让别人说话。倾听的目的是理解对方的想法、感受和行为;知道他们是如何想的,为什么这样想;知道他们是如何感受的和产生这种感受的原因;知道他们是如何做的以及为什么这么做。

古希腊哲学家埃普特提图(Epictetus)有一句名言:我们有两只耳朵和一张嘴巴,所以我们才得以听到双倍于我们所讲的。造物主给了我们两只耳朵而只有一张嘴巴，是因为我们需要听的比我们需要讲的要多一倍。1929年,心理学家兰金(Paul Rankin)曾经做过一个关于人们日常传播行为的研究。他请参与者报告每天听、说、读、写等活动所用时间的比例。研究结果发现,正常人每天用在听的时间确实比用在说的时间多。一个平常人每天用于听、说、读、写的时间比例为(Borg,2004)(p14):听45%,说30%,读16%,写9%。

虽然人们每天用于听的时间比说的多,但关键是听并不等于倾听。为了理解倾听对说服效果的影响,必须首先区别听和倾听两个概念。听指一个人安静下来听对方说。一个人可以听了,但是没有"听进去",也就是所谓的"听而不闻"。倾听指一个人安静下来听对方说,留意对方说的内容,并且尝试去理解对方说的内容。倾听是做了"听进去"的努力。所以,听只是一个动作;倾听是一种有意识的、加以努力的行为。听是人的各种听觉连接把从耳朵感应到的信号传送到大脑的生理过程,而倾听是一个涉及解读和理解的心理过程。

倾听对信息传播的促进作用主要来自两个环节。第一个环节是说服准备阶段的倾听:在开始说之前先倾听,为说服的策划和规划提供依据。正式开始说服传播之前的研究和规划的一个主要内容就是对受众进行研究,了解他们的想法、需要和行为习惯。第二个环节是说服的过程中的倾听,为说服提供反馈,使传播者掌握受众想法、态度和行为的动态,以及说服的效果,及时调整说服传播的信息、方法甚至目标。从这个角度出发,说服传播是说服和倾听交替进行的双向传播过程。说服的第一步就是倾听。

说服传播过程中,倾听与说服者的人际智能和内省智能相互作用,从而促进传者与受众之间建立信任关系。人际智能和内省智能是一个优秀的说服者必须具备的能力。人际智能指一个人理解他人的能力,即能够理解他人的感受、好恶和动机的能力;内省智能指一个人对自己的想法、感受和情感的反思能力,以及对自己行为的前因后果的分析认识能力。人际智能和内省智能使人能够更好地理解他人与自己,因此更有效地沟通、发展与受众之间的良好关系,建立更高的可信性、可靠性和魅力形象。传播过程中的倾听,帮助传播者了解和理解受众的感受、态度和动机,促进人际智能的发展。同时,倾听帮助传播者进行反思,分析自己行为的后果,促进内省智能的发展。

二、影响倾听效果的因素

作为一名老师,最让我感到无奈的是有些要求(例如某个作业的递交要求是打印版和电子版各一份)在课堂上反复讲了 N 次,结果有些学生还是没有领会(要么只交打印版,要么只交电子版),最终他们只好为自己的倾听失误付出代价。如何倾听才能产生好的效果?

第一,为了提高倾听的效率需要排除杂念,全神贯注地倾听。人类的大脑运转速度非常快。一个正常人的思考速度是讲话速度的四到五倍。有关实验的测量表明,普通人的讲话速度平均是每分钟 120～150 个单词,而思考的速度是每分钟 600～800 个单词(Borg,2004)(p18)。因为思考的速度比讲话的速度快好几倍,所以当我们听人说话时,脑子里还有大量的空间可以做其他思考。当听者开始用这些"空出来的"大脑空间进行其他思考时,他就开始"分心"了,并且可能会渐渐地就陷入自己的思考,忘记了倾听。所以,一开始就要排除杂念,把多余的大脑空间都用到听上面,防止分心。

第二,对话题的兴趣会影响倾听的效果。如果听者对谈话的主题不感兴趣,或者他心中惦记着另外一件对他来说更有兴趣或者更重要的事情(例如进门时把头撞到门框上了,还在为自己的不小心懊恼),他就会不想听,甚至产生厌烦的情绪,结果就把倾听的大门关上了。倾听首先要让自己对话题产生兴趣,换句话来说就是从话题中发掘兴趣。认识和理解倾听的重要性,可以帮助提高兴趣。

第三,环境对倾听的效果会产生影响。我在办公室备课时,喜欢放些古典轻音乐。但是,如果有人进来跟我讨论问题,我会把音乐关掉,因为背景的音乐(即使是音乐!)是倾听的噪声。记得以前国内的小学语文有一课书讲毛泽东年轻时喜欢跑到城门口去读书,在嘈杂的环境中锻炼自己的专注力。这确是一件难能可贵的创举,常人是很难做到的。

上面提到的三个影响倾听的因素,其实归结起来就是一个分心的问题。第一种情况是由于个人的原因分心;第二种情况是由于谈话内容的问题导致分心;第三种情况是环境中的噪音使我们分心。控制自己不分心是一件不容易做到的事情。前面提到,因为大脑运行速度快,使人在听别人讲话的同时还能够思考其他事情。如果我们尝试把这些大脑空间用到思考说话者的谈话内容,不只听他说话,而且还思考他所说的内容,理解这些话的含义,想象他说这些话的感受,分析他说这些话的原因等,我们才是真正地倾听。当我们真正做到倾听的时候,大脑就没有多余的空间天马行空了。

三、倾听的技巧

在说服传播的语境中,传播者礼貌得体的倾听技巧可以提升他在受众心目中的形象,促进传播效果。所以,倾听的技巧也是说服的技巧之一。提高倾听效果的主要技巧包括四个"别"。

1. 别打断

前面已经提到,人思考的速度比讲话的速度快好几倍。因此,在听别人讲话时,你的思考往往会跑到讲话者的叙述之前,于是你觉得你已经明白了,不用再听下去了,就会有打断对方的冲动。在说服传播的倾听过程中,传播者唐突打断别人谈话会造成传播信息的损失和传播者与受众之间关系的损害。从传播过程中传者和受者之间的关系着眼,这样的行为会造成对传播者形象的负面影响,造成受众对传播者的不满,因此影响传播者和受众之间的良好传播关系;从传播信息的角度来说,如果谈话者后面所要传递的信息并不是听者预料之中的,那么,他就失去了对那一部分信息的感知,对传播效果造成损失。看看下面这个例子:

> 陈老师对王助教说:听说你明天不能来,想要调课。可是现在通知学生调课可能来不及了……
>
> 王助教:行了,行了,不能调就算了。我明天来就是了。
>
> 陈老师:不是,我的意思是……
>
> 王助教:哎呀,陈老师!不用解释了,没关系的,我知道临时调课不容易。家里的事情我另作安排吧。对不起,我得走了,赶着接小孩呢。再见!

陈老师被打断的话是:"干脆就别调课了。我明天正好没课,我帮你代课!"王助教的一再打断,导致这个传播过程以失败告终。

2. 别打岔

打岔指在别人谈论某个话题中间突然插入一个毫不相干的话题。实际生活的谈话中,特别是非正式场合的闲聊中,我们常常在某种程度上打岔或者被打岔。下面是一个打岔的例子:

> 朋友甲:假期上哪儿玩去了?
>
> 朋友乙:去 XX 邮轮旅游,20 天。
>
> 朋友甲:噢? 好玩吗?
>
> 朋友乙:太好玩了。吃喝玩乐样样都齐了。晚上的那些节目,太刺激了! 你知道吗,我这辈子都没那么疯过。还有,那吃的东西简直就多得超出我的想象。我还以为 20 天困在船上,最后可能得吃方便面了。真不知道他们是怎么采购的。哦! 对了,还有一个食物中毒的小插曲……
>
> 朋友甲:对,我们也去过一次邮轮旅游。好像是五年前? 哦,不对,应该是七年了,那年我家毛毛才一岁,我们把他托奶奶家了……

想象一下,如果你是朋友乙,你会有什么感受? 你会做出什么反应? 你会怎样看朋友甲? 如果你对别人打岔,别人也会有类似的感受,做出类似的反应,对你有类似的看法。

打岔的原因有很多,可能是因为你想起了更有趣的话题、可能是当前的话题触动了你的某个忌讳点、可能你有意想打击说话者(例如对他的夸张感到不耐烦)等。无论出自于什么理由,打岔会影响人之间的友好关系,不利于倾听。

3. 别自作聪明

还是回到想比说快的原点,在谈话过程中说话者的话才说了一半,聪明的听众就已经想到他下半句是什么了,于是帮忙补上去。这种帮助说话者把话说完的行为,通常出现在那些热心、急于想表现友好和提供帮忙的听众身上。比如下面这个例子:

> 顾客:老板这次可得小心点啊,我可不想……
>
> 老板:像上次那样漏得满车水?
>
> 顾客:对。
>
> 老板:放心,这次包你满意。

结果顾客感觉到老板的善解人意,得到满意的服务。可是,如果老板再耐心等一等,让顾客说完,再诚恳地回应,同样可以达到使顾客满意的效果。况且,要知道你所做的猜测对和错的概率是一样的。再看这个例子:

顾客:你们的服务还算不错,我的车在你们这儿做保养已经有四五年了吧?每次我都是做特约快速服务,但是……

汽车保养行前台:对,对,我记得,很不好意思,上次是我们把您的预约单弄丢了,所以让您久等了。这次保证不出那样的错误。

顾客:呃……我的意思是,我今天没时间在这里等,想把车留下,等保养好了通知我过来取。这是我的手机号……

这次犯的错误不仅是没有领会顾客的意思,还把顾客已经淡忘的不愉快经历给搅出来了。所以,最聪明的做法还是闭嘴静听,让说话者自己把话说完。

4. 别不懂装懂

传播的目的是在传者和受者之间达到相互理解。倾听的目的是增进这种相互理解。所以,如果有听不明白的地方,就应该通过进一步的沟通,把问题搞清楚。请对方重新说一遍、进一步解释或者举例说明等都是澄清问题的办法。另一种办法是按你的理解,用你自己的话把对方的意思复述一遍,请对方确认。这种办法叫作转述。转述的办法对增进倾听效果很有用。转述是倾听者用自己的话表达说话者说过的意思。转述中,倾听者并没有改变或者增加传播信息的内容,只是把自己接收到的信息内容的意思回馈给说话者。通过转述,倾听者用自己的话告诉说话者他从说话者所传递的信息内容中解读到的意思。转述通过下面几个方面促进倾听效果:

(1)倾听者让说话者知道自己在倾听,在努力理解说话者的想法和感受。这种办法可以促进双方进一步的对话。例如:

倾听者:你的意思是其实你还是喜欢她的,只是放不下面子去请她原谅。是这样吧?

说话者:是的。确实是面子的问题。

(2)倾听者请说话者重新考虑自己刚刚说过的话。换句话来说,倾听者通过转述,让说话者思考自己刚刚说过的话的意思和后果。例如:

倾听者:你是说你想要退学? 可是,你考虑过吗,如果办了退学,万一哪天你改变主意了,又想读书了,一切就又得从头开始。

说话者:嗯,……也许吧……嗯,让我再考虑考虑吧。

(3)倾听者感到说话者的话比较费解,通过转述请说话者澄清意思。例如:

倾听者:我不知道自己是不是理解对了,你的意思是其他两个组员都不协作,所以你要脱离这个组,自己独立完成这个作业。

说话者:嗯,……可以这样说。但是如果我独立完成的话,能不能有附加分?

第五节　说服认知理论

早期的说服研究主要从说服者的角度出发,研究说服者的个性、说服信息内容和说服技巧对受众产生的影响。现代说服研究开始注意受众对说服效果产生影响的重要性,说服研究的出发点开始向受众的角度转移。说服认知理论研究说服过程中受众的认知过程规律。

一、说服的认知过程

有关说服的认知理论研究主要从 20 世纪 60 年代开始,但是关于说服过程中受众接收和处理说服信息的认知过程的概念早就已经提出来了。例如,40 年代的心理学研究就已经证明在说服过程中受众自我保护的反说服过程。有关研究指出,受众接收到说服信息的时候会在头脑中进行一番反说服的论证过程(Stiff and Mongeau,2003)(p214)。

许多说服认知理论都建立在说服过程中受众具有形成、增强、改变其本身的态度和行为的主动性的基本假设基础上。根据这个假设,当人们接收到说服信息时, 他们会把接收到的说服诉求与自己原有的相关知识、观念和价值进行整合处理。在这个整合过程中,会产生新的论点和信息支持或者抵制所收到的说服观点。这些受众通过信息整合而产生的想法和论点对说服的最终效果产生决定性的影响。如果受众产生的想法和论点与外部的说服信息相一致,说服效果就会被增强;反之,如果受众产生的想法与外部说服信息相矛盾,说服效果就会被削弱。现有的说服认知理论关注说服认知过程的两个主要方面:一是说服过程中,受众处理信息、产生新信息和看法的认知过程与他们的态度之间的关系;二是对受众的说服认知过程产生影响的说服情景的特性。

说服认知理论的另一个基本假设是在处理说服信息的过程中,受众能够回忆和评估先前掌握的相关信息。受众通过回忆和评估先前掌握的信息产生的想法(即受众自发的认知过程的产物)与说服信息的内容和说服传播者的说服特性相结合,对受众关于说服观点的评估判断产生影响。

20世纪70年代,美国心理学家特瑟(Abraham Tesser)和他的同事通过一系列有关人接触到说服信息第一反应的想法对说服效果的影响的实验研究,解释说服过程中受众的认知过程对说服效果产生影响的机制。

特瑟的实验证明说服过程中受众的认知过程产生的自发想法会影响受众关于刺激物(说服信息)的评价。研究发现对人们呈现某一刺激物之后,如果给予一定的思考时间,人们对刺激物的态度呈两极化的趋势:第一印象中获得赞许评价的更趋赞许;第一印象中获得负面评价者更趋负面(Stiff and Mongeau,2003)(p215-216)。

特瑟认为,第一印象对说服效果的影响由人的认知结构决定。每一个人的认知结构特征通过影响人的注意力指向(特别注意某些刺激元素而避开另一些刺激元素)和提供刺激物评估过程的推理规则影响人的信息处理过程。如果一个刺激物在某个人心目中留下了一个好的印象,就会在这个人的认知系统中激活赞许的认知过程,引导整个信息处理过程,对有关该刺激物的信息处理过程产生偏向赞许的暗示。反过来,如果刺激物留下的是一个负面印象,就会在人的认知系统中激活否定的认知过程,引导整个对该刺激物的信息处理过程产生偏向否定的暗示。如果给予一定的时间,这个具有一定偏向的过程结果将是对第一印象的强化,因此产生二极化效应。特瑟等人的研究为后来的说服过程研究提供了心理学理论基础。

有关人的认知结构对说服效果作用的另一个具有重大影响力的发现是受众的认知过程对说服信息的说服效果产生明显的决定作用。20世纪

70年代,由多个研究者进行的不同研究得出了关于认知过程决定性作用的相同结果。研究证明在说服过程中,受众会通过自发的认知过程产生支持或者抵制所接收到的说服信息。例如,如果受众倾向于支持所接收到的说服信息,那么,即使该信息没有提供支持其论点的证据,受众会从他们记忆中的知识和信息中提取相应的支持证据对说服信息加以补充。

二、说服的启发模式

说服的启发模式是柴肯(Chaiken)于20世纪80年代提出来的说服认知信息处理模式(Stiff and Mongeau,2003)(p230)。说服启发模式从信息处理的角度描述说服的认知过程。模式描述了对说服信息评估和判断过程起导向作用的两个不同的认知过程:系统化处理过程和启发式处理过程。

系统化处理过程涉及系统化地运用现有知识和认知规则处理说服信息内容,对说服信息内容进行认真细致的分析,从而对说服信息内容做出评价和判断。这是一个需要较高程度的认知努力和认知能力的过程。

启发式处理过程依靠简单的认知启发处理说服信息内容,并做出评价判断,是一个不涉及严谨细致的分析的简化的认知过程。认知启示是帮助人们进行评价和判断的一系列实用但不一定严谨的简化认知规则。认知启示是人们在过往的直接和间接经验中积累下来的知识的基础上提炼出来并储存在认知结构中的一系列认知规则。认知启示为人们的评价、判断提供了一条免去繁琐的推敲和分析过程的捷径。例如,采用"专家的观点一般都是对的"这个认知启示,受众可以省去对说服信息内容进行仔细分析研究的环节,只要关注信息内容的来源就行了。又例如,某个上次让你上当的推销员,在你的认知系统中留下了"此君不可信"的启示,下次他再来向你推销产品时就不容易了。认知启示在说服认知过程中的应用由两个因素决定,一个是认知启示的可用性,一个是认知启示的可达性。认知启示的可用性指某个人的认知结构中是否有相关的认知启示;认知启示的可达性指人在需要时能够有效地从自己的认知结构中调用相应的认知启示。认知启示的可达性建立在其可用性的基础上,但是可用性并不保障可达性。有关研究表明,一个认知启示的可达性跟该认知启示被使用的频率以及上次被使用的时间有关系。越是经常使用的认知启示,可达性越高,使用效率也就越高。上次使用的时间距离当前时间越近,可达性越高。因此,启示式信息处理过程可以产生一些近乎能够自动化完成信息处理过程的高效率认知启示,使受众可以快速而且轻松地处理和判断说服信息。

根据说服启发模式, 系统化处理和启发式处理是两个平行的过程;两者相互不排斥,一个人可以同时对所接收到的说服信息进行系统化处理和启发式处理,也可以只采用其中的一种处理过程。究竟是采取系统化处理过程,还是启发式处理过程,或是两个过程同时进行,取决于具体的说服内容、情景、受众本身的能力和动机。

说服启发模式运用说服认知理论关于说服过程中受众的认知过程对说服效果的决定性作用的原理,同时假设人们在处理信息的过程中具有追求信息处理最简化的倾向, 认为人们普遍不愿意进行需要高度注意力集中的、复杂的说服信息内容分析。根据这个假设,虽然说服启发模式中系统化处理和启发式处理是两个平行的、可以同时进行的信息处理过程,但是因为人们普遍存在的信息处理最简化倾向, 可以预测人们会倾向于采用启发式处理过程。此外,系统化处理过程是一个要求较高的认知能力和主观努力的过程,只有当信息接收者具备一定的认知能力和动机的条件下才能够启动, 所以,实际操作中采用说服启发式处理过程的情况要比系统化处理过程多得多。

说服启发模式对人们理解说服现象、说服效果以及人的认知因素对说服的影响提供了一个有效的分析和预测工具。模式提出来以后在许多说服实验和研究中得到了印证,但是也有些学者对其提出质疑。20 世纪 90 年代提出来的说服综合模式就是对说服启发模式等说服信息双轨处理假说的挑战。

三、说服综合模式

克鲁格兰斯基(Kruglanski)认为说服本质上就是一个通过证明的方法改变人的想法的过程,说服启发模式和详尽可能性模式(参见下节内容)等双轨信息处理模式描述的各种信息处理过程,只不过是这个证明过程的不同例子而已,它们是本质上相同的信息处理过程,因此,没有必要把它们区别开来(Stiff and Mongeau,2003)(p233)。根据说服综合模式,说服是一个在充分的证据基础上形成某些信念的过程。这个关于说服的定义中,"证据"指与某个结论相关的信息(Kruglanski and Thompson,1999)(p89)。

根据说服综合模式对说服和证据的定义，无论是系统化的信息处理过程还是启示式的信息处理过程，它们都是寻求与某个结论相关的信息的过程，也就是说，它们都是寻求证据的过程，是本质相同的求证过程。

说服综合模式的主要论点包括下列几个方面(Kruglanski and Thompson, 1999)(p83-109)：

⑴说服综合模式认同在其之前提出来的多数说服认知模式关于受众的动机和能力对说服效果产生影响的观点。

⑵说服综合模式认为说服过程中受众的信息动机(或者需求)对其认知过程起重要作用。模式指出影响受众在说服过程中的认知过程的动机包括导向性和非导向性两个方面。非导向性动机指受众对认知活动本身的喜好和需求。有些人可能很享受涉及复杂的分析和思考的具有高度挑战性的认知过程，另外一些人可能对复杂的认知过程敬而远之。导向动机包括对信息的准确性和可靠性的需求。每一个受众在具体的说服过程对准确性和可靠性两个方面的动机的侧重比例不相同，导致其具体的认知过程差别。侧重准确性的受众，对信息的搜寻采取比较开放的倾向，而侧重可靠性的受众则采取相对封闭的倾向。概括而言，受众的信息动机影响其说服认知过程的广度、深度和方向。

⑶说服综合模式提出了受众能力的软件和硬件的概念。受众能力的软件指受众所具有的真正能够运用到创造产生新知识的理性分析过程中的认知结构中的活跃部分。能力软件的概念与前面讨论过的说服启发式模式中关于认知启示的可达性的概念有相似之处。能力的硬件指受众认知结构机制的状态，包括机敏性、活跃性以及认知总量等。受众能力的软件硬件对受众的说服认知过程的方式、方向、质量起决定性的作用。

⑷说服综合模式认为说服是一个建立在与某个结论相关的充分的信息基础上的，改变人的信念的过程。受众处理说服信息的认知途径和过程是多种多样的。受众处理说服信息的认知途径、过程由受众本身的能力、动机以及具体的说服议题、说服者的传播特性等因素决定。

说服综合模式并没有提出本质意义上的有关说服认知理论的创新理念，它主要是把前人提出的观点做了一个综合表述。模式中对受众动机和能力加以分类讨论，对深入理解和有效利用说服过程中受众的主观能动性具有一定的指导性意义。

第六节 详尽可能性说服认知模式

详尽可能性说服传播模式 (Elaboration Likelihood Model of Persuasion, 缩写 ELM)是 20 世纪 80 年代由美国心理学家佩蒂(Richard E. Petty)和卡西欧泊(John T. Cacioppo)提出来的具有重大影响的说服认知模式。这个模式至今在说服和传播领域中仍然占有一席之地。上一节讨论过的说服启发模式和说服综合模式,实际上可以说都是在详尽可能性说服模式基础上提出来的修改版。

详尽可能性说服模式中, 佩蒂和卡西欧泊率先提出了说服认知过程的双轨学说,指出受众的说服认知过程可以通过两条路径实现。他们把这两条说服认知的路径叫作中央路径和末梢路径, 分别代表说服信息处理的详尽性的两个极端。通过中央路径的说服对说服信息进行高详尽性的处理;通过末梢路径的说服对说服信息进行低详尽性的处理。详尽可能性说服模式预测和描述受众说服认知的详尽程度的可能性,并因此得名。

详尽可能性说服模式主要关注说服对态度的改变,没有涉及行为的改变。因为这一点,有些学者认为它不是一个严格意义上的说服模式,而是一个态度说服模式。

详尽可能性说服模式的目的是为组织、分类和理解影响说服传播效果的基本过程提供一个综合模式(Petty and Cacioppo, 1986)(p3)。

一、详尽可能性说服模式的假设

说服对受众的态度产生的影响是详尽可能性说服模式的关注中心。模式沿用传统说服理论中有关态度的观点定义态度、影响和说服等说服过程涉及的重要概念(Petty and Cacioppo, 1986)(p4)。态度指人们持有的有关自己、他人以及事物的总的评价;影响指人们所持的这些评价的任何改变;说服指由于传播引起的任何态度上的变化。详尽可能性说服模式建立在七个假设基础上(Petty and Cacioppo, 1986)(p5)。

假设一:人们有形成正确态度的动机。这是对详尽可能性说服模式具有导向意义的假设。人的内心存在对正确态度的需求。人们采用各种标准去评估和判断某个态度的正确性。每个人用以评估和判断正确性的标准可能不同,同一个人在不同情况下采用的评估和判断标准也会有所不同。最根本的评估和判断标准是这个态度是否对一个人的物质、心理状态有益。

假设二:虽然人们有追求正确态度的动机,但人们愿意投入与否以及对一个有关某个特定问题的信息进行评估分析的详尽性程度和性质因个人和情境的因素而异。这个假设承认虽然人们有掌握正确态度的愿望,但是他们愿意和能够为实现这个目标付出的努力会有很大的差异。

假设三:影响态度变化的变量通过三个方面影响态度改变的大小和方向。这三个方面是:(1)作为说服论点的形式;(2)作为说服信息的末梢暗示;(3)影响对议题和论点展开详尽分析研究的程度和方向。详尽可能性模式解释信息源、信息、受众、传播渠道以及各种语境变量如何从这三个方面对说服产生影响。

假设四和五:相对客观地影响信息处理的动机和/或者能力的变量通过提升或者降低对论点细察的程度起作用;对信息处理过程起带有偏向性影响的变量能够产生对特定的与具体问题相关的观点的正面(赞许)或者负面(抵制)的动机和/或者能力。详尽可能性模式揭示各种变量对受众动机和能力的不同(客观的或者有偏向性的)影响。客观的影响结果是对说服信息的详尽性程度的影响。例如,如果其影响结果是增加了与所关注的问题的正面信息的详尽性,那么与所关注的问题的负面信息的详尽性也同样会增加。偏向性的影响结果是促进或者妨碍某种具有倾向性(赞许或抵制)的观点产生。所以,人们可能以寻求真理为出发点对信息进行处理,但由于各种因素的影响,对信息产生了带偏向性的处理,所以他们最后获得的并不一定是真理。

假设六:末梢暗示的重要程度与受众的动机和态度相关。当处理说服信息内容的动机和/或者能力下降时,末梢暗示对说服效果产生决定性影响的重要程度提升;反之,当处理说服信息内容的动机和/或者能力上升时,末梢暗示对说服效果产生决定性影响的重要程度降低。

假设七:通过对与具体问题相关的信息内容进行处理(中央路径)达到的态度改变相对于主要通过末梢路径达到的态度变化,表现出在时间上更长的持久性、在行为上更高的可预测性和对反说服的更强的抵抗性。中央路径和末梢路径所达到的态度变化表现出来的差别主要来源于两个路径处理说服信息的认知过程的差别。中央路径涉及更多更高程度的认知努力和认知过程，其所达到的态度改变是经过深思熟虑，把有关具体问题的信息内容纳入整体语境中进行详尽分析的结果。末梢路径涉及有限的认知努力，其所达到的态度改变主要建立在说服信息的末梢暗示所引起的情感联结，以及相对简单的对相关想法的可接受性的判断。中央路径中对说服信息内容的详尽处理过程连接受众认知结构中相关态度结构部分，所建立的联结可以重复再现，所以其持久性、可预测性、抗反说服性较高；末梢路径在处理末梢暗示信息过程中，与原有认知结构的联结是末梢暗示信息引起的情感的或者推断的联结，或者与该末梢暗示信息评估（例如该信息的来源是否可靠）相关的认知结构的部分。这些联结缺乏认知结构深层的联系，所以其持久性、可预测性和抗反说服性较差。

　　详尽可能性模式的基本原理是：人们有追求正确态度的动机，但是他们并不总是愿意或者可能对所有的说服信息的正确性进行详尽的评估；当人们对说服信息内容进行详尽处理的时候，这个处理过程的进行可能是相对客观的，也可能带有一定偏向；在由于动机和能力的限制造成对说服信息内容详尽处理的可能性低的情况下，如果说服的语境中存在某些简单的正面或者负面暗示信息能够直接地与说服的观点相联系或者为有关这个观点的可取性的主观判断提供基本依据，态度的改变仍然可能发生；建立在对说服信息内容进行了充分的详尽分析（中央路径）的基础上的态度变化，其持久性、可预测性和抗反宣传性都比建立在简单的暗示信息（末梢路径）基础上的态度变化要高。

二、说服认知的中央途径和末梢途径

　　详尽可能性模式提出了改变态度的两条路径：中央路径和末梢路径。根据模式的第一假设，人们倾向于对说服信息进行积极主动的处理，以期获得有关说服建议的正确或者合适的态度。人们追求正确态度的动机的假设建立在社会比较理论的基础上。根据社会比较理论，不正确的态度一般都是有害的，并且会产生不良的行为、情感和认知后果（Petty and Cacioppo，1986）（p6）。对信息内容进行详尽分析要求一定程度的认知能力和动机。根据详尽可能性模式的第二个假设,并不是所有的人在任何时候都愿意并且能够对所有信息内容进行详尽处理。人们愿意和能够详尽处理信息内容的可能性取决于个人和情境的因素。

佩蒂和卡西欧泊提出了一个叫作详尽可能性的概念,描述与人们态度改变相关的信息处理活动。详尽可能性是一个连续变量,代表一个人对说服传播中与特定问题相关的信息进行认真细致的分析研究的程度(Petty and Cacioppo,1986)(p7)。这个变量的一端代表高度活跃的认知处理,处于这一端的受众对信息内容进行认真细致的处理,并且产生自己对信息内容做出的认知反应。根据详尽可能性模式,当进行这样的信息处理条件成熟时,详尽分析的可能性高,采用说服的中央路径的可能性大。在信息详尽处理过程中受众产生的有关具体问题的认知(想法)对态度的改变产生影响,同时影响说服信息的总体效果。如果信息详尽处理过程中产生的想法对说服的建议是正面的(赞许的),受众采纳说服建议的可能性就大。反之,如果受众所产生的想法是负面的(抵触的),那么采纳说服建议的可能性就会降低。

详尽可能性连续变量的另一端代表对认知努力要求非常低的信息处理过程。处于这一端的受众不需要对信息内容加以认真考察和处理,而是利用信息外围的说服暗示进行有关说服建议的决定。当进行这种信息处理的条件成熟时,详尽分析的可能性低,采用说服末梢路径的可能性大。当受众采用说服的末梢路径时,说服信息环境中的正面说服暗示(例如说服信息来自对受众具有特别高的吸引力的信息源)会增加说服信息被采纳的可能性;反之,说服信息环境中的负面说服暗示(例如说服信息来自一个受众认为其可靠性非常低的信息源)会降低说服信息被采纳的可能性。

显然,中央路径和末梢路径的说服机制完全不同,所需要的条件也不同,其所引起的说服效果也可能不同。那么影响信息处理详尽性的因素有哪些呢?

三、动机和能力对信息处理详尽性的影响

根据详尽可能性模式的第二条假设,对说服信息进行详尽的认知处理程度取决于个人和说服情境的因素。因此,模式的核心问题是确定两个不

同说服路径发生的条件。根据详尽可能性模式的第二个假设,受众的动机和能力是决定不同说服路径发生的主要个人条件。受众的动机和能力也是在说服认知研究中最受关注并且取得了比较成熟的结论的研究方向。

1. 能力

如果一个人要对某个说服信息中的内容进行仔细详尽的考察,首先他必须具备对这些内容进行分析和评估的能力。人们所具备的对说服信息内容进行详尽考察的能力有大小。除了受众本身固有的认知能力水平之外,说服的情境设计是构成说服信息内容详尽分析的主要客观条件。某些说服情境可能提供更适合进行详尽分析的条件,促进详尽分析的可能性;另外一些情境可能妨碍详尽分析的进行,降低详尽分析的可能性。佩蒂和卡西欧泊指出说服情境对说服信息内容详尽分析主要从三个方面产生影响:转移注意、信息重复、受众姿势。

转移注意指说服环境中影响受众对说服信息注意的因素。转移注意对受众进行信息内容详尽分析能力产生影响的论点在许多实验研究中得到了印证。研究证明,说服传播环境中转移注意的因素会影响受众客观地对说服信息内容进行分析处理的能力,从而影响说服效果。有关转移注意对商品广告效果的影响的研究发现,对于说服性比较弱的广告,转移注意(例如在广告信息中插入不相关的点击声)可以提升受众对广告产品的正面态度;对于说服性比较强的广告,转移注意的作用是降低受众对广告产品的正面态度(Petty and Cacioppo, 1986)(p67)。

转移注意的影响可以从信息干扰的角度予以解释。插入在说服信息中的转移注意因素,在受众处理信息内容过程中起了打断受众正常思考的干扰作用,削弱受众的评估和判断结果。如果正常思考的结果是对说服信息产生倾向于正面的想法,转移注意的中断干扰削弱其正面倾向程度,那么在转移注意的条件下受众对说服信息的正面态度比正常条件下的正面态度弱;如果正常思考的结果是对说服信息产生负面态度,转移注意的中断干扰削弱其负面倾向的程度,那么在转移注意的条件下受众对说服信息负面倾向比正常条件下的负面态度弱。这就解释了上面提到的对于说服性强的广告转移注意的作用是降低受众对广告产品的正面态度,而对于说服性弱的广告,转移注意反而提升受众对广告产品的正面态度。

信息重复指重复呈现某一刺激信号对受众的态度产生影响的效应。最早指出信息重复对态度变化的影响的是霍尔兰（Hovland）。早在 20 世纪 50 年代，霍尔兰就指出，改变人的观点和态度的说服传播包括一个形成新的语言习惯的学习过程。换句话说，说服传播包括一个重复某种语言行为（从而形成语言习惯）的学习过程。霍尔兰的信息学习假说在后来的说服传播研究中得到印证。另一个有关重复呈现信息对受众态度产生影响的研究是 20 世纪 60 年代，扎乔恩（Zajonc）报告的受众对刺激信号的态度与这个刺激信号呈现的频度成正相关的关系。扎乔恩指出，重复呈现一个信号可以增进受众对这个信号的正面态度，是一种由于接触一个越来越熟悉的信号而产生的快感导致的（Petty and Cacioppo，1986）（p69）。

与霍尔兰和扎乔恩关于信息重复对态度起正面影响的观点相左的是麦克库劳（McCullough）、奥斯楚恩（Ostrom）、凯恩托（Cantor）等人提出的重复呈现语言信息非但不会增加受众的好感，反而会降低好感。

佩蒂和卡西欧泊综合前人的研究成果，提出并通过实验证明说服传播中信息重复影响的两阶段论。他们的研究表明在说服传播过程中，重复呈现信息的影响分两个阶段（Petty and Cacioppo，1986）（p69~70）。第一个阶段是受众刚开始接触说服信息，重复呈现说服信息提供更多的机会去学习和理解信息内容。这个阶段的信息重复可以促进受众客观地处理说服信息内容，信息重复的促进作用在受众有这个需要的时候最明显。例如当说服涉及的问题比较复杂，受众的能力无法在第一次接触说服信息就完成其内容的处理。在这种需要额外接触说服信息的机会才能完成信息内容处理的情况下，信息重复对受众处理信息内容的能力起促进作用。当受众掌握了说服信息内容以后，信息重复的第二个影响阶段就开始占主导地位了。在第二个阶段中，态度性的信息对于受众来说变得单调乏味，甚至引起反感和抵触。这些单调乏味和抵触情绪的感觉会以负面情感暗示（末梢路径）方式或者对信息内容处理（中央路径）起负面偏向性影响的变量形式降低说服的可能性。所以，适度的信息重复可以促进受众处理说服信息内容的能力，但过度重复会导致对说服的负面影响。

信息重复所需要的次数由多方面的因素决定，包括受众对说服涉及的问题的熟悉程度、问题的复杂程度、说服信息的长度以及说服信息呈现的速度等。

受众姿势指受众接触说服信息时的姿势对说服效果的影响。佩蒂和卡西欧泊做了这样一个实验证明受众姿势对说服效果的影响。他们请学生以坐、站、斜倚等姿势听同一个有关在他们学校里提高 20%学费具有很强说服力的信息。实验结果是斜倚那一组学生对这个说服信息的接受程度最高;采取坐姿那一组虽然认为他们的姿势最舒服,但他们的态度改变并不比站或斜倚的组高。佩蒂和卡西欧泊的研究表明,受众姿势对说服效果的影响并不是由姿势的舒服感导致。他们认为,斜倚那一组对说服信息的接受程度最高可能是因为斜倚姿势有助于信息详尽分析。而由于给学生们听的说服信息的说服力很强,所以,更详尽的信息分析结果增强了学生对说服信息的认同(Petty and Cacioppo,1986)(p74)。

2. 动机

详尽可能性模式强调受众的动机对详尽分析可能性的影响。一个人即使具备很强的信息详尽分析能力,但缺乏必要的动机,详尽分析仍然不会发生。影响详尽分析可能性的动机变量包括:个人相关性、个人责任感、信息源数目以及认知需求。

个人相关性是影响受众对说服信息进行详尽分析动机的最重要因素。大量社会心理学研究已经证明个人相关性对态度的影响,个人相关性指说服所涉及的问题对于受众来说所具有的内在重要程度或个人意义。佩蒂和卡西欧泊的研究证明个人相关性能够促进信息详尽分析。个人相关性越高,受众对信息进行详尽分析的可能性越大。

个人责任感指受众独立承担对说服信息进行详尽分析的程度。社会心理学研究已经证明,提高个人承担某项工作的责任会提高其在这项工作上投入的认知努力的质量和数量(Petty and Cacioppo,1986)(p91-93)。把社会心理学的研究发现应用在说服过程中,佩蒂和卡西欧泊指出:对某个问题进行分析和评估的个人责任感越高,人们就越愿意投入对与该问题相关信息内容进行分析和评估所需的认知努力。换句话说,个人责任感越高,对说服信息进行详尽分析的动机就越高。

佩蒂和卡西欧泊提出并且证明增加提供说服信息的信息源数目可以增进人们进行信息内容详尽分析的动机。

总的来说,根据详尽分析可能性模式,在说服过程中受众必须具有进行认知的详尽分析的动机和能力才能够采取说服的中央路径。而受众进行详尽分析的能力、动机除了由受众本身固有的能力和心理特征决定之外,也受说服的情境、说服涉及的问题的特性、受众本身的认知需求等因素影响。

四、信息详尽处理与态度改变

根据详尽可能性模式,改变态度的说服过程通过两条路径:中央路径和末梢路径。两条说服路径分别代表受众对说服信息进行详尽分析的可能性的两个极端。中央路径的说服建立在受众对说服信息内容进行详尽处理的基础上,末梢路径的说服建立在受众对说服和说服信息环境的说服性暗示的相对直接感性的反应基础上。

在特定情况下,两条路径发生的可能性主要由受众动机和能力所决定。受众对说服信息内容进行详尽处理的动机和能力高,通过中央路径的说服占主导地位;反之,受众对说服信息内容进行详尽处理的动机和能力低,通过末梢路径的说服占主导地位。

在中央路径说服占主导地位情况下,由于说服建立在受众对说服信息内容认真细致的分析基础上,说服信息内容质量对说服效果起主要作用。在末梢路径占主导地位的情况下,由于说服建立在受众对说服和说服信息环境中呈现的说服性暗示的感性反应基础上,说服主要依赖说服性暗示信息(例如说服信息来源的吸引力、说服者的妆扮),说服信息内容质量的影响就没那么重要。

受众对说服信息内容进行详尽分析的动机是决定说服路径的一个主要因素。对受众动机产生影响的一个主要变量是说服议题与受众的个人相关性(议题对受众的重要性),说服议题对于受众来说越重要,与受众个人的相关性越高,受众对说服信息内容进行详尽分析的动机就越高,说服信息内容的质量对说服效果的作用大,说服信息的末梢暗示对说服效果的作用小;反之,说服议题对受众的重要程度越低,与受众个人相关性低,受众对说服信息进行详尽分析的动机就越低,说服信息内容的质量对说服效果的作用小,说服信息末梢暗示对说服效果的作用大。为了印证这个论点,佩蒂和卡西欧泊以及其他研究者先后进行了一系列有关个人相关性、说服信息质量、末梢暗示三个变量的实验研究,大多数研究得出的结果与这个论点相吻合。图 7-1a 和 7-1b 是实验结果示意图。

五、详尽可能性模式的应用价值和局限

详尽可能性模式是一个具有相当影响力的说服理论模型。它对说服理论研究的贡献之一是通过中央和末梢两条路径描述以说服过程中受众处理说服信息的详尽程度及其对说服效果的影响，解答了在这个模式产生之前说服研究中存在的许多困惑。例如从受众理性分析说服信息内容影响说服效果的角度出发，难以解释某些说服效果与说服信息相关性不明显的现象。

详尽可能性模式贡献之二是提出并且印证了一系列影响说服效果的变量，并且对它们产生影响的机制做出解释。其中包括受众对说服信息进行详尽分析的可能性；影响受众详尽处理说服信息的动机的个人相关性、个人责任感和个人认知需求；影响受众详尽处理说服信息能力的转移注意和信息重复等。模式的七个假说以及建立在这些假设基础上的说服信息内容详尽处理可能性原理、相关概念，为解释和预测态度说服效果提供了一个强有力的分析框架。

详尽可能性模式贡献之三是提出说服认知过程的双轨论，把说服过程中感性因素的作用作为一个可以独立起作用的说服路径，而不是一个依附于理性路径的辅助过程。

详尽可能性模式的主要局限性在于它是一个关于态度的说服模式，因此，有些学者认为它不是一个完整的说服模式。

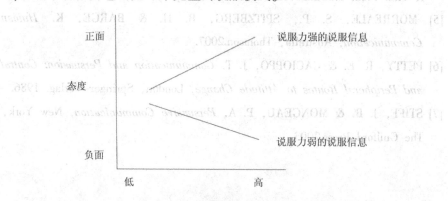

图7-1a 个人相关性、说服信息质量和态度改变实验结果[1]

---

① 资料来源:STIFF, J. B. & MONGEAU, P. A. 2003. Persuasive Communication, New York, The Guilford Press.

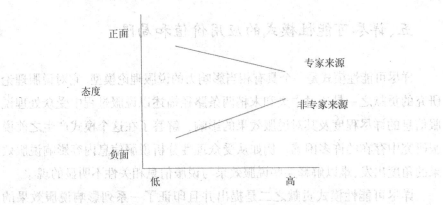

图 7-1b　个人相关性、末梢暗示(说服信息来源)和态度改变实验结果

【参考文献】

[1] AMES, D., MAISSEN, L. B. & BROCKNER, J. The role of listening in interpersonal influence. *Journal of Research in Personality*, 46, 5. 2012.

[2] ARISTOTLE 367–322BC. Rhetorica. In: MCKEON, R. (ed.) *The Basic Works of Aristotle*. New York: The Modern Library.

[3] BORG, J. *Persuasion: The art of influencing people*, Harlow, Pearson Education Limited. 2004.

[4] KRUGLANSKI, A. W. & THOMPSON, E. P.Persuasion by a Single Route: A View From theUnimodel. *Psychological Inquiry*, 10, 27. 1999.

[5] MORREALE, S. P., SPITZBERG, B. H. & BARGE, K. *Human Communication*, Australia, Thomson.2007.

[6] PETTY, R. E. & CACIOPPO, J. T. *Communication and Persuasion: Central and Peripheral Routes to Attitude Change*, London, Springer–Verlag. 1986.

[7] STIFF, J. B. & MONGEAU, P. A. *Persuasive Communication*, New York, The Guilford Press.2003.

第八章　发展传播的策划和案例

发展传播是在某个社会系统中运用各种传播媒体和传播方法进行信息分享,以改善个人、群体或整个社会状况为目标的战略性传播。发展传播包括下面几个特点:

(1)发展传播是一个战略性传播。战略性传播的特点是着眼于长期或中期目标,而不是局限在当前具体传播过程。发展传播重心不在于当下进行的传送发展信息过程,而在于通过信息传播有效地实现改善个人和社会状况的目标。人是社会的最基本单元,发展传播归根到底是对人的改变,包括认知、态度、行为等层次的改变。

(2)发展传播是一个整合性的传播。发展传播改变的多层次性决定了其传播渠道和策略的多样性。通过整合运用各种传播媒体和方法与受众分享信息,促成发展目标的实现。

(3)发展传播在一定的社会系统中进行。发展传播学理论最基本的一条原理是以特定社会系统的具体情况作为传播设计的依据。

(4)发展传播的规模包括各种不同的层次。根据不同的发展目标,发展传播规模包括针对个人的传播、社群的传播和 / 或整个社会的传播。

如何有效地运用各种传播媒体和传播方法达到最佳的改变效果是发展传播策划的核心问题。本章首先讨论传播策划的基本概念和原理,在这个基础上提出一个发展传播策划环节模式,最后讨论两个发展传播的案例。

第一节　发展传播策划的基本概念和原理

本书前面章节已经阐明,发展目标的实现有赖于社会系统中成员的觉醒和行动,因此,发展传播的成功远远超出了信息传播的成功。发展传播最终目的是促进人们对发展的认知和认可,并且采取实际行动改善现状。

一、发展传播的主要任务

发展传播不仅仅是告诉人们改善生活状态的新信息,不止于教会人们某种新知识或掌握某种新方法,其更深远的目的在于实现可持续的改变。为了实现这个目的,需要经过的过程包括:在人们内心激发心理动力;激励人们积极向上的进取愿望和增强人们对实现这种愿望的信心;帮助他们掌握实现其愿望的知识、方法以及其他必要资源;营造一个鼓励和支持个人、社群、社会发展的社会氛围。因此,发展传播的首要任务是通过信息的分享和对社会氛围的建设使人们知道做什么、如何做、愿意去做以及获得所需的资源(Moemeka,1994)(p15)。明确发展目标、认识发展途径、愿意采取行动、获得必要资源,是发展传播任务的必要组成部分。四个要素中缺少任何一项,发展传播的最终目的就不可能实现。必须强调,这四个任务要素的主体是发展传播的受众,不是传播者自己。成功实现发展传播的目的,不仅仅要求传播者知道做什么和如何去做,同时也要求通过信息传播和分享,使受众明确发展的目标,了解发展的途径和方法,愿意采取行动投入发展之中,获得发展的必要资源与支持。

1. 明确发展的目标

发展传播首要任务是帮助人们认识当前存在的问题或可以改善的地方。发展传播的研究和实践已经证明,由人们参与实现的发展才能保证人们充分享受由发展带来的利益。人们参与发展的第一个任务就是明白发展的方向,知道"做什么"。明确发展目标可以采用两种不同的基本取向。

第一个取向是参与发展传播的取向。参与发展传播理念下的发展,发展目标由当地人们自己选择确定。确定发展目标的第一步是组织发动人们分析,找出他们需要解决的问题或需要改善的地方。现实生活中,一个人、一个社群或一个社会面对的问题和可以改善的地方往往不止一个。因此,确定发展目标的第二步是在找出了需要解决的问题和需要改善之处的基础上,帮助人们分析这些问题和需要的轻重缓急,从中确定优先项目。严格意义上的参与传播要求整个确定发展目标过程都由受众主导、决策,传播者的角色是组织、促进人们之间传播的顺利进行,在必要的情况下提供帮助、支持。但这并不意味着传播者完全处于消极被动地位,传播者可以通过向当地人们提供外界的有关信息,活跃人们的思想,拓宽他们的眼界;还可以为他们提供成功案例,增强人们对发展的信心。

第二个确定目标的取向是创新推广的取向。采用创新推广理念的发展传播,发展的目标由专家和有关机构根据科学理论和他们对当地情况的理解,研究、确定和提出。发展传播项目确定的时候,发展目标就已经确定了。在这样的情况下,发展传播的任务是通过信息传播和沟通,帮助受众认识他们面对的问题,理解发展项目对他们的意义和重要性。

在参与发展传播取向和创新推广传播取向之间,还存在着介于这两种基本取向之间的综合性发展传播取向,一方面帮助人们理解既定的发展目标,另一方面鼓励人们自己发现需要解决的问题并把这些问题与当前的发展项目相联系。发展传播的实践中,更常见的是参与发展传播和创新推广传播相结合的情况。

2. 认识发展的途径和方法

发展传播的第二个任务是帮助人们认识并理解解决问题的途径和方法。由于各个社会系统、社群以及个人之间不可避免地存在各种差异性,解决同一个问题最有效的方法可能是多种多样的。在可能的条件下,应该帮助受众找到适合自己以及他们所乐于采用的方法。在这个步骤上,同样有参与发展传播和创新推广传播两种取向之分。

在这个步骤中采用参与发展传播的取向,主要任务是鼓励引导人们在自己知识经验基础上寻找解决问题的途径和方法。而采用创新推广传播取向的发展传播,则主要任务是向人们介绍解决问题的各种途径和方法。实践证明,最有效的是采用参与发展传播和创新推广传播的整合取向。

3. 愿意采取行动

发展传播的第三个任务是通过细致的分析、研究,找出有效促进人们采取行动的途径和措施,使尽可能多的人采取行动加入发展过程。

理论和实践都证明,人们可以对一个事物有所认知、表示赞同,却不加以采纳。造成知识态度和行为之间差距的原因有很多,包括来自内在因素、环境因素以及具体涉及的事物因素等各种变量。

4. 获取采取行动的必要资源

发展传播的第四个任务是协助人们获取采取行动所需要的资源和支持。在这个阶段,人们除了采取行动所需要的物质条件之外,还需要与实践过程相关的信息、技术支持。当人们进入采取行动的阶段时,许多认知阶段没有遇到的实际问题就会浮到面上,有的是常见、共性的问题,解答这些问题的信息往往可以由大众传播媒体提供;有的则是个别、特殊的问题,需要通过个别化的人际传播解决。

从职责分工来说,为人们提供采取行动的必要资源并不是发展传播者的任务。提供发展所需要的资源主要是负责发展项目机构(例如政府)的职责,但传播者可以在提供或协助提供信息资源方面起作用。例如在农业新科技推广的项目中,发展传播者通过各种传播媒体向农民提供有关技术资料、采用的基本方法以及使用中常见问题的解答等。发展传播者还可以扮演农民与农业技术专家之间的沟通桥梁角色,向专家提供农民采用新科技的反馈信息,联系、组织专家到现场进行指导等。

掌握发展传播的四个要素对传播的策划具有指导性意义。这四个要素从受众的角度概括了发展项目赖以成功的必要条件,综合反映了现代化发展观和解放发展观的理念,既重视人们对发展的参与,也承认物质条件的必要性。第一个、第二个、第三个要素强调发展项目中人的因素的重要性,区别发展过程中人的认知、态度、行为的三个改变过程。第四个要素强调发展项目中物质和资源的重要性。

二、传播策划的特征

发展传播策划是应用传播学以及其他相关理论于实际情况,整合各种可达的传播媒体,设计传播信息与过程,从而支持特定的发展目标的活动。传播策划是战略性传播的重要环节,是使传播过程顺利进行并有效实现传播目标的一个保障。传播策划兼备创造性和系统性。

传播策划的创造性体现在具体条件下提出解决传播问题的思路,设计实现传播目标的策略,开发落实传播策略的传播信息和方法。传播策划的系统性体现在其遵循和应用传播学以及其他相关学科的理论原理,设计传播渠道、信息、过程。

鉴于传播策划的特征,一个成功的传播策划者必须兼备创造性和系统性的素质。传播策划者必须具备以下能力:

1. 移情能力

指一个人能够理解他人如何看待、解读和感受现实,同时仍然保持自己对现实的看法、解读、感受能力。移情跟同情(或同感)的区别在于具有移情者可以理解他人的看法和感受而不失自己的看法和感受;同情者则陷入他人的看法和感受之中。对于传播策划者来说移情能力远比同情有价值,因为传播者需要能够领会受众是如何看待、解读、感受传播以及其他事物的,但同时必须清楚自己的观点和看法。罗杰斯在讨论创新推广者的素质时曾经指出,创新推广者的成功与其移情能力成正比(Windahl,2009)(p29)。移情能力有助于设计更加符合具体受众特点的传播。

2. 审时度势的能力

指能够对具体的传播情景进行分析和判断,采取适当的传播方法和方式;或者根据具体的传播需要设计适当的传播情景的能力。审时度势的能力是设计有效传播的必需能力。

3. 对语境的理解能力

指对传播将在其中进行的社会系统的各种环境因素与传播之间的相互关系的理解能力。任何传播都发生在一定的社会环境之中,传播设计必须充分考虑环境因素对传播的影响,包括时间、空间、社会、文化等。时间是一个对传播信息和过程都会有重大影响的因素。一个信息可能在某个时间有效,在另一个时间就失效了;在不同时间进行传播活动可能会产生不同的效果;此外,随着时间的推移,受众以及社会系统会发生变化,所以会对传播的效果产生影响。因此,传播设计者对时间与传播之间关系的把握直接影响到传播效果。空间通过影响人的感受和信息传播的物理质量对传播效果产生影响。在北京王府井的大街上和在西藏的草原上听同一首乐曲,给听众的感受截然不同;在小课室里讲课/听课和在大礼堂里讲课/听课,无论是对于老师还是学生来说都是不同的体验。社会系统结构对传播的影响一直是传播学研究中备受关注的问题。每个社会都有一系列不言而喻的传播行为规范,同时,一个社会中不同群组的人有不同的传播方式。

例如蓝领阶层和白领阶层的传播方式、使用词汇都有明显差别。社会规范可能成为传播的障碍,但如果传播设计得当,可以利用社会规范促进传播效果。传播学中的社会学习理论认为,传播过程中人的态度、行为的变化是社会学习的结果。社会环境在传播过程中扮演多个不同的角色,它可以是传播的障碍、传播的促进因素、提供学习的榜样或传递影响的渠道。文化因素越来越受传播学研究者重视,许多大学的传播学、商科、医科等专业都开设了跨文化传播的课程。在全球化社会中,社会的文化多元性已经成为人类社会的特征。因此,可以毫不夸张地说,所有的传播都是跨文化的传播。

三、传播策划的组成部分

策略传播策划通常采用目标管理的理念。目标管理是现代管理学的一个理论取向,20 世纪 50 年代由美国著名管理学家德鲁克首先提出来。目标管理取向的三个要点是目标、责任、评估(Theaker,2008)(p58)。

⑴目标:机构内各个部门和个人有明确规定的目标,部门和个人的目标服务于机构的宗旨和使命。

⑵责任:机构内各部门和个人有明确的责任分工。明确的责任分工使各个部门能够有效地协作,保证整个机构能够顺利地实现既定目标。

⑶评估:以达到既定目标的程度作为衡量个人和各个部门工作效果的标准。

目标管理取向管理中,目标是机构运作和管理的杠杆。机构的运作从目标开始,又以目标结束。整个机构的运作以实现既定目标为核心,最终以目标衡量运作的效果。以目标导向的传播策划包括八个主要部分。

⑴目的:反映实际情况和问题以及处理问题的总方向。

⑵目标:一系列明确且可测量的表述。这些表述指明在一定时间范围内为了实现既定目的所要达到的变化。

⑶信息内容:指为了达到各项目标需要对目标受众传达的内容。

⑷目标受众:指为了有助于达到既定目的和目标,需要让他们知道传播信息内容的人们。

⑸策略:又称信息传送策略,指明如何将信息送达目标受众。

(6)手段：指与每一个传播策略相对应的实施策略的具体活动。

(7)实施：指对应于传播策略的每一个阶段的具体实施计划，包括时间表、经费以及其他后勤工作细节。

(8)评估：对每一个阶段目标的评估，用于衡量各个阶段的工作效果。

四、发展传播的两种基本取向

传播策划的一个主要任务就是根据传播目的和目标，确定适合于特定目标受众的传播策略和传播手段。为了有效地完成这个任务，传播策划者必须对各种传播策略和手段有一个全面、清晰的理解。在发展传播的语境中，根据传播信息流向的特点，可以把各种传播手段归入独白式的单向传播和对话式的双向传播两大类别(Mefalopulos，2008)(p21)。

独白式传播建立在以散布消息为主的单向信息传播基础上，通过散布信息引起变化。手段的应用主要是"告知"和"说服"。"告知"的应用是从传者到受者单向线性的信息传送，达到促进受众对某一事物的感知或提供有关某一事物知识的目的。独白式告知传播手段通常采用大众传播媒体，从一个传者传送给许多受众。例如，如果发展传播的目的是促进人们对一个即将开始的发展项目的感知，那么采用独白式告知的方法，通过大众传播媒体向目标受众提供有关信息，经济而有效。另一方面，"说服"是通过各种传播媒体去说服受众采纳某种行为的方法，经常应用在健康、卫生的发展传播中。

对话式传播主要通过双向的信息传播，在社会系统中形成建设性氛围，鼓励人们参与讨论、确定发现问题以及解决问题的途径。这类传播的应用可以分成两大类别：一是通过传播进行评估，二是通过传播赋权。通过传播进行评估的方法，以传播作为研究的手段，组织和激励人们参与对话和讨论，对现实情况进行分析，从而发现存在的问题、机会、以及风险，并对这些问题、机会、和风险进行评估，寻找解决问题的方法，以及利用机会和排除风险的措施。对话式的传播除了有助于发现和解决问题之外，另一个重要的作用是通过传播赋予和增强人们解决自己的问题的权力和能力。通过对话式的传播，一方面可以启发人们批判性地反思自己所处的情况和面对的问题，另一方面可以启发人们思考自己具有的解决问题的能力，增强他们的动机和自信心。这一点对于社会中的弱势群体而言是非常重要的。

第二节　发展传播策略分类

上一节我们讨论了按照信息流向特点区分的两种发展传播取向:独白式传播取向和对话式传播取向。传播实践中,通过适当的策划,可以利用独白式的传播手段和对话式的传播手段达到各种不同的传播效果。

一、传播效果等级模型

传播效果等级模型按照受众的认知层次对传播效果分类。其基本原理是美国心理学家霍夫兰和他的同事首先提出来的效果等级假说,是描述说服传播效果的一个方法。霍夫兰把说服传播过程看成受众学习的过程,应用学习理论基本概念分析和解释说服传播过程产生的各种效果。他认为,只有当目标受众学习和接受了说服信息之后才可能有说服的效果。说服传播过程中目标受众的说服经历四个阶段:(1)感知/注意说服信息;(2)理解信息内容;(3)认同说服信息内容是真的;(4)在适当的激励条件下应用所学到的知识(O'shaughnessy, 2004)(p123)。综合应用霍夫兰的传播效果等级假说和态度改变心理研究中的认知、情感、意动等态度改变层次的概念,市场和广告学界提出了一个传播效果的等级模型,把广告过程中受众从接触到广告到采取购买行动的过程分为六个等级(Clow and Baack, 2010)(p173):

感知:受众看到或听到广告信息;

知识:受众对广告信息内容有所理解;

喜欢:受众认同广告信息内容并产生好感;

偏爱:受众在同类产品中对该产品有所偏爱;

确定:受众萌发采纳广告信息内容的意向;

购买:受众采取采纳行动。

其中,感知和知识阶段对应于认知层次的改变;喜欢、偏爱、确定对应于情感层次的改变;购买是说服的终结点,对应于行为层次的改变。

发展传播过程是通过信息传播对人们的态度和行为产生影响的过程，本质上是一个说服的过程，与市场传播之间存在许多相似的特性(参见有关社会市场营销章节的内容)。传播效果等级模型是从市场和广告研究中总结出来的，对发展传播的研究和实践具有一定的适用性。

二、公共关系信息传播的分类

20世纪80年代，格鲁尼(James Grunig)和汉特(Todd Hunt)在他们有关公共关系传播的研究基础上总结了描述公共关系信息传播的四大模式类别(Grunig and Hunt, 1984)：新闻广告(代理)模式、公共资讯模式、双向不对称模式、双向对称模式。

新闻广告模式和公共资讯模式是单向的公共关系传播模式，都是单方向地从传者向公众传送信息。二者的主要区别在于它们传送信息内容的"真实性"程度不同。新闻广告模式以吸引人的注意为主要目标，内容的真实性并不重要，如采用夸张手法吸引公众眼球；公共资讯模式讲究内容的真实性，向公众报告事情真相。

格鲁尼和汉特把公共关系传播中的双向传播分为对称和不对称两类不同的模式。双向不对称模式主要对应于20世纪20年代美国公共关系界盛行的传播取向。公共关系传播中，传播信息的流动是双向的。传者(公司/机构)除了向受者(公众)传送信息之外，同时也向受者收集反馈信息，但传播过程中传者和受者之间的权力分配、影响效果是不对称的。双向不对称模式中，传播权力的分配和影响效果的趋势与单向的传播模式类似，传者掌握传播主导权，传播影响是单向的。传播过程中受者对传者的反馈信息只是被用来告诉传者有关他们的传播效果，反馈的唯一作用是进一步增强传者对受者的影响效果。双向对称模式是60年代以后开始引起公共关系界关注的传播模式，采纳平等对话的传播理念。理论上来说，双向对称的传播使公司/机构、公众以及社会系统中的其他机构(如政府、媒体、非政府组织等)之间有交换信息、观点的机会和渠道，传播的结果对传者、受者的态度和行为都可能产生影响。由于双向对称模式传播中参与传播各方之间传播权力分配和影响效果是对称的，所以有些学者认为在这个模式中没有传者与受者的区别。在双向对称传播模式中,参与传播的人们都是传播的"参与者"。双向对称模式是一个理想化的模式,现代公共关系实践中,最常见的是双向对称与双向不对称模式相结合的例子。根据具体情况,公共关系传播者选择不同比例的对称与不对称的组合。

三、发展传播策略分类

采用格鲁尼和汉特的公共关系传播模式论的思路,我们可以把独白式传播和对话式传播分别进一步分为两类不同的策略,得出发展传播的四种基本传播策略:独白式宣传、独白式说服、非对称式对话、对称式对话。

独白式宣传策略的侧重点是有效地向目标受众传送信息,其目的是在受众中引起对传送信息内容的感知,改变受者的知识。独白式宣传的目标效果对应于传播效果等级模型中的最低等级,属于知识层次的变化。各种大众传播媒体是独白式宣传策略的有效传播渠道,例如无线电广播、电视、报纸等是典型的独白式宣传手段。采用独白式宣传策略的发展传播中,传播信息主要是线性地、单向地从传者流向受者。传者是信息的来源,受众是信息的目的地。独白式宣传所期望的传播效果是对受者的认识和知识产生影响,传播信息和传播手段的设计重点是保证传播信息能够在目标受众中引起尽可能高的关注率,达到尽可能大的覆盖面。

独白式说服策略的侧重点是使传播信息能够被受众认可、采纳,其目的是使受众接受和采纳传播信息内容,改变受众的态度和行为(或在受众原有的态度、行为与传播信息内容相一致的情况下,强化他们的态度和行为)。独白式说服的目标效果主要对应于传播效果等级模型中的中间等级,属于态度层次的变化。独白式说服可以采用大众传播媒体的传播渠道,也可以结合讲座、演示等人际传播渠道增强说服效果。与独白式宣传类似,独白式说服传播的传播信息主要是从传者流向受者的线性单方向流动。传者是改造者,受众是被改造者。独白式说服传播设计中,吸引受众注意仍然是一个不可忽视的方面,但信息内容的科学性、可理解性、可接受性,是设计的重点考虑因素。传播的设计不仅要使目标受众能够接收到传播信息,还要使他们能够理解、接受、喜欢、偏好、采纳传播信息的内容。有研究者宣称,一般情况下,一节课下来后,学生能够记住老师课堂上所讲的不足一半的内容(Mody,1991)(p99)。可见独白式传播效果是十分有限的。

非对称式对话策略的侧重点与独白式说服的侧重点相似,力图在受众中引起预期的变化,包括知识、态度、行为中的某个或某些或全部层次的变化。对话的目的是为了达到更加有效的传者对受众的影响,所以,非对称式的对话中,信息的双向流动并没有改变传播中不平衡的传播权力分配和影响效果。法雷尔称之为"伪参与"对话。非对称式对话可以采用大众传播媒体与人际传播相结合的传播渠道。非对称式对话的传播设计除了保证传播信息的可达性、可理解性、可接受性之外,还要建立健全传者与受众之间的沟通渠道,营建鼓励参与对话的氛围,激励受众参与对话的积极性。非对称式对话策略可塑性很强,可应用的范围很广。传播策略中既有由传者主导的集中元素,又有对话的参与元素。如果设计得当,可以达到很好的传播效率。

对称式对话策略的侧重点是有效地实现对称的对话,这是真正意义上的参与传播,目的是通过对话促进传者与受众之间的相互理解、信任、协作。其目标效果是实现使传者和受众都满意并且得益的变化。如果说激励受众参与对话有一定难度,激励和实现对称式的对话是难上加难。有些人特别是对称式对话倡导者中一小部分人(例如法雷尔本人),把参与看成是人的天性。究竟是不是"人之初,性本好参与",还需要更慎重深人探讨。实际生活中人们拒绝或回避参与的例子比比皆是。对称式对话的传播设计必须充分估计到这种实际的倾向,采取有效措施,引导、激发人们参与的动机。传者与受众之间相互理解和信任的关系是对称式对话的目的,也是顺利开展对称式对话的必要条件。这是一个良性的正循环,对称式对话传播的成功关键是在这个循环中找到一个合适的起点,启动对话。传播策划者的智慧和能力体现在他能够在给出的具体情况中找到这个起点。

独白式传播策略的优势是便于进行大规模传播,传播机制比较简单容易操作,而且比较经济,其主要薄弱环节是缺乏对传播效果的及时反馈。传播者对传播、传播信息在受众中引起的看法和感受不得而知,所以对突发状况的掌控能力有限。对称式对话传播建立在传者与受众之间相互理解的良好关系基础上,赋予受众自主发展的权力,可以实现人需要的、想要的、可持续的发展。这是一个理想化的传播策略。对称式对话策略的实施需要具备特定的条件，其中包括要求参与者具备足够的动机和能力。此外，因为通过对话的决策通常比集中式的决策耗时，所以要求所涉及的问题不是迫切需要解决的。因此，对称式对话策略具有一定的局限性。非对称式对话传播策略结合集中和参与的元素，既有集中决策的效率又有参与的灵活性，适用范围较广，是一个比较实用的传播取向。

四种类型的传播策略代表发展传播各种传播手段中受众参与的程度不同，如图 8-1 所示。在发展传播实践中，实际的传播策略远远超出这四种基本类型。应该把发展传播过程中受众参与程度看成一个连续的变量，独白式宣传和对称性对话分别代表这个变量的两个端点。对于一个给出的发展传播项目，其传播策略应该根据具体情况决定，在独白式宣传与对称性对话之间选择某个最适合具体实际情况的点。正如前面讨论过的，传播策划具有系统性、创造性，这个点的确定，除了遵循传播学以及其他相关学科的原理之外，还取决于传播策划者的创造性。所以，对于同一个发展传播项目，不同的传播策划者完全有可能提出不同的传播策划。

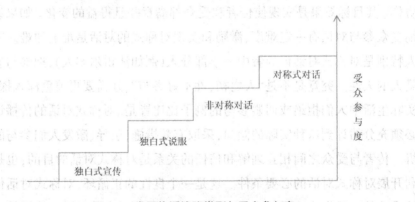

图 8-1 发展传播策略类型与受众参与度

第三节 发展传播策划环节

发展传播是在某特定社会系统中进行的以发展为目的的信息传播过程。拉斯维尔的 5-W 传播模式是传播策划的经典模式：

传播者(Who)是信息传播的启动者；

信息内容(says What)是促进变化的催化剂；

传播渠道(Which channel)是信息内容的载体；

受众(to Whom)是信息内容的目标；

效果(What effect)是传播的目的。

把拉斯维尔的传播模式应用到发展传播情境中,可以把发展传播的策划分成七个主要环节:问题研究、传者定位、受众研究、目标制定、渠道选择、信息设计、效果评估。

一、问题研究

发展传播第一步是明确发展项目需要解决的问题。通常当开始进行传播策划时,发展问题和解决问题的目标已经确定了。传播策划者可能参与了发展项目的规划过程,因此已经掌握了相关问题的基本知识。如果他对有关问题还不熟悉的话,那么传播策划的第一个任务就是熟悉发展问题及其相关基本知识,对发展问题有充分的理解。例如在发动人们参与器官捐献志愿登记的发展传播项目中,传播者必须了解掌握有关器官捐献的科学知识、相关法规以及其他相关知识,包括:为什么要动员人们参加器官捐献志愿报名、什么人可以登记器官捐献的志愿、登记参加器官捐献的志愿者在病危时会不会被医生故意放弃治疗、会不会志愿者还没断气医院就开始摘除他的器官、各种宗教对器官移植的看法、志愿者报名后如果反悔了能不能取消志愿器官捐献、志愿者去世后,如果家属不同意对他的器官移植,医院会做何处理,器官捐献的志愿报名手续如何办理等。虽然不要求传播者成为相关问题的专家,但掌握相关知识有助于设计更为有效的传播信息和策略。

二、传者定位

传播者是传播的启动者。几乎所有的传播策划模式都会关注受众研究,但往往忽略关于传者的研究环节。"难道我连我是谁都不知道吗?"而问题恰恰就在这里，很多传播者确实不知道在传播过程中自己是"谁（Who）"。在发展传播过程中传播者可能扮演的角色主要有三种。

⑴推介或倡导的角色：这是一个目的性明确、积极主动的角色，在发展传播中起主导作用。用创新推广的术语来说，传播者扮演创新代理的角色，或者传播者本身就是发展项目的发起者。例如：在器官捐献志愿报名的发展项目中，传播者同时也是器官捐献登记中心的工作人员。

⑵传播渠道的角色：相对于推介或者倡导的角色，传播渠道的角色主动性弱一些。其主要作用是信息传播的促进者，或者在发展专家和目标受众之间的沟通起桥梁作用。例如在器官捐献志愿报名的发展项目中社区工作者的角色往往就是传播渠道的角色，其主要任务是协助器官捐献登记中心的工作人员在自己社区中开展器官捐献登记的宣传和倡导活动。

⑶辅助传播的角色：这是比传播渠道的角色主动性更弱一些的角色，其主要作用是辅助信息传播。例如在器官捐献志愿报名的发展项目中各种传播活动志愿者的角色就是辅助传播的角色，他们在器官捐献志愿报名活动日中协助分发资料，提供有关器官捐献志愿报名的咨询答疑等。

在发展项目中，传播者可能扮演上面中的一个或多个角色，比如在不同阶段、不同时间扮演其中的不同角色。传播者明确了自己可能扮演的角色，有助于其确定自己所策划的传播目标、目标受众、传播规模、信息渠道。

三、受众研究

受众是发展传播信息的目标。我们在前面章节已经反复提到，虽然传播信息是由传播者设计和传送的，但传播信息最终有多少被传到了受众那里、被作何解读以及达到什么效果，全都不是由传播者决定的。所以，受众研究是传播策划中一个重要环节。受众研究的主要变量包括：

⑴受众分层：对受众进行分类并确定目标受众范围。在发展传播中，受众分层的主要变量包括人口特征、地理特征、媒体行为、知识结构特征等。

⑵受众需要、需求、动机、满足的调查研究：传播研究表明受众寻求信息遵循使用和满足的原理。受众对媒体信息的使用取决于他们的满意程度、需要、需求、愿望、动机等因素（McQuail, 2000）(p385)。理解受众的具体

需要、需求和动机可以帮助设计有的放矢的传播信息。例如,登记捐献器官的志愿者有的可能是出自于对社会的感恩,有的是出自于慈善的心理满足,有的是出于社会责任的考虑等。掌握不同的受众需求和动机有助于设计有效的传播诉求策略。

(3)受众社会背景和环境的研究:受众的社会经济地位、教育、文化背景、家庭环境、宗教信仰等对他们的传播行为有明显影响。例如教育程度高的受众可能更关注传播信息内容的理性诉求。

(4)受众媒体行为与习惯的研究:受众的媒体行为与习惯影响他们对媒体的选择。受众的媒体行为和习惯包括:他们通常什么时候使用媒体(例如什么时候看电视)、在什么地方使用媒体(例如在那里上网)、为什么使用媒体(例如虽然使用手机短信和电子邮件进行个人通讯已经很普遍了,但手机短信广告和电子邮件广告对多数受众来说仍然是不受欢迎的)。

(5)受众对媒体的期待:指受众使用媒体的目的。例如对于多数受众来说电视是一个提供娱乐的媒体,所以教育电视对很多观众来说并不是他们所期待的内容。对于这些观众,娱乐教育电视就比较合口味些。

(6)受众个人特征分析:对于某些发展问题,受众个人特征对其观念、态度、行为可能会有很大影响。对于家庭计划问题,受众性别可能是一个影响观念、态度、行为的变量;对于推广具有一定复杂性的技术创新来说,年龄可能是一个产生影响的变量。

(7)受众知识结构的分析:受众原有的知识结构是影响发展传播效果的另一个重要变量。发展传播策划中对受众知识结构的分析重点在与发展问题相关的知识方面:他们知道多少、知道什么、需要知道什么、想知道什么等。了解受众的知识结构可以大大提高传播信息内容的效果。此外,对受众现有知识结构的了解有助于制定传播目的和目标,为最后的传播效果评估提供依据。

(8)受众态度的分析:受众对发展问题所持的态度会影响他对传播信息内容的解读和态度,从而影响他的行为。发展传播的策划如果能了解受众现有的态度,对受众按态度分层,分别采取不同的传播策略,可以提高传播效果。此外,还可以通过对受众态度的调查研究,在受众中找到意见领袖或传播助手。

四、目标制定

传播策划中涉及传播目的和目标的制定。目的和目标是两个不同的概念,在两个层次上规定传播运作的方向。目的是对整个传播项目最终要达到的结果的概括性的表述。一个传播项目可以只有一个目的或若干目的。传播目标是一系列有关实现传播目的所需要的步骤的明确、可测量的表述。传播目标与传播目的相联系;传播目标的实现是实现传播目的的保障。传播目的和传播目标是相辅相成的。目的赋予目标意义,没有目的,目标就失去意义;目标是实现目的的步骤,没有目标的支持,目的只是空中楼阁。

1. 传播效果目的和目标

发展传播的目的和目标通常从传播效果的角度进行描述,因此,传播的目的和目标是最终评估传播效果的依据。一个传播项目产生的效果是多种多样的,从其后果的利弊而言,可以是正面的效果或者负面的效果;从策划者的预测的角度而言,可以是预计的直接的效果或者附加的间接的效果;从所产生的影响的层次而言,可以是个人、社群、机构或者社会不同层次上的效果;从在受众中所引起的变化的角度,可以是知识、情感或者意动的效果等。表8-1是对发展传播效果几个主要变量及其内容的概括。

表8-1 发展传播效果变量及内容

传播效果变量	变量内容
后果可取性	正面影响/负面影响;期望的影响/不期望的影响
结果预测性	计划中的影响/附加的影响;直接的影响/间接的影响
影响层次	个人、社群、机构(例如一个大学或一个企业)、社会
受众变化层次	知识/情感/意动;认知/态度/行为

对传播效果的各个变量以及变量之间交叉的分析有助于系统化地设计传播目的和目标,以及策划相应的传播策略。例如对传播效果的可取性和预测性的交叉分析是最常用的一个分析方法。

表 8-2 传播效果可取性和预测性交叉分析要领

可取性/预测性	计划中的影响	附加的影响
正面影响	这是传播目的和目标所表述的传播项目最终将达到的效果 （真棒！）	这是发展传播的附加效果。虽然不在计划之中，但是令人满意的结果 （耶！）
负面影响	这是可以预计到的负面影响。发展传播策划过程中应该充分考虑各种可能的负面效果，尽量避免其发生，计划好应对措施 （果然不出所料！）	这是预料不到的坏结果，但是往往会发生。它是对传播者应急能力的真正考验。如果处理得当，也可以是一个新的机会 （天哪！）

　　发展传播对受众产生的影响指发展传播在受众中引起的认知、态度、行为的变化，是受众在传播过程前后认知、态度、行为等方面产生的变化量。发展传播效果的评估往往会忽略变化量这个概念。例如联合国在 21 世纪初提出了一个在世界各国实行的千禧年发展计划（MDG）（UN，2000）。自从联合国在 2000 年推出这个计划以后，不少人对千禧年计划实施的进程进行了研究。其中多数报告指出富裕国家的达标结果普遍比贫穷国家好。事实上是不是这样呢？有些研究者对千禧年发展计划在非洲实施的进程进行研究后指出这样的评价对贫穷国家是不公平的（Easterly，2008），其中一个原因就是许多报告忽略了各国起点的巨大差距去评估发展的效果。

　　发展传播关注的是变化，所以必须考虑通过传播和发展过程使人们达到的状态以及这个过程开始之前人们的起点。发展传播的效果（E）是人们经过发展传播过程后的认知（C2）、态度（A2）、行为（B2）与开始时的认知（C1）、态度（A1）、行为（B1）之差的总和：

$$E = \sum \triangle C + \triangle A + \triangle B = \sum (C2-C1)+(A2-A1)+(B2-B1)$$

　　例如，对于某一特定的发展问题，受众的态度变量可以有三个不同的初始状态：

支持：A1+

无立场：$A1_0$

反对：A1-

经过发展传播后,终止状态同样有三种可能:

支持:A2+

无立场:$A2_0$

反对:A2-

所以发展传播对受众的态度产生的影响△A有九种可能,如表8-3所示。

表8-3　受众态度变量值分析

传播前 \ 传播后	A2+	$A2_0$	A2-
A1+	(A2+) − (A1+)	($A2_0$) − (A1+)	(A2−) − (A1+)
$A1_0$	(A2+) − ($A1_0$)	($A2_0$) − ($A1_0$)	(A2−) − ($A1_0$)
A1−	(A2+) − (A1−)	($A2_0$) − (A1−)	(A2−) − (A1−)

下面我们假定发展传播的目标是使受众形成支持的态度,对这九种影响的可能进行分析。

(A2+)-(A1+):受众的起点状态和终止状态都是支持的态度,传播没有引起态度的改变,但这不一定表明发展传播没有产生效果。前面我们讨论过,如果受众现有态度与发展目标是相一致的,那么发展传播的目标是强化受众现有的态度。

(A2+)-($A1_0$):受众的起点状态是不持任何立场,终止状态是支持的立场,传播结果是使受众形成支持的态度。传播的效果目标达到了,所以传播是成功的。受众不持立场的起点状态有两个原因,一个是他对此问题还没有任何感知,另一个是他已经有一定的知识但还没有形成态度。一般来说,从没有立场到形成立场的转变所受到的阻力相对于从一定的立场转变到相反立场要小一些。

(A2+)-(A1-):受众的起点状态是反对立场,终止状态是支持的立场,传播结果改变了受众的立场。这是一个成功的传播。

($A2_0$)-(A1+):受众的起点状态是支持立场,终止状态是不支持立场,传播结果是受众态度上倒退了,传播的效果目标没有达到或者说传播失败了。产生这种结果的可能原因有很多,例如,可能是传播的信息包含了一些与受众原有知识结构相矛盾的内容;受众受到其他反宣传信息的影响等。

($A2_0$)-($A1_0$):受众的起点状态、终止状态都是不支持立场,传播的结果没有引起态度改变。传播的效果目标没有达到,所以传播是失败的。

$(A2_0)-(A1-)$:受众的起点状态是反对态度,终止状态是不支持立场,传播的结果是消除了受众对发展问题的抵制。虽然受众的态度发生了改变,但从传播效果目标的角度看,效果目标没有实现,所以传播是失败的。

$(A2-)-(A1+)$:受众的起点状态是支持态度,终止状态是反对态度,传播的结果是使态度发生了逆向改变。传播的效果目标没有达到,传播失败了。这是一种很糟糕的结果。如果出现这种结果,传播者必须高度重视,应该对传播的内容、方法、渠道重新检查和评估,找出问题的原因。这也就是为什么传播策划中必须包括评估和反馈的环节。

$(A2-)-(A1_0)$:受众的起点状态是不支持立场,终止状态是反对态度,传播的结果是态度发生了逆向改变。传播的效果目标没有达到,传播失败了。这种结果也不容轻视。

$(A2-)-(A1-)$:受众的起点状态和终点状态都是反对态度,传播结果没有引起态度变化。传播的效果目标没有达到,传播失败了。

从上面的讨论可以看到,传播的结果不只是使受众的态度在正负之间改变,它包含各种不同的变数。上面的讨论只是对受众态度变化可能性的一个定性、标志性的简化模式。态度变化是在这九个方向上的连续变化,如从初始的支持态度到终止的支持态度可能不是一个简单的重复。经过传播的作用,受众的支持态度可能更加坚定或减弱了。受众在知识和行为上的改变也有相似规律。理解传播效果的复杂性有助于制定明确可行的传播目的和目标。

2. 制定传播目的和目标的基本原则

传播目的和目标为传播活动提供明确的方向,并且为传播效果的评估提供依据。

发展传播的目的是一个对发展传播活动起导向作用的表述,为通过信息传播解决与发展相关的问题规定方向。一个有效的发展传播目的必须考虑到下面几个因素。

(1)促进的作用:发展传播必须促进相关发展项目的目的与目标的实现。发展传播是为发展服务的传播,所以发展传播的目的必须与发展项目的目的相吻合。

(2)实效的结果:发展传播的目的必须建立在具体社会系统的实际情况基础上和项目预算的范围内。发展传播的目的是通过信息传播使社会和社会中的成员受益,解决问题,改善现状。因此,发展传播必须立足于具体的社会系统,面向具体的社会系统。每一个传播项目都有一定的预算限制,传播目的的制定必须在预算许可范围之内,因为发展传播涉及的项目多数是非营利项目,经费问题往往显得更加突出。

(3)现实的意义:发展传播的结果必须具有现实意义。发展传播既不是光喊口号的倡议,也不是博取眼球的广告,而是着眼于能带来实际效益的改变。

发展传播的目标在传播目的规定的方向上,确定实现传播目的所需要的步骤,为传播实践提供指南。制定有效可行的发展目标是发展传播顺利进行取得成效的保障。下面在 SMART 方法框架下讨论制定发展传播目标的基本原则。

SMART 是一个在各个行业中被广泛采用的制定目标的原则。SMART 源自制定目标的五个基本要素的英文单词词首:Specific (具体)、Measurable (可测量)、Achievable (可实现)、Realistic (现实)、Timescale (时间性)。SMART 原则强调目标的实用性、可测性、可操作性,与现代管理学的目标管理理念完全相吻合。这个理念与发展传播的实效性、现实性的特征不谋而合。参照 SMART 方法,发展传播目标的制定必须遵循下列四项基本原则。

(1)具体性:传播目标的表述必须具体、明确。不同于纲要式的传播目的,传播目标需要具体描述为实现传播目的所需要采取的步骤及每一个步骤需要达到的传播效果, 为引导传播实践朝着既定传播目的运作的指南。例如,一个以改变受众态度为目标的传播项目与一个以改变受众行为为目标的传播项目,无论是传播信息内容还是传播渠道都会有很大区别。传播目标表述中任何含糊所导致的后果将会是方向性的失败,所以传播目标的表述必须详尽、精确、明了。

(2)可测性:传播目标是传播效果评估的主要依据。传播成功与否以传播目标实现的程度衡量, 所以传播的目标必须是可以测量的。例如:在2016 年以前,XX 县的农民对新稻种达到较高的采纳率。这个表述中"较高"是一个不可测的含糊概念,应该改为"在 2016 年以前,XX 县的农民对新稻种的采纳率达到 50%以上",使所期望的效果可以测量。

(3)可行性:传播目标的制定必须从实际条件出发,切实可行。许多发展传播未能达到预期效果的原因并不是由于客观条件或主观努力的问题,而是因为传播策划者忽视了客观条件和人的能力的局限,制定了超出可能性的目标。记住经济学家库尔(Leopold Kohr)的名言:美就是小。发展传播的美不在于大,而在于真正能起作用。

(4)时间性:传播目标需要给出各个步骤及其相应变化实现的具体时间表。时间本身是会对传播效果产生影响的因素,因此传播是否能够按时达标是传播效果评估的一个指标。

确定发展传播的目标主要从为了实现传播目的需要引起的改变层次和传播影响的规模层次考虑。改变的层次包括知识(知道、认识、理解、懂得)、态度(赞同、支持、好感)、行动(参加、采用)等层次。传播影响的规模层次包括个人、社群、机构/组织或者社会的变化。例如在政府部门中实现无纸化办公是机构/组织层次上产生影响的发展传播;推广使用太阳能热水器是家庭层次上产生影响的发展传播;不随地扔垃圾是个人层次上产生影响的发展传播。

传播目标只描述需要引起的变化,不涉及引起变化的手段。传播目标的表述句型通常包括:时间 + 所需要的变化 + 测量的标准。例如:到 2016 年底,全市酒驾案发率比 2011 年降低 50%。这个发展传播目标描述传播效果是驾驶行为的改变;传播效果的测量标准是酒驾案发率下降 50%,目标实现时间是 2016 年底。其表述反映了具体性、可行性、可测性、时间性几个方面的要求。

五、渠道选择

传播渠道是传达信息的通道。我们已经讨论了各种媒体的特性和功能以及有关媒体效果的相关理论。策划和选择传播渠道主要考虑五个方面的因素。

(1)媒体的特性和功能:媒体的功能主要由其技术和物理特性决定,但传播者可以通过应用方法的设计和多种媒体组合的策划,创造性地开发新的功能,或者强化某个方面的功能,以满足传播目标和受众的需要。

(2)媒体的可达性:包括媒体对于传播者的可达性和对于受众的可达性。不少传播策划者十分重视媒体的特性和功能,能够创造性地策划媒体的组合和应用,却忽略了受众的可达性。如果受众看不到你的节目,你的设计再有创造性也起不了作用。

(3)媒体费用:教科书上讨论媒体功能、媒体组合等原理主要是从理想的角度着眼。实际操作中,经费的限制往往比媒体特性的局限还难以超越。例如:如果由于条件所限,没办法进行实地演示,那么就采用电视代替之。

(4)受众的媒体使用习惯:媒体渠道主要是给受众使用的,因此,媒体渠道的设计必须从受众的角度出发。什么样的媒体适合哪些受众? 这是传播策划者需要回答的一个重要问题。有些受众喜欢看电视,有些喜欢看报纸;有些受众喜欢使用互联网,有些连电脑都不会用。前文的受众研究环节帮助我们收集了媒体选择所需要的重要信息,媒体渠道的选择必须以受众的可达性、媒体习惯、媒体需求为出发点。在条件许可的情况下,采用多种媒体组合,以适应受众需求和习惯的差异性。

(5)可持续性:这一点对于长期性发展传播项目特别重要。受众的媒体习惯、媒体的费用、传播者 / 或者传播助手的态度、热情、时间等因素都是可能影响使用某一媒体渠道可持续性的因素。

六、信息设计

传播信息设计是一个以创造性为主的环节。传播信息是在受众中引起变化的刺激信号,所以信息设计对传播效果起决定性作用。信息设计解答传播中对受众说什么、怎么说的问题,包括五个方面的考虑。

(1)信息内容:需要告诉受众的资讯。

(2)信息的体裁:能够有效地把信息内容与受众分享的形式。

(3)诉求策略:信息内容表达的创意(例如:理性诉求、情感诉求),目的是取得更有效的说服效果。

(4)信息来源:从什么信息来源采集信息内容。信息内容的来源是一个重要的信息暗示,对受众的说服认知过程起重要影响(参见前面章节中有关说服传播的内容)。

(5)使用的语言:这不仅仅是关于使用什么语种或者方言的问题,同时也是关于不同人群的语言规范差异性问题。一方面考虑各个地方方言的特殊性,制作使用当地方言的信息内容可以吸引更多受众,使信息内容更容易被当地受众接受和理解。另一方面,考虑各个国家、地区、地方存在的语言习惯或者规范的差异性。所以,在大范围内开展的发展传播(例如国际性的发展传播或者全国性的发展传播),除了考虑使用当地人们使用的语种之外,还需要了解各个地方各种人群的语言习惯和规范,以避免信息含义被误解,或者违反当地语言规范导致传播失败。例如 2006 年,澳大利亚旅游局耗资 1.8 亿美元推出了一个雄心勃勃的旅游广告项目,主要瞄准日本、德国、英国的游客市场,可推出不到一年就在其中一个主要目标市场触礁了。2007 年 3 月英国宣布禁播这个广告,随后加拿大也宣布禁播。其原因就是其中一句广告词 (So where the bloody hell are you?) 在英国、加拿大被认为是粗俗的话语,可这句话在澳大利亚是一句常用口语。这个结果对于很多人来说是一个预料之外的负面结果。从语种上来说,澳大利亚和英国的官方语言都是英语,而且由于历史原因,澳大利亚主要沿用英式英语。这个案例中的语言问题纯粹就是语言习惯问题。

七、效果评估

效果评估是对传播的结果以及传播目标的达标情况进行反省和鉴定。传播目标是效果评估的一个主要标准。效果评估包括两个主要功能,一是对发展传播取得的效果的评判,二是为发展传播的修正和改进提供依据。效果评估包括阶段性评估和总结性评估。阶段性评估是对本阶段运作的监测和反馈,为改进传播设计提供依据。在传播项目全面铺开之前,以及传播项目过程中制作的媒体作品正式播出(或发表)之前,一般会在目标受众的样本中对传播设计的作品进行试用和评估。这一类评估也属于阶段性评估。总结性评估在项目结束时进行,对项目的效果进行评估,总结经验,为今后的发展传播提供借鉴。

传播效果评估的策划需要提出评估的内容、标准、方法。传播目的和传播目标规定了传播效果评估内容和标准的纲要。具体评估内容包括传播的技术性、明显可见的显性成果(例如播出 100 小时的电视节目,举行 5 次讲座,吸引 1000 名观众,发出 2000 个避孕套等)和隐性的传播效果(如受众的知识变化、满意度等)。显性成果通常比较容易测量,隐性效果则往往需要更细致的调查研究。许多发展传播项目的评估侧重于显性成果的展现,却忽略了同样重要的隐性效果的评估,主要原因与隐性效果的复杂性、测量的难度有关。

传播效果的评估方法包括定性评估和定量评估两大类。定量评估的内容包括传播信息作品数量、播出时间(或刊登有关内容)总数、举办活动次数、受众参与人数、采纳者总数,各种与传播目标相关的卫生、健康、教育、治安等方面的统计数据等。定性评估的内容主要是传播引起的受众观念、态度、感受等心理上的效果。定量评估和定性评估数据的收集方法包括当地政府及其他机构提供的统计数据、受众问卷调查、社交媒体统计(例如发展传播微博点赞数、访问数)、内容分析(例如对发展传播网页上访客评论的分析)、个别或小组访谈、实地观察等。评估数据应该从项目一开始就有意收集积累。评估数据的形式多种多样,包括文字记录、统计数字、照片图片、录音录像等。如果传播目标涉及比较性的效果(例如避孕方法采用率比原来提高 10%),传播项目启动之前需要确定起点的调查(例如项目开始之前避孕方法采用率)。

发展传播策划的各个环节具有不同的重点任务和主要功能,它们之间是相互联系的。七个环节一环扣一环,具有相对的顺序规律。但在实际操作中,根据具体的情况(人手、交通、经费等问题)以及传播策划者个人爱好和习惯,每个环节之间往往可以重叠交叉进行。

传播问题的研究结果对受众分层、目标受众的选择、传播目的、传播目标的确定、媒体渠道的选择和设计、信息内容的选择、设计等环节都直接产生影响。传者的定位对目标受众的选择、传播目标的确定、媒体渠道的选择、媒体内容的设计等环节产生影响。受众研究的结果对传播目的确定、传播渠道的选择、传播内容的选择等环节直接产生影响。传播目的和目标的确定对传播渠道的选择以及传播内容的选择都产生直接影响。传播目的和

传播目标为传播效果的评估内容、评估标准提供主要的依据。传播渠道的
选择和设计直接影响传播内容的选择和设计。传播内容的设计反过来对传
播渠道的选择和设计提出要求。

　　传播规划的试用以及传播实施过程中效果评估的反馈对传播策划的
每一个环节都可能产生影响。及时掌握传播进程情况，针对所发现的新情
况，对相关传播策划环节采取及时而有效的应对措施，可以使整个发展传
播取得更好的效果。例如下一节讨论的尼日利亚的家庭计划运动中，组织
者根据家庭计划运动过程的反馈，及时调整传播策略，把原来计划中两个
独立的传播项目整合成一个项目，使传播获得更好的效果，就是一个利用
反馈信息调整传播过程的例子。图 8-2 概括了发展传播策划的七个环节
及其相互联系。

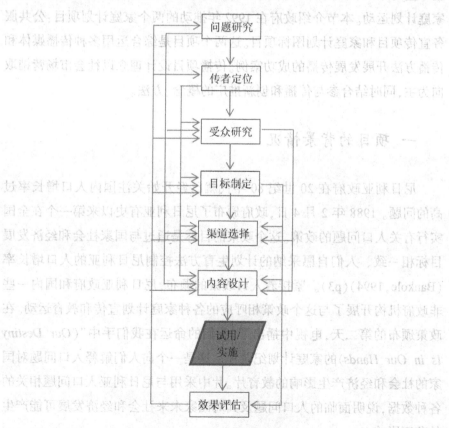

图 8-2　发展传播策划环节

第四节 发展传播案例之一：
尼日利亚家庭计划项目

尼日利亚是非洲人口最多的一个国家。20 世纪 90 年代初,尼日利亚的人口总数超过 9.8 千万 (Kiragu et al., 1996)(p1), 人口年增长率达到 3.5%,平均每个妇女的总生育率是 6.0。此外,当时尼日利亚的婴儿夭折率和产妇死亡率也相当高。统计数据显示 90 年代初,尼日利亚的婴儿夭折率是 104/1000;产妇死亡率是 800/100,000 (Odimegwu, 1999)(p86)。面对这些严重的人口和妇幼保健问题,尼日利亚政府在全国范围内开展了一系列家庭计划运动。本节介绍政府在 1992 年推动的两个家庭计划项目:公共服务宣传项目和家庭计划图标项目。这两个项目是综合运用多种传播媒体和传播方法开展发展传播的成功案例。传播项目设计理念以社会市场营销取向为主,同时结合参与传播和创新推广的概念、方法。

一、项目的背景情况

尼日利亚政府在 20 世纪 80 年代就已经开始关注国内人口增长率过高的问题。1988 年 2 月 4 日,政府颁布了尼日利亚有史以来第一个在全国实行有关人口问题的政策。这个政策的目标是通过与国家社会和经济发展目标相一致、人们自愿采纳的计划生育方法控制尼日利亚的人口增长率 (Bankole, 1994)(p3)。紧接着人口政策的颁布,尼日利亚政府和国内一些非政府机构开展了与这个政策相呼应的各种家庭计划宣传和教育运动。在政策颁布的第二天,电视中播出了"我们的命运在我们手中"(*Our Destiny Is in Our Hands*)的家庭计划纪录片。这是一个向人们解释人口问题对国家的社会和经济产生影响的教育片。片中采用与尼日利亚人口问题相关的各种数据,说明面临的人口问题及其对国家未来社会和经济发展可能产生的负面影响。

1989 至 1990 年间进行的一个采取娱乐教育策略的家庭计划音乐电

视片教育和宣传项目是当时开展的各个项目中规模、影响都比较大的一个例子。这个家庭计划音乐电视片项目通过由两个尼日利亚著名歌唱家演唱的音乐电视片以及这两个歌手参与的各种宣传和公共关系活动,向人们宣传家庭计划的知识以及有关政府提供的各种支持、服务设施的信息。

根据后来的跟进研究报告,家庭计划政策实施之初开展的各项宣传教育运动普遍取得很好的效果,人们采用家庭计划措施的态度和行为发生了明显变化(Bankole,1994)(p3)。例如,有关1989至1990年间音乐电视片项目的研究指出,64%接受采访的城镇居民表示听过电视片播出的两首歌;95%听过这些歌曲的接受采访者能够正确指出歌曲内容是有关"采纳家庭计划可以使夫妻为生育孩子做好准备"和"现在已经有办法使做爱不导致怀孕"。还有研究表明音乐电视片项目结束后人们采用避孕措施的比例从15.7%上升到26%(Bankole,1994)(p4)。

1992年的公共服务宣传和家庭计划图标运动是在80年代以来开展的各种家庭计划教育和宣传活动取得成功的基础上进行的。

二、项目概况

1992年尼日利亚政府同时发动了综合采用多种不同传播媒体的公共服务宣传(PSA)运动和家庭计划图标运动。这两个运动的目的是促进城镇育龄男女居民接受并采纳家庭计划。公共服务宣传运动主要包括在1992年6月到11月之间通过电视和无线电广播播出一个五集专题系列剧,主题是宣传家庭计划的好处和鼓励人们采用现代的避孕方法。节目信息内容都建立在相关研究的基础上。

家庭计划图标运动与公共服务宣传运动同时启动于1992年4月份,其主要目的是推出尼日利亚家庭计划的图标,使人们熟悉并记住这个图标,理解其含义和用途。家庭计划图标是尼日利亚家庭计划的标志,用以标示所有与家庭计划相关的机构、文件、用品。它是尼日利亚全国范围内提供家庭计划服务点的统一标志,全国各地提供家庭计划服务的诊所和服务中心都在醒目位置展示这个图标,方便寻求帮助的人们识别。家庭计划图标运动主要活动包括向公众分发带有家庭计划图标的材料；图标运动采用的宣传媒体包括广告牌、传单、贴纸、小册子等。据统计，图标运动一共制作了一百万份印在各种材料上的家庭计划图标（Kiragu et al., 1996）(viii)。引人注目的家庭计划图标（见图 8-3）既是这场家庭计划宣传活动的标志，也是这场宣传活动的宣传内容。另一方面，公共服务宣传运动配合家庭计划图标的宣传活动，向人们解释图标的含义以及用途，指导和鼓励人们遵循家庭计划图标寻找实施家庭计划的服务和帮助。

图 8-3　尼日利亚家庭计划图标[①]

　　按照原来的传播策划，公共服务宣传运动和家庭计划图标运动是两个相互独立的传播项目。随着运动的开展，两个运动之间相互促进的效果很快就得到传播项目的组织者的关注和认可。后来有关组织部门对原有的传播策划做了调整，把两个宣传运动整合为一个传播运动的两个互相支持的途径。这是有效地利用传播过程的反馈信息，及时调整传播策略和过程以达到更佳传播效果的成功例子。

　　这个传播运动的效果除了反映在运动开展期间播出的电视和广播节

---

① 图片来源：KIRAGU, K., KRENN, S., KUSEMIJU, B., AJIBOYE, J. K. T., CHIDI, I. & KALU, O. 1996. Promoting Family Planning Through Mass Media in Nigeria.

目、散发有关家庭计划图标的宣传材料之外,运动组织者还设计和实施了对受众有关家庭计划的知识、态度、行为的改变进行评估的环节。为了测量传播运动引起的效果,组织者在传播运动启动之前对受众有关家庭计划的知识、态度、行为状态进行了摸底测量,运动结束后进行总结评估,通过对比摸底测量和总结评估的结果确定传播运动的影响。选取卡诺、拉格斯、埃努故三个城市作为项目评估的样本。选择这三个城市是出于对样本对尼日利亚总体人口的代表性的考虑。卡诺位于尼日利亚的北部,是穆斯林聚居的地方,拉格斯和埃努故分别位于西南和东南部,主要信仰是基督教。参加启动之前的摸底测量和结束之后的总结评估的参与者分别都是 1500 名。评估的参与者多数是城市居民(3/4)和已婚男女(2/3)(Kiragu et al.,1996)(viii)。评估研究的主要发现包括：

(1)家庭计划传播运动的信息传播覆盖了运动的多数目标受众。公共服务宣传运动和家庭计划图标运动的目的明确提出目标受众是城镇居民。评估结果显示,评估参与者中 70% 表示看过家庭计划图标;看过图标的人中87% 表示理解图标的意思;三分之二的参与者至少记得一个公共服务宣传的主要信息(Kiragu et al.,1996)(viii)。

(2)城市受众和乡村受众受传播运动的影响有所不同。城市受众对传播运动信息的接触率和受到的影响都比乡村受众高,能够对家庭计划图标做出正确解释,并且记住至少一个公共服务宣传信息的在城市参与者中占43%,而在乡村参与者中只占 19% (Kiragu et al.,1996)(viii)。

(3)城市受众和乡村受众使用媒体的习惯有所不同。电视是城市受众的主要信息渠道;无线电广播是乡村受众的主要信息渠道 (Kiragu et al.,1996)(viii)。

(4)受众在传播运动前后之间产生明显的态度和行为的变化。经过六个月的宣传教育运动,受众对家庭计划表示支持的比例从 62% 提升到 70%。有关家庭计划的各种看法中产生最大变化的是男性受众,提高了对于男人在家庭计划中的责任、家庭计划对婚姻关系积极作用的认识。对家庭计划表示赞同,并且表示愿意向其他人推荐家庭计划,同时相信配偶以及他人会赞同自己的观点的比例也有所提高。在行为方面,家庭计划措施的采用率提高了 7%。摸底调查中显示的采用率是 25%,总结评估中显示的采用率是32% (Kiragu et al.,1996)(viii)。

⑸传播运动促进了受众之间对家庭计划问题的传播。总结评估中，44%的参与者表示最近与他们的配偶讨论过家庭计划的问题,启动这次运动之前的摸底调查结果是38%(Kiragu et al.,1996)(viii)。前面我们讨论过促进受众之间进行与发展问题相关的人际传播是娱乐教育的一个功能(参见社会市场营销有关章节内容)。尼日利亚的研究进一步印证了这个论点。尼日利亚家庭计划的效果研究还采用了逻辑回归分析,对受众与传播运动三项主要期望结果之间的关系进行分析,包括:受众对家庭计划的赞同态度、配偶之间关于家庭计划的沟通、对避孕措施的采纳。

⑹逻辑回归分析发现,受众与传播运动的接触和所有三项期望的结果呈正相关关系。其中,与传播运动有最高接触程度的受众对家庭计划表示赞同和与配偶讨论家庭计划问题的可能性是没有接触到传播运动的人的四倍(Kiragu et al.,1996)(ix)。

综合上面的传播效果评估结果,这是一个对受众的知识、态度、行为都产生了预期效果的成功的发展传播项目。这个项目的评估包括了显性成果的显示(例如制作播出音乐电视片系列、分发家庭计划图标的数目)和隐性效果的评估(包括受众对家庭计划的知识、态度、采纳行为等),提供了一个值得借鉴的发展传播的评估架构。下面对这个发展传播运动中采取的一些主要传播策略进行讨论。

三、媒体选择

1992年尼日利亚开展的家庭计划宣传教育运动的一大特点是采用多种媒体进行信息传播。媒体渠道的选择是发展传播策划的关键一环。

尼日利亚在非洲是具有一定经济和政治影响力的大国。一方面由于它是非洲人口最多的国家,另一方面是由于它的经济状况在非洲属于相对发达水平。与其经济发展水平相对应,尼日利亚的大众传播媒体发展水平也在大多数非洲国家之上(Kiragu et al.,1996)(p1)。根据联合国统计数据,20世纪90年代初的尼日利亚,一共发行31种日报,有81个无线电广播电台,61个电视发送台。60%的家庭拥有电视机,90%的家庭拥有无线电收音机。当时各省基本上都有自己的电视台,还有尼日利亚电视局(NTA)电视台面向全国的广播(Kiragu et al.,1996)(p1)。此外,从 80 年代中期开始,尼日利亚不断开展采用大众传播媒体的家庭计划宣传活动,受众对大众传播媒体的传播活动已有一定的认识和经验。

上一节我们讨论了选择媒体渠道的主要考虑因素,包括媒体的特性功能、媒体的可达性、媒体的费用、受众使用媒体的习惯等。根据上述关于尼日利亚当时实际情况的分析,尼日利亚政府选择大众传播媒体(主要是电视、无线电广播、报纸)作为主要传播渠道,是与当时尼日利亚大众传播媒体发展水平和人们使用媒体情况相适应的,同时也符合这个传播运动的具体传播目标需要的一个选择。

四、信息内容设计

1992 年的家庭计划宣传教育运动的信息传播策略以娱乐教育为主。信息内容形式主要包括五集专题系列电视剧和广播剧,两个音乐电视片和家庭计划图标。家庭计划图标既是家庭计划信息内容的载体,图标本身又是这次宣传教育运动推广的内容之一。

五集专题系列电视剧、无线电广播剧是五个以宣传家庭计划的好处和家庭计划的方法为主题的小故事。其中包括鼓励人们到家庭计划服务中心寻求有关实施家庭计划帮助、家庭计划对健康和家庭经济的好处、没有实施家庭计划给生活和健康带来的烦恼、保护女孩子受教育的权利、反对未成年婚姻等主题。电视剧的信息内容所涉及的科学性和技术性内容都建立在相关研究的基础上,以保证其科学性和准确性。电视剧和广播剧正式播出前都经过试播,确保其内容的可接受性、可理解性。因为各个省使用的语言有所不同,所以五个系列剧都采用多种语言配音,根据各省实际情况选择不同语言组合播出。

这次宣传教育运动中采用的两个音乐电视片是 1988 年由尼日利亚两个著名歌星演唱录制而成,歌曲正式发行之前通过在全国巡回的公关和宣传活动,向公众解释歌曲的内容含义,两个歌星随队参与宣传推广。所以,到 1992 年正式作为家庭计划运动的组成部分播出时,这两首歌在尼日利亚受众中已经具有一定的知名度。

家庭计划图标的设计从 1988 就开始，一共花了 3 年时间，到 1991 年才完成。1988 年传播运动组织者在社会上征求图标设计稿，在收集到的设计稿中选出最佳者，然后由尼日利亚的一家广告公司和传播运动的组织者一起敲定初稿。1989 至 1991 年对图标设计稿反复试用和征求意见，到 1991 年 9 月才正式定稿发布。1992 年宣传教育运动目标之一是在公众中进一步宣传这个家庭计划图标，使公众认识、记住、理解这个图标，需要时到有这个图标的地方寻求帮助。

这次运动的三项传播信息内容都经过数年设计、反复试用、不断完善的过程，综合考虑了娱乐性、教育性、科学性、可理解性等因素。对信息内容严谨、细致的选择、设计和完善，是这次运动能够取得成功的主要原因之一。

五、传播过程中的突发事件

这个传播运动总体上是一个成功的发展传播，但运动开始后不久在穆斯林比较集中的卡诺出现了反对家庭计划的示威活动。当地一些反对家庭计划和反对女性受教育权利的极端宗教团体还制作、广播反家庭计划运动的电视节目，与家庭计划运动唱对台戏。穆斯林的抗议活动后来发展成家庭计划的反对者和支持者两个阵营的辩论，持续了一个月左右才平息下来。除了卡诺之外，其他地方并没有发生类似情况。传播运动效果评估结果表明，传播运动之后，卡诺地区评估参与者表示对家庭计划"高度反对"的比例从 4% 上升到 17%，而表示"高度支持"的比例从 43% 上升到 53%（Kiragu et al., 1996）(p25)。也就是说，在卡诺地区，这场信息传播对态度坚决的受众产生的影响是两极化的。其中反对家庭计划的比例跳跃幅度如此高，可以用当地的文化价值观与家庭计划观念有一定差距以及当地出现了反家庭计划活动的综合效果加以解释。卡诺地区反家庭计划事件似乎只对卡诺的效果产生影响。传播效果评估结果显示，传播运动后其他地区的态度变化总趋势是更加趋向支持家庭计划。

表8-4 尼日利亚家庭计划项目传播策划架构

预期效果	传播输入	传播输出
知识改变	播出公共服务宣传系列剧;宣传著名歌星演唱的家庭计划歌曲;播出家庭计划音乐电视片;家庭计划图标宣传	受众观看并且记住家庭计划宣传系列剧的内容;听过家庭计划歌曲并理解歌曲含义;记住家庭计划图标并且理解其含义
态度改变	播出公共服务宣传系列剧;启发、鼓励夫妻之间、家庭成员之间、朋友之间讨论家庭计划问题	人们开始与自己的配偶、家庭成员、朋友讨论家庭计划问题;提高对家庭计划的赞同率;提高对自己能够实施家庭计划的自信心;提高对配偶能够支持家庭计划的信心
行为改变	播出公共服务宣传系列剧;夫妻之间、家庭成员之间、朋友之间讨论实施家庭计划中遇到的问题;家庭计划服务中心提供服务和帮助;增强采纳者的自信心	提高家庭计划的采纳率,提高性安全措施的采用率;向朋友推荐家庭计划

第五节 发展传播案例之二: 坦赞尼亚的参与式健康信息项目

艾滋病预防以及其他卫生保健问题是非洲地区发展传播的一项重点议题。坦赞尼亚的芬米纳健康信息项目（Femina Health Information Project,英文简称Femina HIP)是许许多多有关这个议题发展传播项目中的一个。芬米纳健康信息项目综合采用社会市场营销的娱乐教育、媒体整合传播以及参与式传播等理念和策略,鼓励、支持坦赞尼亚年轻人参与健康信息的传播和分享,采纳健康的性行为和生活方式。有效地运用各种层次的参与策略鼓励、支持年轻人改变不健康的行为和生活方式是芬米纳健康信息项目的一个突出特点。

一、参与的分类

自从20世纪70年代由拉丁美洲的发展传播学界首先提出以来,参与的概念为发展和发展传播的许多研究者、实践者所采纳。但在实际应用的过程中，参与的含义已经远远超出法雷尔在《被压迫者的教育学》中所定义的参与的"正宗"含义。根据实际情况和发展传播的需要，参与在实际应用中衍生出许多不同版本。世界银行是倡导参与发展和参与传播的一个主要国际机构，它根据参与者的参与程度对参与做出如下分类（Tufte and Mefalopulos，2009）(p6-7)：

(1)被动的参与：参与者主要以受众的身份参与。他们被动地接受传播者提供的信息，获知有关已经发生、正在发生以及将要发生的事件的信息。参与过程几乎没有参与者对传播者的反馈，只是以参与者人数和他们参加讨论的积极性为主要评估指标。这是最低层次的参与。

(2)咨询的参与：参与者以被咨询的形式参与。他们就外来的专家或者研究人员提出的问题作答，表达自己的看法。咨询的参与本质上还是被动的参与，参与者对参与过程没有任何的掌控（当然，除了拒绝参与之外）。与被动参与不同的地方是在咨询的参与中，参与者可以表达自己的看法。但是，参与者的看法和意见只是被用于参考，最终决策权完全掌握在外来者(专家和研究者)手中。所以，咨询的参与只局限于外来者向参与者提取信息的层次。

(3)协作的参与：参与者参加对既定的项目目标的讨论和分析。因为目标已经确定了，所以讨论的结果不会对项目的目标产生实质性的影响。协作参与的结果是产生实现既定目标的决策。参与的目的是为了促进参与者对项目的实施的协作。协作参与一般由外来的专家或者研究人员发起，但是，当参与过程发展到一定程度之后，参与者有可能接过主导权，参与过程转变成为参与者自主的独立过程。

(4)赋权的参与：参与者参加讨论和分析，与外来者一起确定需要解决的问题以及构思解决问题的项目和项目的目标。参与者和外来者是平等的合作关系，他们对决定自己的命运拥有发言权和决定权。这是最高层次的参与。实现赋权参与的先决条件是参与者愿意并且具备必要的能力，能够主动而且有效地参与有关问题的讨论和分析。

表 8-5 四种参与程度类型的特点

参与程度类型	参与结果特点	例句
被动的参与	被告知	老板:"从明年1月份开始实施新的工作量计算模式。"
咨询的参与	被提取信息	老板:"从明年1月份开始就要采用新的工作量计算模式了,你有什么想法?"
协作的参与	决定实现既定目标的步骤和方法	老板:"这是明年1月份开始就要采用的新的工作量计算模式。大家讨论讨论,看怎样实施比较合适。"
赋权的参与	确定问题、目标和实施步骤与方法	老板:"我们的工作量计算模式已经用了有10个年头了,大家讨论一下,看看有没有需要改进的地方。"

我们在前面讨论参与传播理论时指出,在一个发展传播项目中,可以包括不同的参与程度。芬米纳健康信息项目就是一个包括了上述四种参与程度的发展传播实例。

二、芬米纳健康信息项目概况

芬米纳健康信息项目(Femina Health Information Project)是在坦赞尼亚运作的一个项目机构,它既是一个机构名称,也是一个发展传播项目。

芬米纳健康信息项目创建于1999年,是一个非营利非政府机构。该机构和项目得到瑞典政府资助。其宗旨是通过信息传播和服务帮助坦赞尼亚的年轻人在获得充分信息基础上为自己的健康生活方式做出决策 (Tufte and Mefalopulos,2009)(p39)。这个宗旨是根据坦赞尼亚实际情况的需要确立的。

坦赞尼亚是一个受艾滋病危害较重的国家。据2007/2008年的统计,坦赞尼亚有6%的成年人(15~49岁)感染了 HIV 病毒,其中女性的感染率(7%)比男性(5%)略高;城市的感染率比农村高(Chipeta et al.,2013)(p13)。艾滋病的危害对坦赞尼亚造成了严重的经济和社会损失,因此坦赞尼亚政府把对抗艾滋病列入国家发展的重点计划之中。

年轻人是坦赞尼亚预防艾滋病的宣传教育活动的重点对象。年轻人占坦赞尼亚人口的大多数,2011/2012年统计数据显示:坦赞尼亚人口的66%

在 25 岁以下(Chipeta et al.,2013)(p13)。有关研究表明,由于社会、文化、生理、经济等原因,年轻人是最易受艾滋病危害的人群,其中许多影响因素与行为、生活方式有关。因此,以改变年轻人不健康行为和生活方式为目标的发展传播是预防艾滋病蔓延的一个有力措施。

芬米纳健康信息项目的核心任务与坦赞尼亚国家发展规划相呼应,其主要任务是在坦赞尼亚营造一个有利的环境,使年轻人能够获得有关健康生活方式的信息,并且能够运用充分的信息做出性行为方面的正确选择,从而降低艾滋病的危害;使各个社群能充分表达自己的意见,参与公共讨论和民间社会活动(Tufte and Mefalopulos,2009)(p39)。

芬米纳健康信息项目分期制定五年计划,根据具体情况和需要制定每一个时期的具体目标。例如,2006—2011 的五年计划规定芬米纳健康信息项目的愿景是实现一个支持民主价值观、批判性思考以及对健康生活方式、性别平等、保护性性行为和艾滋病问题的积极态度的社会;采用多种媒体的措施,通过与坦赞尼亚各种机构的合作和协作关系促进公开讨论,开展社会活动,为人们提供改变行为和生活方式所需要的信息 (Chipeta et al.,2013)(p12)。2006—2011 的五年计划目标是:第一、确保年轻人能够分享他们的想法,并获取改善他们与性、生育以及总的健康状态所需要的信息和服务;第二、通过各种合作关系和开展公开讨论,在坦赞尼亚推广健康信息项目的生活方式品牌,采用娱乐教育方法继续减小艾滋病对社会的危害(Chipeta et al.,2013)(p12)。

为了实现这些目标,芬米纳健康信息项目开展了运用各种媒体和方法的传播活动、社群协作活动,在个人与家庭、社群与全国范围进行发展传播。

芬米纳健康信息项目的媒体平台主要包括:两份芬米纳项目出版的杂志 *Fema* 和 *SiMchezo*,其中 *Fema* 的目标读者是城市的年轻人,*SiMchezo* 的目标读者是农村的年轻人。采用英语和斯瓦希里语双语互动网站;出版各种研究报告以及项目自己制作或与其他机构合作的电视和广播节目等。

在个人和家庭层次上,芬米纳健康信息项目通过项目的杂志、电视、广播节目、发布相关研究报告等渠道提供信息,并利用读者、观众来信和手机短信等渠道与受众建立互动联系;在社群层次上,帮助各中学建立和运行芬米纳俱乐部,促进年轻人参与有关健康生活的活动;在全国范围内,一方面通过其在全国发行的两份杂志以及积极参与全国性的讨论扩大影响；另一方面通过与各地社群组织、各种民间组织建立合作关系，延伸芬米纳健康信息传播触角。

三、芬米纳健康信息项目的传播策略

从芬米纳健康信息项目的观点出发，艾滋病问题不仅是个人健康问题，更是一个涉及社会和文化等因素的问题。因此，芬米纳健康信息项目打造了一个名为"芬米纳品牌"的健康生活方式，是一个包括积极生活态度和健康行为的全方位健康生活概念。芬米纳健康信息项目信息传播的目标是通过传播芬米纳品牌生活方式，在坦赞尼亚年轻人以及整个社会中引起变化。

1. 传播效果目标

项目传播效果目标包括知识上的变化（引起人们对芬米纳品牌健康生活方式的感知和理解）、态度的变化（赞同、喜欢、崇尚芬米纳品牌的健康生活方式）、个人行为的变化（采纳芬米纳品牌的健康生活方式）、集体和社会的变化（芬米纳品牌健康生活方式成为社会习惯的一部分）。

2. 传播渠道

项目通过多种传播媒体和渠道传播健康生活方式信息内容。芬米纳的两份杂志，*Fema* 和 *SiMchezo* 是项目的主要信息传播渠道。芬米纳通过"芬米纳快速分发系统"（现在属于东非物流公司 EAML 名下）在坦赞尼亚全国范围内传播项目的印刷媒体信息，使芬米纳的两份杂志能够及时送达遍布全国2500多所中学和900多个芬米纳伙伴机构(Chipeta et al.,2013)(p11)。

与项目的两份杂志相配合，芬米纳每年在全国电视上播出15～20集以健康和预防艾滋病为主题的系列节目(Chipeta et al.,2013)(p33)。

与社群建立协作关系，延伸芬米纳健康信息项目在社会中的传播影响是芬米纳另一个主要传播策略。项目为在各个中学建立的芬米纳俱乐部提供支持，这些是中学生之间讨论和分享健康生活方式的信息的平台，也是芬米纳与受众互动、收集受众反馈信息的主要渠道之一。有些中学的俱乐部后来逐渐成长为独立的健康信息传播和分享中心。芬米纳健康信息项目还与坦赞尼亚许多非政府机构建立了合作关系，从而扩大芬米纳在全国范围内的传播效果。芬米纳的人力资源有限,2009年一共只有30个员工(Tufte and Mefalopulos,2009)(p39),多数成员是媒体或传播专业人员。他们具有丰富的媒体和传播设计的知识,但缺乏社区工作经验和人脉网络。与社群机构以及其他非政府机构建立合作关系,正好可以取长补短。一方面芬米纳项目的成员可以利用他们在传播媒体方面的专长为其他机构提供媒体和传播的专业指导;另一方面,利用其他机构现成传播网络可以延伸芬米纳传播覆盖面,使芬米纳健康信息项目落实到基层。

芬米纳传播策略中还包括健康信息项目的公关策略。采用多种媒体平台(例如除了出版两份杂志,每年在电视节目上播出系列专题)除了是传播健康信息的需要之外,也是提高芬米纳在坦赞尼亚全国范围内知名度的一个措施。此外,芬米纳通过积极参与民间各种关于健康以及其他社会问题的讨论和辩论,与政府对话、争取机会(例如接受采访)在大众传播媒体中出镜等,在坦赞尼亚保持积极活跃的机构形象。芬米纳还通过两份杂志对坦赞尼亚高级官员进行采访,邀请总理、第一夫人、政府高级官员以及各界名人和意见领袖出席芬米纳的活动等引起国内各界对芬米纳的关注。

3. 娱乐教育和参与的传播取向

芬米纳健康信息项目的信息内容设计主要采用娱乐教育的传播取向。两份杂志的内容多数都以与坦赞尼亚的年轻受众现实生活为背景,以故事体裁传播教育信息,许多故事取材于读者来信以及全国各地中学的芬米纳俱乐部提供的素材。项目的传播效果评估证明,娱乐教育的取向很受当地受众欢迎。

除了向人们提供健康信息之外,芬米纳健康信息项目另一个使命是发展年轻人的思考能力和解决问题的能力,使他们能够对自己的生活方式做出积极有益健康的决策。通过娱乐教育和参与传播的策略,项目向年轻人提出他们生活中可能遇到的问题,对原有不健康的生活习惯提出疑问,鼓励他们讨论,寻求解决问题的办法。

芬米纳项目的传播策略体现在五个方面的传播活动中:⑴引起感知和知识;⑵吸引受众并激发受众之间以及受众与芬米纳团队之间的对话、反思、互动;⑶激发学校、社群、家庭成员中的对话与反思;⑷创造对年轻人提供支持的社会环境;⑸建立和发展在全国范围内能够有助于宣传芬米纳的议题,在地方上能实施芬米纳理想的各种合作关系。

四、芬米纳健康信息项目的参与传播策略

提倡民主参与意识,鼓励年轻人进行批判性思考、积极参与公共讨论是芬米纳健康信息项目的一个目标。芬米纳健康信息项目信息传播过程十分重视培养年轻人民主参与意识和能力,信息内容设计和选择注重取材于年轻人实际生活中的例子,倾听、反映年轻人的心声,体恤文化差异和语言差异。通过各种方法鼓励年轻人提出问题和分享自己的看法,并把这些问题、看法编进故事里, 反映在传播信息内容中 (Tufte and Mefalopulos,2009,Chipeta et al.,2013)。传播过程采用各种不同层次的参与策略,满足项目各种层次的传播效果目标。

1. 受众参与信息内容选择与设计: 项目的各种信息内容创作注重取材于坦赞尼亚年轻人实际生活中的例子,同时反映年轻人的心声。信息内容的选择和制作通常都经过各种正式的、非正式的调查研究,以及推出之前的试用评估等环节,力保信息内容的文化兼容性和可理解性。受众对信息内容选择、设计的参与主要通过以下几个途径:

⑴编辑人员正式的现场访问:受众直接与编辑对话,表达自己的关注和看法。

⑵受众来信:杂志的读者来信和电视节目的观众来信是受众直接向编辑人员反映心声的另一个渠道,向芬米纳提出他们关注的问题或者提供他们自己的故事。

⑶信息内容的试用评估:芬米纳通常以讨论组形式对其信息内容作品进行故事梗概、文本编排、可理解程度、词汇适合度等方面的测试。受众讨论者对信息内容评价、提出修改意见。这种形式的参与,一方面促进了受众对有关问题的思考与理解,另一方面使受众对芬米纳媒体产生一种主人翁的情感,因此更进一步促进他们使用芬米纳媒体的积极性。

⑷ *Fema* 和 *SiMchezo* 都有社群专栏,由来自各种社群的编辑供稿。

⑸电视观众可以使用手机短信与负责电视节目的编辑沟通。

2. 深入社群的各种活动:例如举行户外专题活动,与公众互动、现场收集问题、回答问题;每年举办年轻人专题讨论会等。

3. 协作参与: 在各个中学里建立芬米纳俱乐部主要是属于协作层次

的参与,俱乐部主要由中学生自己管理和操作。创建时芬米纳健康信息项目会予以支持,建立后由学生起主导作用,有些俱乐部最终发展成独立于芬米纳的机构。这是协作参与的典型例子。

五、芬米纳健康信息项目的效果

鉴于坦赞尼亚面对的艾滋病危害的严重问题,以及年轻人对艾滋病危害的易受侵害性,芬米纳健康信息项目把年轻人当作项目主要目标对象是一个正确选择。项目把艾滋病问题看成个人行为与社会、文化观念等因素相关的问题,确定了信息传播效果的四个目标:改变知识、改变态度、改变个人行为、改变社会环境观念。为了实现传播效果的目标,芬米纳健康信息项目采用娱乐教育和参与传播相结合的策略,吸引、鼓励年轻人参与健康信息传播和分享;利用学校和各种现有的社群传播网络扩大项目在坦赞尼亚整个社会中的影响。2006—2011年的五年计划结束后,项目的主要赞助者——瑞典国际发展局(SIDA)委托专业评估机构对项目结果进行评估,得出的评估结论是: 芬米纳健康信息项目如期达到所有的预期结果(Chipeta et al.,2013)(p8)。根据瑞典国际发展局的评估结果,芬米纳健康信息项目取得的主要成果包括:

1. 芬米纳是一个很受欢迎且在受众心目中可信度高的有关性健康问题的信息源(Chipeta et al.,2013)(p8)。对于一个发展传播机构来说,这个成果的意义非常重大。一个发展传播机构如果没有可信度的话,根本就谈不上任何传播效果。但芬米纳的信息传播过程也并不是一帆风顺的,坦赞尼亚社会中仍然对芬米纳两个主要传播媒体 *Fema* 和 *SiMchezo* 有抵触情绪,例如桑给巴尔岛的学校仍然禁止发行 *Fema*。芬米纳不仅向坦赞尼亚社会提供了健康信息,更重要的是通过娱乐教育和参与传播策略,在社会中激发了有关健康生活方式的辩论,引起对现有生活方式和习惯的思考。对现状的思考,就是发展的前奏。

2. 芬米纳取得的第二个重要成就是其传播的影响面广而有效(Chipeta et al.,2013)(p8)。芬米纳的两份杂志的发行与全国各地的学校和合作伙伴挂钩,再加上芬米纳快速发行系统的助力,促进了杂志的发行效率。据瑞典国际发展局评估, 芬米纳的两份杂志发行比坦赞尼亚其他印刷媒体都广。*Fema*拥有 280 万读者，有 980 万人听说过这份杂志；*SiMchezo*拥有 120 万读者,540万人知道这份杂志(Chipeta et al.,2013)(p8)。

3. 芬米纳在坦赞尼亚开了一个讨论年轻人的性问题的头。这是一个从未被触及的题目(Chipeta et al.,2013)(p8)。芬米纳有效地引起了年轻人的注意,并且引起了对他们所关注的问题的对话。这个效果与芬米纳采用娱乐教育的手段有关。根据坦赞尼亚媒体和产品调查(TAMPS)结果,芬米纳两份杂志的娱乐教育取向深受读者欢迎,多数年轻人觉得芬米纳的杂志易读好懂(Chipeta et al.,2013)(p8)。

表 8-6 芬米纳健康信息项目传播设计架构

预期效果	传播输入	传播输出
知识改变	发行 *Fema* 和 *SiMchezo* 杂志；发表相关研究文章；播出健康信息系列节目；举行健康生活主题户外活动	芬米纳健康信息杂志达到坦赞尼亚印刷媒体之最；读者认为芬米纳杂志易读好懂；受众理解杂志内容及其他芬米纳健康信息内容
态度改变	发行 *Fema* 和 *SiMchezo* 杂志；发表相关研究文章；播出健康信息系列节目；举行健康生活主题户外活动；启发、鼓励受众之间以及受众与芬米纳团队的对话；激发受众反思、讨论不健康生活方式、行为	芬米纳健康信息项目被广泛认可为高度可信赖的信息源；芬米纳杂志获得一批读者的喜爱
参与赋权	建立芬米纳俱乐部；受众参与杂志内容和系列节目内容的选择、制作过程；举行专题青年研讨会；鼓励批评性思考和公开辩论	受众通过读者来信、手机短信、参加受众讨论组、投稿等渠道参与健康生活方式的对话、辩论、反思,分享自己的想法
行为改变	发行 *Fema* 和 *SiMchezo*杂志；播出健康信息系列节目；举行健康生活主题活动；启发和鼓励受众之间以及受众和芬米纳团队的对话；通过对话和各种活动,强化对自己成功采纳芬米纳健康生活方式的信心；鼓励年轻人在采纳健康生活方式中起带头作用	受众采纳芬米纳健康生活方式；参与健康生活方式的对话；为芬米纳杂志投稿分享心得
社会改变	推出全方位的芬米纳生活方式的品牌理念；芬米纳健康信息项目公关；在全国范围内发展与社群网络、民间组织的协作关系	提高芬米纳健康信息项目机构和芬米纳生活方式品牌在坦赞尼亚的声誉；与社群、相关民间组织结成可持续的合作关系

【参考文献】

[1] BANKOLE, A. The Role of Mass Media in Family Planning Promotion in Nigeria. Calverton: Demographic and Health Surveys. 1994.

[2] CHIPETA, S., ADELSTÅL, L., DAMIAN, K., CHRISTOPLOS, I. & ROTHMAN, J. Evaluation of Femina Health Information Project (HIP) Strategic Plan 2006–2012. Sweden: Sida. 2013.

[3] CLOW, K. E. & BAACK, D. *Integrated Advertising, Promotion, and Marketing Communication,* Boston, Pearson. 2010.

[4] EASTERLY, W. How the Millennium Development Goals Are Unfair to Africa. *World Development,* 37, 26–35. 2008.

[5] GRUNIG, J. E. & HUNT, T. *Managing Public Relations,* New York, Holt Rinehart and Winston. 1984.

[6] KIRAGU, K., KRENN, S., KUSEMIJU, B., AJIBOYE, J. K. T., CHIDI, I. & KALU, O. Promoting Family Planning Through Mass Media in Nigeria. Maryland: Johns Hopkins Center for Communication Programs. 1996.

[7] MCQUAIL, D. *McQuail's Mass Communication Theory,* London, Sage Publications. 2000.

[8] MEFALOPULOS, P. *Development Communication Sourcebook,* Washington, The World Bank. 2008.

[9] MODY, B. *Designing Messages for Development Communication,* New Delhi, Sage Publication. 1991.

[10] MOEMEKA, A. A. *Communicating for development : a new pan-disciplinary perspective,* New York, Albany. 1994.

[11] O'SHAUGHNESSY, J. & O'SHAUGHNESSY, N. J. *Persuasion in Advertising, London,* Routledge. 2004.

[12] ODIMEGWU, C. O. family Planning Attitudes and Use in Nigeria. *International Family Planning Perspectives,* 25,6. 1999.

[13] THEAKER, A. *The Public Relations Handbook,* London, Routledge. 2008.

[14] TUFTE, T. & MEFALOPULOS, P. Participatory Communication: a practical guide. Washington: The World Bank. 2009.

[15] UN United Nations Millennium Declaration. United Nations. 2000.

[16] WINDAHL, S., SIGNITZER, BENNO H., OLSON JEAN T. *Using Communication theory-An Introduction to Planned Communication,* California, Sage Publications. 2009.